【权威解读】

中华人民共和国
妇女权益保障法
释义

主编
郭林茂
（全国人大常委会法制工作委员会社会法室主任）

中国法制出版社
CHINA LEGAL PUBLISHING HOUSE

编写说明

2022年10月30日，十三届全国人大常委会第三十七次会议通过了新修订的妇女权益保障法，自2023年1月1日起施行。妇女权益保障法是事关妇女事业长远发展的重要法律，是我国人权保障法律体系的重要组成部分。此次修订是继2005年、2018年两次修改后的一次全面修订，坚持以习近平新时代中国特色社会主义思想为指导，全面贯彻落实党的二十大精神，坚持以人民为中心的发展理念，贯彻落实男女平等基本国策，着力完善相关制度机制，优化妇女发展环境，保障妇女合法权益，必将为促进男女平等和妇女全面发展提供更加坚实的法治保障。

法律的生命在于实施。2023年1月11日，全国人大社会建设委员会组织召开妇女权益保障法实施座谈会，全国人大常委会副委员长张春贤作重要讲话，要求大力搞好法律宣传，推动男女平等基本国策深入人心。司法部、民政部等部门提出，要落实好“八五”普法规划，加大宣传力度，做好新修订的妇女权益保障法解读。全国妇联提出，将妇女权益保障法纳入妇联系统“八五”普法重点。为了更好地宣传贯彻妇女权益保障法，帮助社会各方面深入了解立法原意，准确把握此次修订的重要意义和主要内容，全国人大常委会法制工作委员会直接参与此次修订工作的同志编写了这本《中华人民共和国妇女权益保障法释义》。全国人大常委会法工委社会法室主任郭林茂同志担任主编，社会法室副主任石宏同志担任副主编，石宏、施春风、刘斌、郑全红、赵光、王涛、吕翔、顾冰、曹阳、朱涛、徐潇枫、杨帆、徐泽文、郭家琦等同志参与撰写。本书力求准确、详尽、通俗地阐述妇女权益保障法的立法原意和相关内容。但由于时间和水平有限，不妥和疏漏之处在所难免，敬请广大读者批评指正。

编　者

2023 年 2 月

导 读

妇女权益保障法是关于妇女权益保护的基本法律，是我国人权保障法律体系的重要组成部分。这部法律是1992年七届全国人大五次会议通过的，为1995年联合国第四次世界妇女大会在北京胜利召开并取得重大成果营造了良好的国际环境。此后，全国人大常委会于2005年对该法作了较大修改，于2018年作了个别调整。妇女权益保障法实施30年来，为妇女的政治、经济、文化、社会和家庭生活等各方面权益提供了有力法治保障，推动男女平等基本国策深入人心。党的十八大以来，以习近平同志为核心的党中央从党和国家事业发展全局出发，就维护妇女权益、促进妇女全面发展，提出新的更高要求，作出一系列重要部署。各方面也呼吁，根据经济社会发展，进一步修改完善妇女权益保障法，丰富保障内容，提升保障水平。全国人大常委会坚决贯彻落实党中央决策部署，积极回应社会关切，启动妇女权益保障法全面修改工作。2022年10月30日，十三届全国人大常委会第三十七次会议审议通过新修订的妇女权益保障法。

一、妇女权益保障法修订的重大意义

（一）修订妇女权益保障法是贯彻落实习近平总书记重要论述精神和党中央决策部署的必然要求

党的十八大以来，以习近平同志为核心的党中央高度重视妇女事业发展和妇女权益保障，习近平总书记作出一系列重要论述，要求坚持男女平等基本国策、维护妇女儿童合法权益，强调要把保障妇女权益系统纳入法律法规，上升为国家意志，内化为社会行为规范。党的十八大、十九大、二十大报告连续三次提出，“坚持男女平等基本国策，保障妇女儿童合法权益”。党的十九届四中全会提出“坚持和完善促进男女平等、妇女全面发展的制度机制”，党的十九届六中全会提出“注重家庭家教家风建设，保障妇女儿童权益”。贯彻落实习近平总书记重要论述精神和党中央决策部署，做好新时代妇女权益保障工作，必然要求及时修改妇女权益保障法，将党的主张通过法定程序转化为全社会普遍遵守的法律规范。

（二）修订妇女权益保障法是尊重和保障人权的集中体现

妇女权益是基本人权，妇女权益保障是国家人权事业的重要部分。党的十八大以来，以习近平同志为核心的党中央坚持把尊重和保障人权作为治国理政的一项重要工作，推动我国人权事业取得历史性成就，其中包括我国妇女事业取得的巨大成就。目前，我国已经建立了包括一百多部法律法规在内的全面保障妇女权益法律体系，妇女权益保障机制不断健全，妇女充分享有广泛的权益，妇女“半边天”作用日益彰显。法治是人权最有效的保障。妇女权益保障法事关广大妇女切身利益，事关我国人权事业发展，及时修改完善，进一步健全妇女权益保障的制度机制，有利于彰显党和国家保障妇女权益、尊重和保障人权的坚强决心和意志，有利于推动新时代我国人权事业不断发展。

（三）修订妇女权益保障法是促进妇女全面发展的有力支撑

妇女“半边天”，是物质文明和精神文明的创造者，是推动社会发展和进步的重要力量。在各个历史时期，我们党始终坚持把实现妇女解放和发展、实现男女平等写在自己奋斗的旗帜上，领导广大妇女在争取民族独立和人民解放的伟大征程中实现自我解放，在社会主义革命和建设的伟大实践中实现全面发展。妇女地位得到历史性的根本改变，广大妇女真正成为国家和社会的主人。同时，有碍妇女发展的落后观念和陈规旧俗仍然存在，促进妇女发展的社会环境仍有待优化。及时修改完善妇女权益保障法，消除针对妇女的偏见、歧视、暴力，进一步为妇女全面发展营造环境、扫清障碍、创造条件，有利于实现妇女事业和经济社会同步发展，有利于激发广大妇女以更强的历史责任感和主人翁精神，在新时代作出新的更大贡献。

（四）修订妇女权益保障法是回应社会关切的现实需要

我国妇女事业发展取得了巨大的成就，但妇女权益保障领域还存在一些问题或者挑战。受历史文化影响，重男轻女、男尊女卑的落后观念在我国社会尚未根除，歧视妇女、漠视甚至侵害妇女合法权益的现象时有发生；生育政策调整背景下，生育与就业矛盾加剧，就业领域的性别歧视有所凸显等。近年来，全国人大代表多次就修改完善妇女权益保障法提出议案建议，修改完善法律的呼声较高。修订草案两次网上公开征求意见，分别收到40余万、30余万条意见，是近年来收到意见数最多的法律草案之一。迫切需要通过修法工作，积极回应社会关切，着力解决妇女权益保障领域面临的痛点、难点问题。

二、妇女权益保障法修订的指导思想和遵循的原则

修订妇女权益保障法，坚持以习近平新时代中国特色社会主义思想为指导，全面贯彻落实党的二十大精神，坚持以人民为中心的发展理念，贯彻落实男女平等基本国策，着力完善相关制度机制，优化妇女发展环境，保障妇女合法权益，为促进男女平等和妇女全面发展提供坚实的法治保障。

修订工作遵循的原则包括：一是坚持党的领导。明确党对妇女权益保障工作的领导，全面贯彻习近平总书记关于加强妇女工作、维护妇女权益重要讲话精神，坚决落实党中央有关坚持男女平等基本国策、保障妇女儿童合法权益的决策部署。二是全面总结经验。深入了解法律实施情况，系统梳理不同阶段妇女发展纲要提出的总体目标、重点领域以及策略措施，全面总结有关方面和地方的实践经验，及时将适应妇女权益保障现实需要、实践证明行之有效、各方面认识比较一致的成功做法转化为法律规范，不断巩固和发展妇女事业取得的成就。三是坚持问题导向。在深入开展调研基础上，着力研究解决职场和校园性骚扰、就业性别歧视、拐卖妇女等妇女权益保障领域的痛点、难点问题，积极应对生育政策调整带来的挑战，为妇女更好兼顾生育与事业提供支持，着力优化妇女发展环境。四是立足国情实际。坚持从实际出发，不照抄照搬西方制度做法。在中国的传统文化背景、社会背景与法律制度体系下，分析解决中国妇女事业和妇女权益保障领域的问题，不断完善符合中国国情、与当前发展阶段相适应的妇女权益保障制度体系，确保广大妇女依法享有广泛充分、真实具体、有效管用的权益。

三、本次修订的亮点

本次妇女权益保障法修订，是继 2005 年、2018 年两次修改后的一次全面修订。新修订的妇女权益保障法在原有规定基础上，积极适应新时代、新任务、新要求，对妇女权益保障制度机制作出更加全面系统的规定，亮点众多。总的看，主要体现在四个方面：

一是全面贯彻落实男女平等基本国策，不断丰富妇女权益保障制度内容。实现男女平等是衡量社会文明的重要尺度，党和国家历来重视妇女发展与进步，把男女平等作为促进我国社会发展的一项基本国策。2005 年妇女权益保障法修改，明确规定“男女平等是国家的基本国策”。党的十八大、十九大、二十大报告均将“坚持男女平等基本国策”写入党的行动纲领，充分彰显实现男女平等的坚定意志。新修订的妇女权益保障法全面贯彻落实男女平等基本国策，不仅在总则中明确规定国家采取必要措施，促进男女平等，还在各章中不断丰富完善妇女权益保障的具体制度规定，确保妇女在政治、经济、文化、社会和家庭生活等各方面享有同男子平等的权利，确保广大妇女平等参与社会生活、平等获得发展机遇、平等享有发展成果。

二是落实全面保障基础上，根据新时代妇女工作特点和妇女事业发展要求强化特殊保护。新修订的妇女权益保障法对妇女的政治权利、人身和人格权益、文化教育权益、劳动和社会保障权益、财产权益、婚姻家庭权益等各方面权益作出规定。在体现和落实全面保障的基础上，更加突出结合妇女自身特点和妇女工作实际，强调保护妇女依法享有的特殊权益、考虑妇女的特殊需求，在医疗保健和健康检查、公共设施配建、生育服务保障、预防和处置性骚扰、消除就业性别歧视等诸多方面，根据妇女特点提供特殊保护，为有效实现男女平等和促进妇女全面发展提供有力支撑。

三是完善政府相关保障措施，强化妇女联合会等有关方面的保障职责。新修订的妇女权益保障法积极贯彻落实党的二十大精神，全面总结我国妇女事业发展成就与经验，旗帜鲜明强调坚持中国共产党对妇女权益保障工作的领导，确保新时代妇女权益保障事业始终有“主心骨”，始终坚持正确政治方向。明确建立政府主导、各方协同、社会参与的保障妇女权益工作机制，从制定和实施妇女发展规划、提供经费保障、完善妇女发展状况统计调查制度、发展妇女卫生健康事业、消除就业性别歧视、预防和处置侵害妇女权益违法犯罪行为等各方面，完善政府及其有关部门的具体保障措施。与此同时，新修订的妇女权益保障法高度重视妇联组织重要作用，进一步明确妇联做好维护妇女权益、促进男女平等和妇女全面发展的工作，明确妇女的合法权益受到侵害可以向妇女联合会求助。妇女联合会等妇女组织应当维护被侵害妇女的合法权益，支持帮助受害妇女，督促有关部门或者单位依法查处。

四是倡导全社会尊重和关爱妇女，鼓励和支持妇女自强。新修订的妇女权益保障法重视动员全社会各方面力量，共同关心、关爱和支持妇女发展，明确将男女平等基本国策纳入国民教育体系，通过开展宣传教育，增强全社会的男女平等意识，培育尊重和关爱妇女的社会风尚。组织动员国家机关、社会团体、企业事业单位、基层群众性自治组织以及其他组织和个人，结合工作职责和自身特点开展妇女权益保障工作，鼓励和支持社会力量通过依法捐赠、资助或者提供志愿服务等方式参与妇女权益保障事业。与此同时，充分尊重妇女的重要主体地位，明确国家采取措施支持女性人才成长，保障女性平等享有接受中高等教育的权利和机会，健全全民终身学习体系，为妇女终身学习创造条件，为妇女创造公平的就业创业环境，为困难妇女提供必要帮扶，保障和促进妇女在各领域的全面发展，更好发挥妇女“半边天”的重要作用。

四、本次修订的主要内容

妇女权益保障法修订前共9章、61条，经过本次修订，增至10章、共86条，修改涉及条款多，增加的规定多，结构上也有调整。主要作了以下修改：

（一）完善总体性制度机制。一是在立法目的中增加促进妇女全面发展、弘扬社会主义核心价值观。二是规定国家采取必要措施，促进男女平等，消除对妇女一切形式的歧视，禁止排斥、限制妇女依法享有和行使各项权益。三是规定坚持中国共产党对妇女权益保障工作的领导，建立政府主导、各方协同、社会参与的保障妇女权益工作机制。四是规定男女平等评估机制、妇女发展状况和权益保障统计调查制度。五是明确国家将男女平等基本国策纳入国民教育体系。

（二）完善政治权利保障。一是规定国家采取措施支持女性人才成长。二是贯彻全过程人民民主，明确妇女联合会代表妇女积极参与国家和社会事务的民主协商、民主决策、民主管理和民主监督。

（三）完善人身和人格权益。一是将第六章“人身权利”前移作为第三章，并将章名修改为“人身和人格权益”，突出人身和人格权益的重要地位。二是强调妇女的人格尊严不受侵犯。三是强调禁止进行非医学需要的胎儿性别鉴定和选择性别的人工终止妊娠，规定医疗机构施行有关医疗活动时，应当尊重妇女本人意愿。四是在禁止拐卖、绑架妇女的基础上，规定政府及有关部门、村民委员会、居民委员会发现报告和解救、安置、救助、关爱被拐卖、绑架的妇女等职责。五是在禁止对妇女实施性骚扰的基础上，进一步完善预防、处置和制止性骚扰、性侵害制度机制。六是规定住宿经营者应当加强安全保障措施，发现可能侵害妇女权益的违法犯罪行为，及时向公安机关报告。七是媒体报道涉及妇女事件应当客观、适度，不得侵害妇女的人格权益。八是加强婚恋交友关系中的妇女权益保障，扩大人身安全保护令的适用范围。九是规定建立健全妇女健康服务体系、心理健康服务支持以及全生育周期系统保健制度，设立妇幼保健机构，定期为女职工安排健康检查，合理配备满足妇女需要的公共设施。

（四）完善文化教育权益。一是完善保障适龄女性未成年人接受并完成义务教育的制度机制。二是规定政府采取措施保障女性平等享有接受中高等教育的权利和机会。三是规定国家健全终身学习体系，为妇女终身学习创造条件。

（五）完善劳动和社会保障权益。一是消除和纠正就业性别歧视，明确就业性别歧视的具体情形，将就业性别歧视纳入劳动保障监察范围。二是规定用人单位女职工权益保障相关责任，明确劳动（聘用）合同或者服务协议中应当包含女职工权益保护相关内容。三是完善生育保障，规定国家建立健全职工生育休假制度，明确用人单位对女职工的生育保障义务，要求用人单位不得因结婚、怀孕、产假、哺乳等情形，限制女职工晋职、晋级、评聘专业技术职称和职务等。四是落实习近平总书记有关重要讲话精神，规定加强对贫困妇女、老龄妇女、残疾妇女等困难妇女的权益保障。

（六）完善财产权益。一是规定妇女在农村集体经济组织成员身份确认、不动产登记、征收或者征用补偿等方面的权利。二是规定村民自治章程、村规民约以及涉及村民利益事项的决定，不得侵害妇女在农村集体经济组织中的权益。三是规定国家保护妇女在城镇集体所有财产关系中的权益。

（七）完善婚姻家庭权益。一是规定国家鼓励婚前体检，明确婚姻登记机关应当提供婚姻家庭辅导服务。二是规定妇女对夫妻共同财产享有要求记载其姓名等权利。三是规定离婚诉讼期间共同财产查询、离婚时家务劳动经济补偿等制度。

（八）完善救济措施。增加一章关于“救济措施”的规定，作为第八章。一是规定人民政府负责妇女儿童工作的机构、妇女联合会可以督促有关部门或者单位依法查处侵害妇女权益的行为。二是规定用人单位侵害妇女劳动和社会保障权益的，人力资源和社会保障部门可以联合工会、妇女联合会约谈用人单位。三是规定妇女在农村集体经济组织成员身份确认等方面权益受到侵害时的救济措施，明确乡镇人民政府对村民自治章程、村规民约以及涉及村民利益事项的决定进行指导监督。四是规定妇女权益保障公益诉讼、支持起诉等制度。

（九）完善法律责任。就违反有关报告义务、预防和制止性骚扰义务、消除就业性别歧视等义务的行为，规定相应的法律责任。

五、做好学习宣传和贯彻实施

当前正处于党带领全国各族人民向着第二个百年奋斗目标进军的历史时期。在此背景下，修订妇女权益保障法，贯彻落实习近平新时代中国特色社会主义思想、习近平总书记有关重要论述精神和党中央决策部署，积极回应社会关切，系统完善妇女权益保障制度体系，具有重要的现实意义。新修订的妇女权益保障法自 2023 年 1 月 1 日起施行，必将有效增强广大妇女的获得感、幸福感、安全感，必将充分调动广大妇女建功立业、投身新时代的积极性、主动性、创造性。

各有关方面要认真做好学习宣传和贯彻实施工作，要紧密结合学习贯彻党的二十大精神，积极宣传党领导下我国妇女事业和妇女权益保障的重大成就，积极宣传党和国家新时代关于妇女事业的方针政策，积极宣传妇女权益保障立法的巨大进步。要认真学习、准确宣传和正确实施新修订的妇女权益保障法，准确阐明此次修订的重大意义和主要内容，为法律实施营造良好的社会环境和舆论氛围；要根据修法精神，做好配套法规政策、司法解释的制定和清理工作，为新时代促进男女平等和妇女全面发展提供更加坚实的法治保障；要采取有力措施落实好法律规定，改善妇女发展环境，解决发展中的突出问题，严厉打击侵害妇女权益的违法犯罪行为，维护好广大妇女的合法权益。

目　录

第三章 人身和人格权益

第四章 文化教育权益

附　录

第一章　总　　则

第一条　为了保障妇女的合法权益，促进男女平等和妇女全面发展，充分发挥妇女在全面建设社会主义现代化国家中的作用，弘扬社会主义核心价值观，根据宪法，制定本法。

◆ **释义**

本条是关于立法目的及制定依据的规定。

一、本法制定修改的基本情况

妇女权益保障法是关于妇女权益保护的基本法律，是我国人权保障法律体系的重要组成部分。这部法律是1992年七届全国人大五次会议通过的，它从政治、文化教育、劳动、财产、人身、婚姻家庭等六大方面，较为系统全面地构建了妇女权益保障相关法律制度机制，标志着我国妇女权益保障法律体系框架基本形成，也为1995年联合国第四次世界妇女大会在北京胜利召开并取得重大成果营造了良好的国际环境。2005年，根据当时经济社会发展变化，全国人大常委会对妇女权益保障法进行了较大修改，明确规定“男女平等是国家的基本国策”，针对社会普遍关心的就业性别歧视、家庭暴力、性骚扰等问题，进一步完善了有关保障妇女权益的规定。2018年，全国人大常委会又对妇女权益保障法作了个别调整完善。妇女权益保障法实施30年来，为妇女的政治、经济、文化、社会和家庭生活等各方面权益提供了有力法治保障，推动男女平等基本国策深入人心。

党的十八大以来，以习近平同志为核心的党中央从党和国家事业发展全局出发，就维护妇女权益、促进妇女全面发展，作出一系列重要部署，提出新的更高要求。我国在妇女权益保障领域取得巨大成就的同时，也存在一些问题或者挑战。受历史文化影响，重男轻女、男尊女卑的落后观念在我国社会尚未根除，歧视妇女、漠视甚至侵害妇女合法权益的现象时有发生；生育政策调整背景下，生育与就业矛盾加剧，就业领域的性别歧视有所凸显；等等。社会各方面呼吁，根据经济社会发展，进一步修改完善妇女权益保障法，丰富保障内容，提升保障水平。为了贯彻落实党中央决策部署，回应社会关切，促进新时代妇女事业取得新发展，全国人大常委会及时开展妇女权益保障法修订工作。2022 年 10 月 30 日，十三届全国人大常委会第三十七次会议审议通过新修订的妇女权益保障法。新法不仅根据妇女权益保障实际需要充实完善了不少新规定，还在本法第一条中开宗明义修改完善立法目的的规定，充分体现此次修订的时代特征。

二、本法的立法目的

一是保障妇女的合法权益。妇女权益保障法是我国全面保障妇女基本权益的专门法律，保障妇女的合法权益始终是这部法律制定修改的出发点和落脚点。妇女权益是基本人权，保障妇女的合法权益是国家人权事业的重要部分。党的十八大以来，以习近平同志为核心的党中央坚持把尊重和保障人权作为治国理政的一项重要工作，推动我国人权事业取得历史性成就，其中包括我国在妇女权益保障方面取得的巨大成就。目前，我国已经建立了包括一百多部法律法规在内的全面保障妇女权益法律体系，妇女权益保障机制不断健全，妇女充分享有广泛的权益。法治是人权最有效的保障，习近平总书记强调要把保障妇女权益系统纳入法律法规，上升为国家意志，内化为社会行为规范。本次修订妇女权益保障法，在原有法律规定的基础上，进一步健全保障妇女合法权益的制度机制，充分彰显党和国家保障妇女权益、尊重和保障人权的坚强决心和意志。

二是促进男女平等和妇女全面发展。实现男女平等是衡量社会文明的重要尺度，党和国家历来重视妇女发展与进步，把男女平等作为促进我国社会发展的一项基本国策。本次修订妇女权益保障法，全面贯彻落实男女平等基本国策，不仅在总则中明确规定国家采取必要措施，促进男女平等，还在各章中不断丰富完善妇女权益保障的具体制度规定，确保妇女在政治、经济、文化、社会和家庭生活等各方面享有同男子平等的权利，确保广大妇女平等参与社会生活、平等获得发展机遇、平等享有发展成果。面向新时代，促进妇女实现全面发展，成为妇女权益保障事业更高层次的目标追求。为此，本次修订在“促进男女平等”的基础上，增加促进“妇女全面发展”的规定，在具体制度设计中进一步明确国家采取措施支持女性人才成长，保障女性平等享有接受中高等教育的权利和机会，为妇女终身学习创造条件，为妇女创造公平的就业创业环境，为困难妇女提供必要帮扶，努力为妇女全面发展营造环境、扫清障碍、创造条件，保障和促进妇女在各领域的全面发展。

三是充分发挥妇女在全面建设社会主义现代化国家中的作用。妇女“半边天”，是物质文明和精神文明的创造者，是推动社会发展和进步的重要力量。妇女权益保障法不是简单地将妇女作为保护的对象，更重要的是真正将广大妇女作为国家社会发展的主体，保障其权益、激发其作用、促进其发展。习近平总书记强调，希望广大妇女做伟大事业的建设者、做文明风尚的倡导者、做敢于追梦的奋斗者，在全面建设社会主义现代化国家新征程上，为实现中华民族伟大复兴的中国梦作出新的更大贡献。党的二十大全面擘画全面建成社会主义现代化强国的宏伟蓝图，为了贯彻落实党的二十大精神，更加明确广大妇女在新时代国家社会发展中的重要地位和作用，本次修订将“充分发挥妇女在社会主义现代化建设中的作用”修改为“充分发挥妇女在全面建设社会主义现代化国家中的作用”，通过完善相关制度更好激发广大妇女的历史责任感和主人翁精神。

四是弘扬社会主义核心价值观。这是本次修订新增的内容，主要考虑是：社会主义核心价值观是当代中国精神的集中体现，是全体人民共同的价值追求，决定发展方向、引领社会思潮、凝聚社会共识，关乎中国特色社会主义的道路自信、理论自信、制度自信、文化自信，关乎新时代的伟大斗争、伟大工程、伟大事业、伟大梦想。党的十八大以来，以习近平同志为核心的党中央高度重视社会主义核心价值观建设。2012 年，党的十八大报告强调，“社会主义核心价值体系是兴国之魂”，并用“富强、民主、文明、和谐，自由、平等、公正、法治，爱国、敬业、诚信、友善”这 12 个概念对社会主义核心价值观的主要内容进行了简明扼要的凝练。2017 年，党的十九大报告进一步强调“坚持社会主义核心价值体系”“培育和践行社会主义核心价值观”“把社会主义核心价值观融入社会发展各方面，转化为人们的情感认同和行为习惯”。2022 年，党的二十大报告对广泛践行社会主义核心价值观作出全面部署。把社会主义核心价值观融入法治建设全过程、各领域、各方面，是社会主义核心价值体系建设的必然要求，也是中国特色社会主义法治体系建设的内在需要。近年来党中央印发多个文件，要求将社会主义核心价值观融入法治建设，把社会主义核心价值观的要求体现到宪法、法律、行政法规、部门规章和公共政策中，推动社会主义核心价值观全面融入中国特色社会主义法律体系。为落实党中央决策部署，2018 年宪法修改将“国家倡导社会主义核心价值观”写入宪法总纲，为促进社会主义核心价值观全面融入法治体系提供宪法依据。大量新制定修改的法律法规将“社会主义核心价值观”或者其核心概念写入法律文本。为贯彻落实社会主义核心价值观入法入规相关要求，以社会主义核心价值观促进新时代妇女权益保障事业发展，本次修订在立法目的中增加“弘扬社会主义核心价值观”的规定，并在相关章节的制度规定中加以具体贯彻和体现。

三、本法的制定根据

宪法是国家的根本法。在党和国家的高度重视下，我国已经建立了以宪法为统领，以妇女权益保障法为主干，以民法典、刑法及其他相关法律为支撑的妇女权益保障法律体系，为妇女事业发展和妇女权益保障提供了有力的法治保障。妇女权益保障法是妇女权益保障领域重要的基础性法律，也是全国人民代表大会通过的基本法律，宪法为其制定修改提供了明确的依据。例如，《中华人民共和国宪法》第四十八条规定：“中华人民共和国妇女在政治的、经济的、文化的、社会的和家庭的生活等各方面享有同男子平等的权利。国家保护妇女的权利和利益，实行男女同工同酬，培养和选拔妇女干部。”第四十九条规定：“婚姻、家庭、母亲和儿童受国家的保护。夫妻双方有实行计划生育的义务。父母有抚养教育未成年子女的义务，成年子女有赡养扶助父母的义务。禁止破坏婚姻自由，禁止虐待老人、妇女和儿童。”这些宪法规定为妇女权益保障法的制定修改提供了重要依据，同时这些宪法规定的精神也在妇女权益保障法的制定和修改中得到充分贯彻实施。

第二条 男女平等是国家的基本国策。妇女在政治的、经济的、文化的、社会的和家庭的生活等各方面享有同男子平等的权利。

国家采取必要措施，促进男女平等，消除对妇女一切形式的歧视，禁止排斥、限制妇女依法享有和行使各项权益。

国家保护妇女依法享有的特殊权益。

◆ **释义**

本条是关于男女平等基本国策的规定。

一、妇女享有同男子平等的权利

坚持男女平等基本国策，是国家建设发展长期过程中取得的一项宝贵经验，也是党领导下我国妇女事业发展取得的一项重大成果。中国共产党一经成立，就将实现男女平等和妇女解放写在自己奋斗旗帜上，义无反顾地肩负起领导妇女运动的历史重任，把争取男女平等和妇女解放与发展融入为中国人民谋幸福、为中华民族谋复兴的奋斗历程，推动我国妇女事业取得前所未有的历史性成就。1950 年，新中国颁布第一部法律——婚姻法，从根本上否定了旧社会落后的婚姻制度，建立了新型的婚姻自由制度，在实质上实现男女平等。1953 年，通过选举法明确妇女有与男子同等的选举权和被选举权。在第一次全国普选中，90%以上的妇女参加了投票。广大妇女改变了几千年来作为家庭或者丈夫附庸的卑微地位，走出家庭、走向社会，走上国家政治、经济、文化各方面的广阔舞台，真正成为国家和社会的主人。

1995 年，联合国第四次世界妇女大会在北京召开，中国做出庄严承诺："中国政府一向认为，实现男女平等是衡量社会文明的重要尺度。我们十分重视妇女的发展与进步，把男女平等作为促进我国社会发展的一项基本国策。”2001 年，《中国妇女发展纲要（2001—2010 年）》首次将“贯彻男女平等的基本国策”写入中国妇女发展纲要的总目标。2005 年，妇女权益保障法修订，首次以法律的形式确立了男女平等的基本国策。2012 年，党的十八大首次将“坚持男女平等基本国策”写入党的纲领性文件。党的十九大、二十大报告继续保留这一表述，男女平等的意识已经深入人心，成为全社会的普遍共识，男女平等的基本国策已经得到全面有效的贯彻实施。为此，本条第一款适当修改原法表述，旗帜鲜明地规定“男女平等是国家的基本国策”。

男女平等基本国策的主要内容，是妇女在政治的、经济的、文化的、社会的和家庭的生活等各方面享有同男子平等的权利。早在 1954 年，第一届全国人民代表大会通过了新中国第一部宪法，明确规定：“中华人民共和国妇女在政治的、经济的、文化的、社会的和家庭的生活各方面享有同男子平等的权利。婚姻、家庭、母亲和儿童受国家的保护。”经过宪法确认的男女平等和妇女权利对推动妇女解放具有重要作用，这在世界妇女运动发展史上已经走在了前列。1982 年，现行宪法颁布，再次对妇女享有同男子平等的权利作出规定，同时强调“国家保护妇女的权利和利益，实行男女同工同酬，培养和选拔妇女干部”等。妇女权益保障法制定和历次修改中，基本与宪法表述一致，不仅体现妇女权益保障法的宪法依据，也有利于更好贯彻宪法规定的精神。

妇女享有同男子平等的权利，这是法律面前人人平等基本原则的应有之义。依据宪法法律，每个公民都依法平等享有权利、受法律保护。除了宪法法律的普遍性保护外，在妇女权益保障领域，对平等权利作了进一步细化。在理解和适用上，应当注意把握两个方面：一是男女平等权利不仅体现在总则的规定中，还体现在其他各章节中。例如，本法第十二条规定："国家保障妇女享有与男子平等的政治权利。"第十八条规定："国家保障妇女享有与男子平等的人身和人格权益。"在文化教育权益、劳动和社会保障权益、财产权益、婚姻家庭权益等各章，均有类似规定。除了原则性规定外，还通过具体制定规定，确保平等权利得以实现。二是妇女享有同男子平等的权利，不仅体现在本法中，还体现在其他相关法律中。如前所述，我国已经建立了以宪法为统领，以妇女权益保障法为主干，以民法典、刑法及其他相关法律为支撑的妇女权益保障法律体系，其他相关法律也从不同角度规定，妇女享有同男子平等的权利。例如，民法典在婚姻家庭编中明确规定，夫妻在婚姻家庭中地位平等。夫妻双方都有各自使用自己姓名的权利。夫妻双方都有参加生产、工作、学习和社会活动的自由，一方不得对另一方加以限制或者干涉。夫妻双方平等享有对未成年子女抚养、教育和保护的权利，共同承担对未成年子女抚养、教育和保护的义务。夫妻有相互扶养的义务。夫妻有相互继承遗产的权利。夫妻对共同财产，有平等的处理权。

二、消除对妇女一切形式的歧视

消除对妇女一切形式的歧视，是坚持男女平等基本国策的必然要求，也是坚持男女平等基本国策的目标追求。1980 年我国批准加入联合国《消除对妇女一切形式歧视公约》。落实公约规定精神，2005 年妇女权益保障法修改时，在第二条第二款中规定"实行男女平等是国家的基本国策"、"消除对妇女一切形式的歧视"。在本次修订过程中，一些意见提出，应当进一步体现公约规定精神，对"对妇女的歧视"作出定义，明确直接歧视、间接歧视等具体情形。其理由主要是：联合国消除对妇女歧视委员会在履约报告审议中提出中国法律中没有确定歧视妇女的定义，建议中国依照公约第一条的定义通过立法明令禁止性别歧视。公约第一条规定：为本公约的目的，“对妇女的歧视”一词指基于性别而作的任何区别、排斥或限制，其影响或其目的均足以妨碍或否认妇女不论已婚未婚在男女平等的基础上认识、享有和行使在政治、经济、社会、文化、公民或任何其他方面的人权和基本自由。

经过认真研究，本次修订进一步体现公约规定的精神，对第二款规定进行修改完善，规定“国家采取必要措施，促进男女平等，消除对妇女一切形式的歧视，禁止排斥、限制妇女依法享有和行使各项权益”。作出修改完善的同时，本次修订并没有完全照搬公约的规定。将公约规定转化为国内法规定并加以贯彻实施，是履行公约义务的重要方式，但履行公约义务不是简单照抄照搬公约的规定。公约规定转化为国内法的规定，需要考虑本国国情实际、自身法律文化以及法律体系内部的协调一致性。禁止歧视、人人平等是我国宪法法律的基本立场，尽管现有法律没有在字面上对“歧视”作出定义，但相关法律在不同领域、不同层面都对禁止歧视作出了具体规定，公约关于禁止对妇女歧视的规定精神在我国法律体系中得到全面有效的贯彻和体现。因此，此次修订适当吸收公约关于“歧视”定义的内容，增加“禁止排斥、限制妇女依法享有和行使各项权益”的规定。“排斥”通常是指使妇女无法获得男性可以得到的机会或权利；“限制”是指对妇女享有或行使某些权利加以限制，或施加比男性更加严苛的条件。考虑到我国法律文化和立法语言特点，公约规定的有些表述没有引用。例如，没有规定“基于性别”，强调的是不论基于性别或者其他因素，都不能排斥、限制妇女依法享有和行使各项权益，对妇女保护的力度实际上高于公约规定要求。

另外，修订草案初次审议时，曾在本条中规定：“国家可以为实现男女平等而采取暂时性的特别措施”。当时考虑主要是，公约有相关规定以及在地方立法已有体现。修订过程中，不少常委委员、部门、地方以及社会公众均提出，“暂时性的特别措施”过于抽象、模糊，实践中既不好理解认识，也不好操作实施，容易引发误解争议。经过认真研究，最终删去了“暂时性的特别措施”相关规定，同时在第二款“国家采取必要措施”之后，增加“促进男女平等”。在理解上，国家采取的必要措施内涵是广泛的，包括本法以及其他法律在妇女权益保障方面作出的特别规定，也包括地方立法在妇女权益保障方面作出的探索创新。无论是哪个层面、何种措施，其目的和作用都在于促进男女平等。

三、依法保护妇女享有特殊权益

为了真正实现男女平等，基于妇女在生理等方面的特点，国家法律法规给予妇女特殊保护、赋予其特殊权益。这与法律面前人人平等的基本原则并不冲突，平等有形式上的平等，还有实质上的平等。法律给予妇女特殊保护，就是为了在实质上实现男女平等。本次妇女权益保障法的修订，在落实全面保障基础上，根据新时代妇女工作特点和妇女事业发展要求，对妇女的政治权利、人身和人格权益、文化教育权益、劳动和社会保障权益、财产权益、婚姻家庭权益等各方面权益作出规定，更加突出结合妇女自身特点和妇女工作实际，强调保护妇女依法享有的特殊权益、考虑妇女的特殊需求，在医疗保健和健康检查、公共设施配建、生育服务保障、预防和制止性骚扰、消除就业性别歧视等诸多方面，根据妇女特点进一步强化特殊保护，为有效实现男女平等和促进妇女全面发展提供有力支撑。

第三条 坚持中国共产党对妇女权益保障工作的领导，建立政府主导、各方协同、社会参与的保障妇女权益工作机制。

各级人民政府应当重视和加强妇女权益的保障工作。

县级以上人民政府负责妇女儿童工作的机构，负责组织、协调、指导、督促有关部门做好妇女权益的保障工作。

县级以上人民政府有关部门在各自的职责范围内做好妇女权益的保障工作。

◆ 释义

本条是关于党委和政府对妇女权益保障责任的规定。

一、坚持党对妇女权益保障工作的领导

坚持中国共产党的领导，是做好妇女事业的核心和关键。在革命、建设、改革各个历史时期，我们党始终坚持把实现妇女解放和发展、实现男女平等写在自己奋斗的旗帜上，始终把广大妇女作为推动党和人民事业发展的重要力量，始终把妇女工作放在重要位置，领导广大妇女在争取民族独立和人民解放的伟大征程中实现自我解放，在社会主义革命和建设的伟大实践中实现全面发展，我国妇女运动取得历史性成就，开辟中国特色社会主义妇女发展道路。在党的领导下，我国妇女社会地位得到历史性的根本改变，广大妇女真正成为国家和社会的主人。

历史事实证明，中国共产党是中国妇女事业发展的根本领导力量，坚持党的领导是做好妇女权益保障工作的根本保证。这次修法，旗帜鲜明地规定坚持中国共产党对妇女权益保障工作的领导，既是对历史成功经验的高度总结，也是今后更好地开展妇女权益保障工作的根本保证，确保新时代妇女权益保障事业始终坚持正确政治方向。

二、建立保障妇女权益工作机制

在党的领导下，妇女权益保障工作需要各方面共同努力，推动建立集中统一、运行高效的妇女权益保障工作机制。

一是政府主导。做好妇女权益保障工作是各级人民政府的重要职责，需要政府部门牵头制定保障规划方案，组织落实相关制度措施。这次修法在已有规定的基础上，从制定和实施妇女发展规划、提供经费保障、完善妇女发展状况统计调查制度、发展妇女卫生健康事业、消除就业性别歧视、预防和处置侵害妇女权益违法犯罪行为等方面，进一步完善政府及其有关部门具体保障措施。

二是各方协同。妇女权益保障工作内容多、任务重，涉及部门多、范围广。做好妇女权益保障工作，需要有关方面在各自职责范围内履职尽责，在具体工作中相互支持、彼此配合、鼎力协作，共同努力推进妇女权益保障工作。

三是社会参与。做好妇女权益保障工作，除要求政府及其有关部门应当履职尽责外，更需要来自企业事业单位、社会组织、个人等社会力量的积极参与、共同发力，从“身边事、身边人”“点滴事、平凡人”等方面随时随地开展相关工作，推动形成人人关心、人人参与做好妇女权益保障的浓厚社会氛围。

三、各级人民政府应当重视和加强妇女权益的保障工作

做好妇女权益保障工作，首先政府部门承担主要责任，各级人民政府应当把妇女权益保障工作作为重点工作内容，加强对妇女权益保障工作的领导监督，为妇女权益保障提供支持和帮助。各级人民政府在制定实施有关规范性文件时，应当结合妇女群体实际情况，高度重视并加强落实妇女权益保障任务；各级人民政府要及时反映妇女群体的合理诉求，妥善解决涉及妇女的社会矛盾，实现好、维护好、发展好妇女切身利益；建立妇女维权协调机制，对有需要的妇女给予法律援助，协调处理侵害妇女权益的案件；建立妇女维权工作预警机制，增强维权工作的预见性和有效性；完善妇女维权宣传机制，增强全社会维护妇女权益的意识，提升妇女自身依法维权的能力；健全帮扶机制，帮助有困难的妇女群体解决生产生活中的实际问题等。通过以上举措，不断加强妇女权益保障工作，确保妇女权益保障落到实处。

四、县级以上人民政府负责妇女儿童工作机构的职责

这里规定的“负责妇女儿童工作的机构”是指妇女儿童工作委员会（简称妇儿工委），是县级以上人民政府负责妇女儿童工作的协调、议事机构，其办事机构通常设在同级妇女联合会。在中央层面，国务院于1990年成立国务院妇女儿童工作协调委员会，1993年更名为国务院妇儿工委，作为国务院负责妇女儿童工作的议事协调机构，负责协调和推动政府有关部门做好维护妇女儿童权益工作，协调和推动政府有关部门制定和实施妇女和儿童发展纲要，协调和推动政府有关部门为开展妇女儿童工作和发展妇女儿童事业提供必要的人力、财力、物力，以及指导、督促和检查各省、自治区、直辖市人民政府妇儿工委的工作。国务院妇儿工委的组成单位由国务院批准，目前有35个部委和人民团体，包括中央宣传部、中央网信办、外交部、国家发展改革委、教育部、公安部、民政部、司法部、财政部、国家卫生健康委、全国总工会、共青团中央、全国妇联、中国科协、中国残联、中国关工委等。在地方，县级以上人民政府也设立妇儿工委，负责本行政区域内妇女儿童保障工作。

妇儿工委负责组织、协调、指导、督促有关部门做好妇女权益的保障工作。具体而言，包括组织宣传有关保障妇女权益的法律、法规和政策及监督检查实施情况；组织实施妇女发展规划及妇女权益保障工作计划；调查研究本行政区域涉及妇女权益的突出问题，向有关机关提出意见、建议；接受群众对侵害妇女权益行为的投诉、举报，交有关部门查处，为受害妇女提供法律援助；协调、督促有关部门及时查处侵害妇女权益的重大、典型案件；总结推广保障妇女权益工作的先进经验，表彰和奖励在保障妇女权益工作中作出显著贡献的单位和个人；其他与妇女权益保障相关工作等。

《中国妇女发展纲要（2021—2030年）》对妇儿工委的职责也作了规定，要求各级妇儿工委组织开展纲要中期和终期评估，各级妇儿工委成员单位、有关部门、相关机构向同级妇儿工委提交中期和终期评估报告。通过评估，了解掌握纲要实施进展和儿童发展状况，系统分析评价纲要目标任务完成情况，评判纲要策略措施的实施效果，总结经验做法，找出突出问题，预测发展趋势，提出对策建议。各级妇儿工委设立监测评估领导小组，由同级妇儿工委及相关部门负责同志组成，负责监测评估工作的组织领导、监测评估方案的审批、监测评估报告的审核等。

五、县级以上人民政府有关部门的职责

妇女权益保障内容多、范围广，通常涉及劳动、就业、教育、民政、公安等部门，如：劳动监察部门及时查处侵害女职工劳动权益的行为、司法机关严格依法处理侵害妇女权益的违法行为等。相关部门应积极担当作为、认真履职尽责、相互通力协作，为做好妇女权益保障工作发挥应有的功能作用。对有关部门在妇女权益保障工作中的拖延、推诿、扯皮等现象，应当及时予以纠正查处，依法追究有关单位和责任人员的法律责任。

第四条 保障妇女的合法权益是全社会的共同责任。国家机关、社会团体、企业事业单位、基层群众性自治组织以及其他组织和个人，应当依法保障妇女的权益。

国家采取有效措施，为妇女依法行使权利提供必要的条件。

◆ 释义

本条是关于保障妇女合法权益的主体的规定。

一、保障妇女的合法权益是全社会的共同责任

做好妇女权益保障，是全体社会成员应尽的责任义务，需要全社会各个方面协同努力。通过来自全社会的共同支持和帮助，促进形成人人参与、人人尽力，共同尊重、呵护、关心、关爱广大妇女的良好社会氛围，为保障妇女合法权益创造良好社会条件。

国家机关、社会团体、企业事业单位和基层群众性自治组织作为社会重要组成单元，在妇女权益保障方面发挥重要作用，承担重要责任。国家机关应当强化保障妇女合法权益的思想认识，提高政治站位，严格贯彻妇女权益保障法律法规和政策规定要求，充分发挥模范带头作用，自觉成为引领全社会保障妇女权益的先进表率。社会团体在各自工作范围内，做好妇女权益保障工作。企业事业单位应当加强内部建设，在制定管理制度或者研究涉及女职工的劳动保护、生活福利、社会保障等事项时，听取本单位工会或者女职工委员会等的意见建议，不得歧视女职工，严格维护女职工各项权益。基层群众性自治组织应当积极吸纳妇女参与相关工作，积极听取、采纳妇女成员的意见建议，维护好妇女群体的合法权益，成为做好妇女权益保障工作的基层堡垒。这次修法，增加规定“其他组织和个人”也负有维护保障妇女权益的责任义务，在保障妇女权益方面实现社会成员全覆盖。

二、国家为妇女依法行使权利提供必要条件

国家建立健全妇女在政治权利、人身和人格权益、文化教育权益、劳动和社会保障权益、财产权益、婚姻家庭权益等方面的有关法律法规和政策；同时，注重总结推广有益实践经验做法，为保障妇女各项权益顺利实现提供便利条件和有效措施。例如：县级以上人民政府设立妇儿工委，专门负责妇女儿童的权益保障工作；各地探索设立妇女维权渠道和热线，为广大妇女及时维护自身权益提供便利条件；有的地方成立联席会议制度、法律援助中心、家庭纠纷调解站、信访接待中心等维护妇女权益的工作网络和服务组织，为妇女维权提供便利条件。

第五条 国务院制定和组织实施中国妇女发展纲要，将其纳入国民经济和社会发展规划，保障和促进妇女在各领域的全面发展。

县级以上地方各级人民政府根据中国妇女发展纲要，制定和组织实施本行政区域的妇女发展规划，将其纳入国民经济和社会发展规划。

县级以上人民政府应当将妇女权益保障所需经费列入本级预算。

◆ **释义**

本条是关于制定实施妇女发展纲要以及将经费保障纳入政府预算的规定。

一、国务院制定和组织实施中国妇女发展纲要

制定和组织实施中国妇女发展纲要，是国务院的法定职责。

通过纲要的方式，系统规定未来一段时间妇女发展的重要目标和核心内容，促进实现妇女权益保障的长期性、稳定性和连续性。目前，国务院已先后制定了四个周期的中国妇女发展纲要，包括《中国妇女发展纲要（1995—2000年）》、《中国妇女发展纲要（2001—2010年）》、《中国妇女发展纲要（2011—2020年）》和《中国妇女发展纲要（2021—2030年）》，并发布实施监测报告，如：2016年国家统计局发布了《〈中国妇女发展纲要（2011—2020年）〉中期统计监测报告》，对实施情况进行综合汇总和分析。2021年，国务院印发的《中国妇女发展纲要（2021—2030年）》提出，到2030年，男女平等基本国策得到深入贯彻落实，促进男女平等和妇女全面发展的制度机制创新完善；妇女平等享有全方位全生命周期健康服务，健康水平持续提升；妇女平等享有受教育权利，素质能力持续提高；妇女平等享有经济权益，经济地位稳步提升；妇女平等享有政治权利，参与国家和经济文化社会事务管理的水平逐步提高；妇女平等享有多层次可持续的社会保障，待遇水平稳步提高；支持家庭发展的法规政策体系更加完善，社会主义家庭文明新风尚广泛弘扬；男女平等理念更加深入人心，妇女发展环境更为优化；法治体系更加健全，妇女合法权益得到切实保障；妇女的获得感、幸福感、安全感显著提升。围绕健康、教育、经济、参与决策和管理、社会保障、家庭建设、环境、法律8个领域，妇女发展纲要提出75项主要目标和93项策略措施。

此外，“促进妇女全面发展”也是“十二五规划”、“十三五规划”和“十四五规划”的重要内容。其中，“十四五规划”规定，要深入实施妇女发展纲要，持续改善妇女发展环境，促进妇女平等依法行使权利、参与经济社会发展、共享发展成果。保障妇女享有卫生健康服务，完善宫颈癌、乳腺癌综合防治体系和救助政策。保障妇女平等享有受教育权利，持续提高受教育年限和综合能力素质。保障妇女平等享有经济权益，消除就业性别歧视，依法享有产假和生育津贴，保障农村妇女土地权益。保障妇女平等享有政治权利，推动妇女广泛参与社会事务和民主管理。落实法规政策性别平等评估机制，完善分性别统计制度。提高留守妇女关爱服务水平。严厉打击侵害妇女和女童人身权利的违法犯罪行为。以上内容，为优化妇女发展环境，促进妇女在各领域的全面发展，提供了重要保障。

二、县级以上地方各级人民政府制定本地妇女发展规划

国务院制定的中国妇女发展纲要，需要县级以上地方各级人民政府结合本行政区域的具体实际情况，明确当地妇女发展领域、主要目标和策略措施，通过任务层层分解，确保纲要各项目标得到贯彻落实。对此，《中国妇女发展纲要（2021—2030年）》明确提出，要制定地方妇女发展规划和部门实施方案。省级人民政府依据本纲要，结合实际制定本级妇女发展规划。市、县级人民政府依据本纲要以及上一级妇女发展规划，结合实际制定本级妇女发展规划。省、市、县级规划颁布后1个月内报送上一级妇儿工委办公室。中央及地方承担纲要（规划）目标任务的有关部门、相关机构和人民团体结合职责，按照任务分工，制定实施方案并报送同级妇儿工委办公室。

国民经济和社会发展规划是全国或者某一地区经济、社会、文化发展的总体纲要，统筹安排和指导全国或某一地区的社会、经济、文化建设工作，是具有战略意义的指导性文件。国家“十四五规划”对促进妇女全面发展专门作了规定，县级以上地方各级人民政府在编制国民经济和社会发展规划时，应当充分体现并贯彻落实有关规定。

目前，我国已经形成国家妇女发展纲要与地方发展规划、部门实施方案相结合，全国性总体目标与地方区域性目标相结合，长期目标与阶段性目标相结合，共同推动妇女事业发展的目标和实施体系。

三、妇女权益保障经费列入地方预算

妇女权益保障是各级政府的重要职责，将相关经费列入本级预算，是组织实施妇女发展纲要及相关规划的基础。将妇女权益保障经费列入地方预算，一方面能够保障所需资金来源的稳定性和持续性，确保妇女权益保障各项工作顺利开展；另一方面强化相关预算约束，加强预算管理和监督。根据预算法的规定，预算、决算的编制、审查、批准、监督，以及预算的执行和调整，按照预算法规定执行。县级以上地方各级人民政府将妇女权益保障经费列入本级预算，同样受预算法的规范调整和监督管理，确保相关经费高效使用。

第六条　中华全国妇女联合会和地方各级妇女联合会依照法律和中华全国妇女联合会章程，代表和维护各族各界妇女的利益，做好维护妇女权益、促进男女平等和妇女全面发展的工作。

工会、共产主义青年团、残疾人联合会等群团组织应当在各自的工作范围内，做好维护妇女权益的工作。

◆ 释义

本条是关于妇女联合会、工会、共产主义青年团、残疾人联合会等维护妇女权益的规定。

一、各级妇女联合会维护妇女权益的责任

中华全国妇女联合会成立于1949年4月3日，是全国各族各界妇女为争取进一步解放与发展而联合起来的群团组织，是中国共产党领导下的人民团体，是党和政府联系妇女群众的桥梁和纽带，是国家政权的重要社会支柱。妇女联合会实行全国组织、地方组织、基层组织和团体会员相结合的组织制度。妇女联合会的地方和基层组织接受同级党组织和上级妇女联合会双重领导。妇女联合会实行民主集中制。妇女联合会的最高领导机构是全国妇女代表大会和它所产生的中华全国妇女联合会执行委员会。全国妇女代表大会，每五年举行一次，由中华全国妇女联合会执行委员会召集；在特殊情况下，经执行委员会讨论决定，可提前或延期召开。

中华全国妇女联合会在省、自治区、直辖市，设区的市、自治州，县（旗）、自治县、不设区的市和市辖区等建立地方组织。妇女联合会在乡镇、街道，行政村、社区，机关和事业单位、社会组织等建立基层组织。企业基层工会女职工委员会及其以上各级工会女职工委员会是妇女联合会的团体会员。凡在民政部门注册登记的以女性为主体会员的各类为社会、为妇女服务的社会团体，自愿申请，承认中华全国妇女联合会章程，经中华全国妇女联合会或当地妇女联合会同意，可成为妇女联合会的团体会员。

妇女联合会职责的具体内容，包括代表妇女参与管理国家事务、管理经济和文化事业、管理社会事务，参与民主决策、民主管理、民主监督，参与有关法律、法规、规章和政策的制定，参与社会治理和公共服务，推动保障妇女权益法律政策和妇女发展纲要的实施；维护妇女儿童合法权益，倾听妇女意见，反映妇女诉求，向各级国家机关提出有关建议，要求并协助有关部门或单位查处侵害妇女权益的行为，为受侵害的妇女提供帮助；教育引导妇女树立自尊、自信、自立、自强的精神，提高综合素质，实现全面发展；宣传马克思主义妇女观，推动落实男女平等基本国策，营造有利于妇女全面发展的社会环境；宣传表彰优秀妇女典型，培养、推荐女性人才等。

中华全国妇女联合会和地方各级妇女联合会依照法律和中华全国妇女联合会章程，开展妇女权益保障工作。这里规定的“法律”是指广义上的法律，不仅包括全国人大及其常委会制定颁布的法律，还包括行政法规、司法解释、地方性法规、部门规章等；不仅包括涉及妇女特别保护的法律，还包括一般性的法律。1949 年 4 月中国妇女第一次全国代表大会通过了《中华全国妇女民主联合会章程》，中国妇女第十二次全国代表大会对部分内容作了修改，于 2018 年 11 月通过《中华全国妇女联合会章程》，该章程从重要任务、全国组织、基层组织、团体会员、干部队伍、经费及财产、会徽会旗等方面作了详细规定，作为各级妇女联合会开展活动的重要依据。

二、有关群团组织做好维护妇女权益工作

工会是党领导的职工自愿结合的工人阶级群众组织，是党联系职工群众的桥梁和纽带，包括中华全国总工会及其各工会组织，依照宪法、法律和中华工会章程等开展工作，维护包括广大女职工在内的职工合法权益。我国宪法和法律，特别是劳动领域相关法律对保护女职工权益作了系统规定，各级工会应当督促落实有关规定，为维护女职工权益提供支持和帮助。此外，《中国工会章程》第十四条还规定，各级工会建立女职工委员会，表达和维护女职工的合法权益；女职工委员会由同级工会委员会提名，在充分协商的基础上组成或者选举产生，女职工委员会与工会委员会同时建立，在同级工会委员会领导下开展工作。企业工会女职工委员会是县或者县以上妇联的团体会员，通过县以上地方工会接受妇联的业务指导。以上规定，为各级工会做好女职工权益保障

工作提供了依据。

共产主义青年团是党领导下的先进青年群团组织。我国各级团组织规模大、团员数量多，对做好青年及其相关工作有着重要作用。各级团组织在开展活动过程中，应当充分发挥组织、人才、业务等方面的优势，注重加强妇女权益保障，自觉维护妇女合法权益，并引导、带动和督促有关单位及个人贯彻落实保障好妇女权益保障相关规定要求。

中国残疾人联合会（简称中国残联）成立于1988年3月，是国家法律确认、国务院批准的由残疾人及其亲友和残疾人工作者组成的人民团体，是全国各类残疾人的统一组织。中国残联代表残疾人共同利益，维护残疾人合法权益；团结帮助残疾人，为残疾人服务；履行法律赋予的职责，承担政府委托的任务，管理和发展残疾人事业。中国残联领导盲人协会、聋人协会、肢残人协会、智力残疾人及亲友协会、精神残疾人及亲友协会等专门协会。按国家行政区划，中国残联设立各级地方组织。我国有8500多万残疾人口，残疾类型包括视力、听力、言语、肢体、智力、精神等方面的残疾；其中，女性残疾人口占有一定数量。各级残疾人联合会在工作开展过程中，应当把残疾人权益保障与妇女权益保障结合起来，贯彻落实妇女权益保障各项要求，做好妇女权益保障工作。

除列举的工会、共产主义青年团、残疾人联合会之外，其他群团组织也应当结合本单位本领域相关职责和业务，在各自工作范围内，相互支持、相互配合，共同做好维护妇女权益相关工作。

第七条 国家鼓励妇女自尊、自信、自立、自强，运用法律维护自身合法权益。

妇女应当遵守国家法律，尊重社会公德、职业道德和家庭美德，履行法律所规定的义务。

◆ **释义**

本条是关于妇女义务的规定。

一、国家鼓励妇女依法维护自身合法权益

自尊即自我尊重，指既不向别人卑躬屈膝，也不允许别人歧视侮辱，是一种健康良好的心理状态；自信，是指相信自己有相应的能力和实力，能够干出一番事业，实现理想价值；自立，是指自己的事情自己做，不依靠或者依附于别人，靠自己的劳动和本事生存生活；自强，指自己努力向上，自我勉励、奋发图强，不断提升和完善自己。随着社会的发展，妇女逐渐摆脱对男性的依赖，成为与男性平等的社会主体，“自尊、自信、自立、自强”成为现代女性的特征。

长期以来，我国广大妇女在不同历史时期艰苦奋斗、无私奉献，为促进国家文明进步和经济社会发展作出了重要贡献。她们始终“自尊、自信、自立、自强”，在岗位上积极投身社会主义建设事业，在家庭中尊老爱幼照顾生活，以不同的社会角色实现人生价值的同时，不断追求自身进步，充分展示了中国妇女的精神面貌，赢得社会广泛尊重和赞誉。在新时代，国家鼓励广大妇女继续发扬“自尊、自信、自立、自强”精神，更加努力培养良好的科学文化和思想道德素养，不断充实知识、增加本领，发挥才干、建功立业，进一步自信自强地开展工作，积极迈向发展新天地、取得事业新成就、创造美好新生活，争做新时代女性。

广大妇女需注重加强法律学习，增加储备常用法律知识，学会、用好法律武器，养成遇事找法、解决问题靠法的良好习惯。日常生活工作中，有些女性受害者由于缺少法律知识，存在不知怎么维权、维权不当甚至忍气吞声等现象，导致其合法权益未得到有效保障，违法行为人未受到应有惩处。妇女面对侵害自身权益的行为和现象，应当及时向有关部门反映情况并寻求法律救济，有理、有利、有节地依法维护好自身合法权益。

二、妇女应当履行法律所规定的义务

法律有狭义和广义之分，狭义上讲，法律是由全国人大及其常委会制定的以法为名的各类法律；广义上讲，法律除狭义上讲的各类法律外，还包括行政法规、监察法规、司法解释、军事法规、地方性法规、自治条例和单行条例、部门规章和地方政府规章，我国立法法等对此有详细规定。这里所说的法律，是指广义上的法律。社会公德，通常是指人们在社会交往和公共生活中应该遵守的行为准则，是维护社会成员之间最基本的社会关系秩序、保证社会和谐稳定最起码的道德要求。职业道德，通常是指在职业活动中应遵循的、体现职业特征的、调整职业关系的职业行为准则和规范。比如：爱岗敬业、诚实守信、办事公道、服务群众、奉献社会等。家庭美德，通常是指人们在家庭生活中调整家庭成员间关系、处理家庭问题时所遵循的高尚道德规范。比如：尊老爱幼、男女平等、夫妻和睦、勤俭持家、邻里互助等。

遵守国家法律规定是全民守法的重要内容，也是每位公民的基本义务和社会责任。广大妇女作为社会主义事业的建设者和参与者，同样应当自觉遵守国家法律，履行法律所规定的义务，将法律规定要求转化为自觉行为，促进法律贯彻落实。除国家法律规定外，妇女还应当尊重社会公德、职业道德和家庭美德，自觉践行相关要求，树立社会典范，以实际行动为家庭幸福和社会发展作出更大贡献。

第八条　有关机关制定或者修改涉及妇女权益的法律、法规、规章和其他规范性文件，应当听取妇女联合会的意见，充分考虑妇女的特殊权益，必要时开展男女平等评估。

◆ **释义**

本条是关于制定法律政策时充分考虑妇女特殊权益和开展男女平等评估的规定。

一、制定有关法律政策听取妇女联合会意见

原妇女权益保障法第十条第二款规定，制定法律、法规、规章和公共政策，对涉及妇女权益的重大问题，应当听取妇女联合会的意见。本次修订在此款规定的基础上，单设一条规定强调制定法律政策应当充分考虑妇女特殊权益。根据新的规定，有关机关制定或者修改相关法律政策时，都要充分考虑妇女的特殊权益；法律政策的范围包括全国人大及其常委会制定的法律、国务院制定的行政法规、有立法权的地方制定的地方性法规、国务院部门和地方政府制定的规章以及其他有权机关制定的规范性文件，范围比原有的“法律、法规、规章和公共政策”更加广泛；只要涉及妇女权益就应当考虑相关要求，不再限于“涉及妇女权益的重大问题”。

新的规定不仅拓展了适用的范围，也丰富了具体工作方式，充分考虑妇女的特殊权益，首先是听取妇女联合会的意见。有关机关制定或者修改涉及妇女权益的法律、法规、规章和其他规范性文件，应当听取妇女联合会的意见，是坚持科学立法、民主立法、依法立法的必然要求，也契合妇女联合会的职责定位。立法法第五条规定，立法应当体现人民的意志，发扬社会主义民主，坚持立法公开，保障人民通过多种途径参与立法活动。事实上，制定或者修改任何一部法律，都会通过多种形式广泛听取社会各方面的意见。近年来，全国人大常务委员会在立法工作中贯彻和体现全过程人民民主的理念，不断丰富和拓展人民群众参与立法的渠道和方式，切实提高立法工作质量和水平。

之所以在法律中强调应当听取妇女联合会的意见，主要有两方面的考虑：一是相关法律政策涉及妇女利益，与广大妇女息息相关，需要更加注重倾听妇女和妇女组织的意见。二是妇女联合会是党和政府联系妇女群众的桥梁和纽带，担负代表妇女参与有关法律、法规、规章和政策的制定，参与社会治理和公共服务，维护妇女儿童合法权益，倾听妇女意见，反映妇女诉求，向各级国家机关提出有关建议等重要职责。同时，妇女联合会有较为健全的组织体系，与广大妇女群众的生产、生活联系紧密，了解广大妇女群众的意见诉求具备更多有利条件。因此，在制定或者修改涉及妇女权益的法律、法规、规章和其他规范性文件时，制定机关应当听取妇女联合会的意见。听取可以是制定机关主动开展，也可以是妇女联合会主动向制定机关表达意见，具体形式可以多种多样，如举办座谈会、发函征求意见等。

二、必要时开展男女平等评估

除了听取妇女联合会的意见外，本次修订还在总结实践探索经验的基础上，增加“必要时开展男女平等评估”的规定，确保制定修改有关法律政策能够充分考虑妇女特殊权益。男女平等评估，有的称为“法律政策性别平等评估”，通常是指有关机关按照男女平等的价值观念以及一定的技术标准，对法律政策的实施情况及效果进行评估，进而为法律政策在制定及实施过程中做出必要调整提供参考。男女平等评估制度是在法律政策的制定和实施中贯彻落实男女平等基本国策的有效策略和制度保障。一些国家和地区设立专门的法律政策性别平等评估机构，美国、英国、瑞典、韩国等国家以及我国台湾地区都开展了性别平等评估工作，对推动男女平等产生积极影响。

2011 年，《中国妇女发展纲要（2011—2020 年）》将“加强对法规政策的性别平等审查”作为主要目标之一。2013 年，中国妇女第十一次全国代表大会报告提出，推动建立法规政策性别平等评估机制，在法律政策顶层设计和实施的全过程充分体现性别平等。近年来，各地积极探索建立法规政策性别平等评估机制，明确评估标准和程序，积极开展法规政策性别平等评估工作，对于推动法规政策制定和实施中贯彻落实男女平等基本国策，起到了积极作用。国家层面作出积极努力，如全国妇联曾邀请相关部门和 14 个省区市妇联，赴江苏省进行性别平等评估机制专题的联合调研，交流经验，研讨继续推动的措施。2021 年，《国民经济和社会发展第十四个五年规划和 2035 年远景目标纲要》提出，落实法规政策性别平等评估机制。《中国妇女发展纲要（2021—2030 年）》提出，加强法规政策性别平等评估工作。健全国家、省（自治区、直辖市）、市（地、州、盟）法规政策性别平等评估机制和县（市、区、旗）政策性别平等评估机制，明确评估范围，规范评估流程，细化评估指标。加强法规政策制定前研判、决策中贯彻、实施后评估的制度化建设。开展性别平等评估相关培训，加强专业化队伍建设，将男女平等基本国策落实到法规、规章、政策制定实施全过程各环节。

必要时开展男女平等评估，在理解和适用上应当注意把握两点：一是必要时，也就是说需要考虑开展男女平等评估的必要性，与听取妇女联合会意见不同，不是所有涉及妇女权益的法律政策都需要进行男女平等评估，而是根据实际需要和具体情况来确定。二是如何开展在实践中具体把握。除了原则性规定外，本次修订没有对男女平等评估的具体条件、程序以及结果运用等作出具体规定。在具体适用中，可以根据有关纲要规划要求，结合地方或者部门探索实践，来确定男女平等评估的程序和标准。例如，由制定机关牵头，组织设立评估领导机构和具体工作机构，制定评估的操作程序，明确评估的发起、实施、反馈等程序规则，确保男女平等评估机制的落实和实际效果。

第九条 国家建立健全妇女发展状况统计调查制度，完善性别统计监测指标体系，定期开展妇女发展状况和权益保障统计调查和分析，发布有关信息。

◆ 释义

本条是关于妇女发展状况统计调查制度的规定。

一、国家建立健全妇女发展状况统计调查制度

统计调查制度是各级政府统计部门依法实施国家统计调查项目、部门统计调查项目和地方统计调查项目的有关制度，具体包括工作方案、业务要求和操作规范等。统计调查制度分为国家统计调查制度、部门统计调查制度和地方统计调查制度三大类别。国家统计调查制度由国家统计局制定，或者由国家统计局和国务院有关部门共同制定。现行国家统计调查制度包括周期性普查制度、常规统计调查制度和专项调查制度。部门统计调查制度是指有关部门为满足行政管理和行业管理需要，搜集国民经济、社会和科技发展情况而实施的各类统计调查方案。地方统计调查制度是指省及以下地方各级政府统计部门和其他具有行政管理职能的部门，为满足地方行政管理和行业管理需要而实施的各类统计调查方案。统计调查制度对于了解国情国力、服务经济社会发展具有极为重要的作用。

在妇女权益保障领域，建立妇女发展状况统计调查制度十分必要。通过妇女发展状态统计调查制度，获取妇女权益保障相关基础数据，可以较为全面准确地掌握我国妇女事业发展的总体情况，了解妇女权益保障取得的进步和成就以及存在的短板和缺陷，这对于国家采取有针对性的措施、切实改进工作具有重要意义。例如，近期国家统计局根据《中国妇女发展纲要（2011—2020年）》监测指标和相关资料，对纲要在健康、教育、经济、参与决策和管理、社会保障、环境、法律等七个领域的实施情况进行了终期统计监测。结果表明，十年间纲要主要目标如期实现，妇女社会地位显著提高，促进男女平等和妇女全面发展取得历史性新成就，但同时也存在一定问题，相关领域妇女权益保障工作仍需加强。

《国民经济和社会发展第十四个五年规划和2035年远景目标纲要》提出，完善分性别统计制度。2021年，国务院印发的《中国妇女发展纲要（2021—2030年）》也提出，加强分性别统计监测。为此，本次修订根据妇女保障工作实际需要，新增一条规定，明确国家建立健全妇女发展状况统计调查制度。需要注意的是，这里所讲“国家”是从总体而言的，既包括国家层面，如国家统计局建立的统计调查制度，也包括一些部门或者地方结合自身工作以及地方实际情况，就妇女发展状况建立相关统计调查制度。《中国妇女发展纲要（2021—2030年）》在部署加强分性别统计监测时，明确提出国家、省、市三级建立完善妇女发展统计监测数据库，支持县级妇女发展统计监测数据库建设；鼓励支持相关部门对妇女发展缺项数据开展专项统计调查。另外，法律规定中采用的是“妇女发展状况统计调查制度”这一概念，从概念内涵上讲，包括但不限于“分性别统计监测”，更加广泛丰富，能够反映更多更全面的情况。

二、完善性别统计监测指标体系

妇女发展状况统计调查制度是从总体上说的，具体发展状况如何，需要靠一个个统计监测指标来反映。事实上，统计监测指标体系越详细、越科学，反映出来的状况才会越真实、越清晰，查找出来的问题才会越真实、越深刻，提出的对策措施才会越合理、越有效。建立完善的妇女发展状况统计调查制度，必然要求不断完善性别统计监测指标体系。因此，本条规定完善性别统计监测指标体系。性别统计监测指标体系不是一成不变的，它是一个动态的、不断发展的体系，要根据经济社会发展和实际需要，不断更新和丰富。

2006 年，为了建立和完善性别统计工作制度，国务院妇女儿童工作委员会办公室、国家统计局拟定了《中国妇女发展纲要和中国儿童发展纲要性别统计重点指标目录》，后由国务院办公厅印发，要求各地区、各有关部门按照目录要求及时做好本地区、本部门性别统计数据的收集、上报工作。该目录中的重点指标包括人口、婚姻与家庭、参与决策和管理、健康、教育、就业与社会保障、司法保护及其他等八大类，涵盖妇女权益保障工作各方面，这些指标是完善性别统计监测指标体系的重要参考。《中国妇女发展纲要（2021—2030 年）》还提出，规范完善性别统计监测指标体系，根据需要调整扩充妇女发展统计指标，推动纳入国家和部门常规统计以及统计调查制度，加强部门分性别统计工作，推进分性别统计监测制度化建设。

三、定期开展妇女发展状况和权益保障统计调查和分析

按照本条规定，从国家层面到各部门、各地方应当定期开展妇女发展状况和权益保障统计调查和分析。这里讲的妇女发展状况和权益保障，既包括总体性、全面性的状况，也包括某个领域专题性的状况。例如，教育部门就妇女的受教育状况进行统计调查，卫生健康部门就妇女常见病、多发病的预防、筛查和诊疗等进行统计调查。不论是哪种形式的统计调查，都应当定期开展。例如，妇女发展纲要通常要求对纲要实施情况进行年度监测、中期评估和终期评估。本次修订过程中，有意见提出应当进一步明确具体期限，如要求每年开展一次。考虑到实践中妇女发展状况和权益保障统计调查形式多样、涉及领域多，发挥的功能作用也有不同，一律作硬性要求不现实、不必要，因此未作进一步硬性要求，由相关方面根据实际需要来确定开展统计调查的周期。

对妇女发展状况和权益保障等进行统计调查后，还要加以分析，总结预定目标是否实现，分析存在哪些问题，进而研究应采取什么样的措施。比如，根据有关统计数据，截至 2020 年，全社会就业人员女性占比超过四成，科技工作者中女性占 40%。女童小学净入学率接近 100%，高等教育毛入学率达 54.4%，其中普通本专科在校生中女生比例已超过一半，整体进入世界中上水平。第十三届全国人大代表、全国政协委员中，女性比例分别达到 24.9%、20.4%，分别比第一届时提高了 12.9 个、13.7 个百分点。我国基本建成世界上规模最大的社会保障体系，妇女实现基本养老、基本医疗、失业、工伤、生育保险的平等参保，平等享受待遇。这充分反映在党和国家高度重视下，妇女各方面权益保障得到显著提升，广大妇女所享有的民生福祉不断增进，广大妇女的获得感、幸福感、安全感持续增强。

按照《中国妇女发展纲要（2021—2030 年）》的要求，要提升监测评估工作能力和水平。加强监测评估工作培训和部门协作，规范监测数据收集渠道、报送方式，提高数据质量。运用互联网和大数据等，丰富分性别统计信息。科学设计监测评估方案和方法，探索开展第三方评估。提升监测评估工作科学化、标准化、专业化水平。有效利用监测评估成果。发挥监测评估结果服务决策的作用，定期向同级人民政府及相关部门报送监测评估情况，为决策提供依据。建立监测评估报告交流、反馈和发布机制。加强对监测评估结果的研判和运用，对预计完成困难、波动较大的监测指标及时预警，对评估发现的突出问题和薄弱环节及时提出对策建议。运用监测评估结果指导下一阶段纲要实施，实现纲要实施的常态化监测、动态化预警、精准化干预、高质量推进。这些部署要求，应当注意在开展统计调查和分析过程中加以落实。

四、发布有关信息

按照本条规定，对妇女发展状况和权益保障进行统计调查和分析后，应当及时发布有关信息，让全社会了解我国妇女事业发展取得的进展和成就，了解妇女权益保障领域取得的经验和做法，了解当前妇女工作面临的困难和问题，了解国家所采取的制度和措施，更好地让全社会了解、关心、支持妇女权益保障工作，更好地树立信念、凝聚共识、形成合力。在具体工作中，发布信息的形式和载体可以多种多样，如通过政府网站发布有关统计调查数据和分析报告、通过白皮书形式反映妇女发展状况，等等。

第十条　国家将男女平等基本国策纳入国民教育体系，开展宣传教育，增强全社会的男女平等意识，培育尊重和关爱妇女的社会风尚。

◆ **释义**

本条是关于男女平等宣传教育的规定。

落实男女平等基本国策是一项系统工程，需要各方面多措并举、共同努力，不仅需要完善法律制度规范，转化为全社会共同遵守的行为规范，还需要加强宣传教育，将男女平等意识融入全社会、全体公民的精神世界，让实现男女平等成为全社会的共同心愿，为全社会自觉尊法、守法、用法注入强大的精神动力。因此，本次修订专门增加一条规定，明确国家开展男女平等宣传教育相关内容。

首先，国家将男女平等基本国策纳入国民教育体系。现代国民教育体系以普通教育和职业教育为基础，以初等、中等、高等教育为层次，以提高全民族思想道德素质和科学文化素质为目标。将男女平等基本国策纳入国民教育体系，要求将贯彻落实男女平等基本国策体现在教育工作全过程，增强教育工作者自觉贯彻男女平等基本国策的主动性和能动性。要将男女平等基本国策落实到教育法规政策和规划制定、修订、执行和评估中，落实到各级各类教育内容、教学过程、学校管理中。要在教材编制、课程设置、教学过程中体现男女平等相关内容。在师范类院校课程设置和教学、各级各类师资培训中加入男女平等内容。推动各级各类学校广泛开展男女平等教育，因地制宜开发相关课程，加强专题师资培训。促进男女平等教育融入学校教学内容、校园文化、社团活动和社会实践活动。探索构建学校教育、家庭教育、社会教育相结合的男女平等教育模式。

其次，开展宣传教育，增强全社会的男女平等意识，培育尊重和关爱妇女的社会风尚。在更大范围推动男女平等基本国策进机关、进高校、进中小学、进媒体、进社区、进家庭，提高社会各界男女平等意识。开展各种形式的宣传教育，目的都是增强全社会的男女平等意识，培育尊重和关爱妇女的社会风尚。《中国妇女发展纲要（2021—2030年）》也就“提升全社会的性别平等意识，推进男女平等基本国策宣传教育”这一目标，提出有关制度措施，开展以男女平等为核心的先进性别文化宣传教育，将构建先进性别文化纳入繁荣社会主义先进文化制度体系。具体包括：大力宣传新时代妇女在社会生活和家庭生活中的独特作用，宣传优秀妇女典型和性别平等优秀案例。推动各级干部学习习近平总书记关于妇女和妇女工作的重要论述以及马克思主义妇女观、男女平等基本国策。在机关、学校、企业、城乡社区、家庭以多种形式开展男女平等基本国策宣传教育，让性别平等成为全社会共同遵循的行为规范和价值标准。

在实践中，加强相关法治宣传教育，是男女平等宣传教育的重要内容。要结合学习贯彻党的二十大精神，大力开展新修订的妇女权益保障法的宣传教育活动，在全社会掀起学习妇女权益保障法的高潮，为实施好妇女权益保障法、做好新时代妇女权益保障工作营造良好的社会环境。学习宣传妇女权益保障法，要注意把握以下方面：一是丰富宣传内容。注重宣传宪法“尊重和保障人权”以及男女平等原则的内容，配套宣传相关法律、法规、规章和国际公约的规定，使全社会对妇女权益保障法律体系的了解更加全面。二要扩大宣传覆盖面。不仅要帮助广大妇女提高法律素质，增强依法维权的意识和能力，还要面向机关、企事业单位、社会团体等更多主体开展宣传，推动形成全社会关爱妇女的良好氛围。三要创新宣传形式，结合实际，充分发挥广播、电视、书籍报刊、互联网等媒介作用，采取群众喜闻乐见的形式，开展丰富多彩的宣传活动，增强宣传效果。

第十一条 国家对保障妇女合法权益成绩显著的组织和个人，按照有关规定给予表彰和奖励。

◆ **释义**

本条是关于表彰和奖励的规定。

做好妇女合法权益保障工作，需要社会各方面的支持和配合。推动落实保障妇女合法权益，除对有关违法行为规定法律责任外，有必要对在保障妇女合法权益方面做出显著成绩的组织和个人给予必要表彰和奖励，通过奖惩并举的方式，树立鲜明的典型示范、价值标尺和行为导向，调动组织和个人保障妇女合法权益的主动性和积极性，共同推动妇女合法权益保障落到实处。因而，这部法律明确规定对在保障妇女合法权益工作中成绩显著的组织和个人，按照相关规定表彰和奖励。

表彰，是指表扬并嘉奖，以授予称号、通报表扬、通令嘉奖、记功以及发给奖状、荣誉证书、奖章等形式，对某种行为或者事迹给予肯定，较为侧重于精神层面。奖励，是指从精神上或物质上进行鼓励，包括精神奖励和物质奖励，通常以精神奖励为主，以物质奖励为辅。任何对保障妇女合法权益做出显著成绩的组织和个人，都是表彰和奖励的对象，包括国家机关、企事业单位、社会组织和公民个人等。

做好表彰和奖励工作，需注重做好以下方面：一是符合国家规定。这次修法，该条增加了“按照有关规定”的表述，主要是考虑到现行政策对表彰主体有着明确要求，评比达标表彰活动应按照程序报批后实施，有关表彰项目实行目录管理等。因而，对有关组织和个人给予表彰和奖励，应当符合有关规定。二是坚持实事求是。表彰和奖励的目的是，对在保障妇女合法权益方面有着显著成绩的组织和个人给予肯定，激励组织和个人积极参与和支持妇女合法权益保障，推动贯彻落实男女平等原则。因而，应当按照所做成绩，根据有关标准和条件，实事求是地确定表彰和奖励对象。三是表彰奖励与成绩相当。表彰和奖励的具体标准和等级，应结合受表彰和奖励对象所做成绩，按照国家有关规定予以确定，做到表彰和奖励等级与贡献大小相适应。四是精神奖励与物质奖励相结合。精神奖励与物质奖励可以独立给予，也可以合并实施。我国现阶段不仅要贯彻精神奖励与物质奖励相结合的原则，更应侧重强调精神奖励的重要性，同时给予适当的物质奖励，充分发挥二者不同的作用功能，更好调动全社会保障妇女合法权益的积极性。五是做到公正平等对待。表彰和奖励作为调动广大人民群众保障妇女合法权益积极性和创造性的重要方式，应当以实际成绩和贡献作为客观依据，体现公正平等的评奖机制。六是及时贯彻落实。及时对符合条件的组织、个人给予表彰和奖励，可以提升社会宣传效果，加大工作经验推广力度，加强妇女权益保障。

第二章 政治权利

第十二条 国家保障妇女享有与男子平等的政治权利。

◆ **释义**

本条是关于男女政治权利平等的规定。

妇女政治权利的保障程度，是男女平等的重要内容，也是衡量一个国家和民族文明进步的重要标志。妇女参与国家政治生活，是近现代妇女解放运动追求的目标，是继婚姻自主、经济独立之后，妇女对自身解放提出的更高层次要求。在历史上，广大妇女不能享有与男子平等的政治权利，长期被排除在国家政治生活之外。经过不懈的努力，20 世纪初西方多数国家的妇女开始获得选举权和被选举权，为妇女积极参与国家政治生活奠定了条件，如：1920 年，美国国会宣布批准《美国宪法》第十九条修正案，该修正案指出“美国或任何州地区不得因性别而拒绝或剥夺美国公民的投票权”，美国白人女性获得了投票权；黑人女性迟至 1964 年《民权法案》颁布后才真正拥有投票权。1928 年，英国颁布《国民参政法》（又称《男女选举平等法》），国会议员、地方政府等实行男女选举平等。20 世纪 70 年代以来，世界范围内妇女在获得平等决策、公务参与等方面的权利与机会取得明显进步，各国政坛女性人数增长迅速，一些国家的政府首脑、国会议员等由女性担任的现象较为常见。有些国家和国际组织制定的男女平等法案，促进实现妇女政治权利。如：1978 年挪威颁布《男女平等法》、1979 年联合国颁布《消除对妇女一切形式歧视公约》等，其中该公约第七条规定缔约各国应采取一切适当措施，消除在本国政治和公众事务中对妇女的歧视，特别应保证妇女在与男子平等的条件下：在一切选举和公民投票中有选举权，并在一切民选机构有被选举权；参加政府政策的制定及其执行，并担任各级政府公职，执行一切公务；参加有关本国公众和政治事务的非政府组织和协会。公约第八条规定缔约各国应采取一切适当措施，保证妇女在与男子平等不受任何歧视的条件下，有机会在国际上代表本国政府参加各国际组织的工作。

男女平等包括男女在政治地位和权利方面的平等，是我国长期奉行的基本国策，也是宪法明确保障的公民基本权利内容。早在 1949 年 9 月，中国人民政治协商会议通过的具有临时宪法性质的《中国人民政治协商会议共同纲领》第六条就规定“废除束缚妇女的封建制度。妇女在政治的、经济的、文化教育的、社会的生活各方面，均有与男子平等的权利，实行男女婚姻自由”。1954 年，新中国第一部《中华人民共和国宪法》第九十六条、第八十六条规定“妇女在政治的、经济的、文化的、社会的和家庭的生活各方面享有同男子平等的权利”“妇女有同男子平等的选举权和被选举权”。1982 年，现行《中华人民共和国宪法》第四十八条第一款就男女平等问题再次明确规定：“中华人民共和国妇女在政治的、经济的、文化的、社会的和家庭的生活等各方面享有同男子平等的权利。”除宪法上述规定外，其他相关法律也对保障男女平等享有政治权利作了具体规定。如：1979 年制定的《中华人民共和国全国人民代表大会和地方各级人民代表大会选举法》明确规定，年满十八周岁的中华人民共和国公民，不分性别等因素都有选举权和被选举权；1995 年修改该法时增加规定，全国人民代表大会和地方各级人民代表大会的代表中，应当有适当数量的妇女代表，并逐步提高妇女代表的比例。1980 年，第五届全国人民代表大会常务委员会作出关于批准联合国《消除对妇女一切形式歧视公约》的决定，承诺履行保障妇女平等参与政治活动的权利。此外，《中国共产党章程》也规定党重视培养、选拔女干部。以上规定内容，为贯彻落实“妇女享有与男子平等的政治权利”提供了较为完善的制度保障。

关于政治权利的内涵，通行观点认为政治权利是指公民依法享有的参与国家政治生活，管理国家事务，管理经济和文化事业，管理社会事务以及在政治上表达个人意见和见解的权利。具体而言，我国公民的政治权利包括以下方面：1. 选举权和被选举权。这项政治权利是政治参与的主要表现形式。2. 享有言论、出版、集会、结社、游行、示威自由的权利。这些自由是公民行使政治权利的形式和保障。3. 担任国家机关职务以及企业、事业单位和人民团体领导职务的权利。这是公民直接参与国家管理，参与经济、文化和社会事务管理，实现其政治权利的重要途径。4. 对国家机关和国家工作人员的监督权，包括对其选举的国家工作人员的罢免权，以及对国家机关和国家工作人员的批评和建议权。5. 对国家政治活动的知情权等。本条是关于保障男女平等享有政治权利的总体要求，随着经济社会发展进步，妇女政治权利的具体内容不断丰富完善，保障水平不断得到提升。

第十三条 妇女有权通过各种途径和形式，依法参与管理国家事务、管理经济和文化事业、管理社会事务。

妇女和妇女组织有权向各级国家机关提出妇女权益保障方面的意见和建议。

◆ **释义**

本条是关于妇女参与国家和社会事务的权利的规定。

一、妇女依法参与管理国家事务、管理经济和文化事业、管理社会事务

依法参与管理国家事务、管理经济和文化事业、管理社会事务等方面内容，是对妇女政治权利的具体化。妇女实现以上政治权利内容的途径和形式，总体上可分为两个层面：一是依据法律规定，妇女通过行使选举权选举代表组成各级人民代表大会，间接行使管理国家事务等政治权利。对此，全国人民代表大会和地方各级人民代表大会选举法、城市居民委员会组织法、村民委员会组织法等法律作了规定。二是依照法律规定，通过各种途径和形式直接行使管理国家事务等政治权利。妇女通过各种途径和形式依法直接参与管理国家事务，管理经济和文化事业，管理社会事务，也是当家作主的重要方式。如：妇女有被选举权，通过成为各级人民代表大会或者各级国家机关组成人员的方式，直接行使政治权利；可以通过成立妇女组织或者参加基层自治组织以及妇联、工会、共青团等组织，行使监督权、建议权、知情权等方式，实现参与管理国家事务、管理经济和文化事业、管理社会事务等政治权利。妇女无论通过何种途径和形式实现政治权利，需符合有关法律法规的规定。

二、妇女和妇女组织有权提出妇女权益保障方面的意见建议

《中华人民共和国宪法》第四十一条规定，中华人民共和国公民对于任何国家机关和国家工作人员，有提出批评和建议的权利。国家机关包括各级立法机关、行政机关、司法机关、监察机关、军队机关等。广大妇女作为中华人民共和国公民，同样有权向各级国家机关提出各种意见和建议，包括妇女权益保障方面的意见和建议。妇女联合会、工会组织中的女职工委员会等妇女组织，作为代表和维护妇女权益的组织，是收集、整理和传递广大妇女意见和建议的重要主体，也有权向国家机关提出妇女权益保障方面的意见和建议。对有关保障妇女权益的合理意见和建议，有关国家机关应当充分听取和积极采纳。

第十四条　妇女享有与男子平等的选举权和被选举权。

全国人民代表大会和地方各级人民代表大会的代表中，应当保证有适当数量的妇女代表。国家采取措施，逐步提高全国人民代表大会和地方各级人民代表大会的妇女代表的比例。

居民委员会、村民委员会成员中，应当保证有适当数量的妇女成员。

◆ 释义

本条是关于妇女选举权和被选举权的规定。

一、妇女享有与男子平等的选举权和被选举权

选举权和被选举权是十分重要的政治权利，是否拥有选举权和被选举权是公民能否参与政治生活的重要前提。妇女享有与男子平等的选举权和被选举权，可以从以下两方面理解：一是妇女和男子同样有选举权和被选举权。根据《中华人民共和国全国人民代表大会和地方各级人民代表大会选举法》第四条规定，中华人民共和国年满十八周岁的公民，不分性别地都有选举权和被选举权。公民是否拥有选举权和被选举权，与其性别因素无关。二是妇女和男子行使选举权和被选举权，遵守同样的选举规则，并不因公民性别因素区分对待。如:《中华人民共和国全国人民代表大会和地方各级人民代表大会选举法》第五条规定，每一选民在一次选举中只有一个投票权。据此，无论妇女还是男子，在一次选举中其投票权所占权重是同等的，并不由于性别因素而存在差别。在选民登记、代表候选人的提出、选举权丧失等选举的每个环节和方面，妇女与男子也同样遵守同一选举规则。以上两方面，妇女享有与男子平等的选举权和被选举权。

二、提高妇女在全国人民代表大会和地方各级人民代表大会代表中所占比例

人民代表大会制度是我国根本政治制度，是人民行使权利的主要途径。妇女通过当选全国人民代表大会和地方各级人民代表大会的代表，直接行使管理国家的权利，是保障实现妇女政治权利的重要体现。受历史、社会、传统等多重因素的影响，我国妇女参政议政的积极性和能力还有待提高。长期以来，女性代表在全国人民代表大会和地方各级人民代表大会代表总数中虽占有一定比例，但与女性占人口比重、社会地位、社会贡献等仍不太匹配。为保障和适当提高女性代表在代表总数中所占比例，进一步拓宽妇女的参政渠道和机会，1992 年制定妇女权益保障法时规定要求全国人民代表大会和地方各级人民代表大会的代表中，应当有适当数量的妇女代表；1995 年在修改全国人民代表大会和地方各级人民代表大会代表法时，借鉴吸纳妇女权益保障法以上规定内容，增加规定全国人民代表大会和地方各级人民代表大会的代表应当有适当数量的妇女代表，并逐步提高妇女代表的比例；2005 年，在修改妇女权益保障法时进一步规定，国家采取措施，逐步提高全国人民代表大会和地方各级人民代表大会的妇女代表的比例。

从新中国成立以来历届全国人大代表中女性代表所占比例看，

女性代表所占比例处于 21%左右的平稳状态。近些年来，女性代表在历届全国人大代表中所占比例稳中有升，2018 年召开的第十三届全国人民代表大会共有女代表 742 名，占代表总数达到 24.9%，是历届人大代表中女性比重最高的一届。国家通过积极推动和支持妇女参政议政，妇女参与决策和管理国家事务的渠道扩宽、机会增加，妇女政治权利得到有力保障和加强。特别是党的十八大以来，妇女在推进国家治理体系和治理能力现代化进程中，参与国家和社会事务管理的水平全面提升，在民主政治建设中的作用日益增强。作为我国政治生活中的一件大事，全国两会上的女性身影越来越多。人大女代表、政协女委员认真履职尽责、建言献策，充分展现了新时代女性风采。

2021 年，国务院颁布的《中国妇女发展纲要（2021—2030 年）》提出要提高人大女代表、政协女委员比例。落实人大代表选举规则和程序，在选区划分、代表名额分配、候选人推荐、选举等环节，保障妇女享有平等权利和机会；重视从基层、生产一线推荐人大代表女性候选人，候选人中应当有适当数量的妇女代表，并逐步提高妇女代表的比例。提名推荐、协商确定政协委员建议名单时，保障提名一定比例的妇女；充分发挥人大女代表、政协女委员在发展社会主义民主政治和男女平等事业中的积极作用。以上规定，为今后一段时期加强妇女政治生活参与，提供了明确指引。

三、妇女在居民委员会、村民委员会成员中占适当名额

城市居民委员会组织法规定，居民委员会是居民自我管理、自我教育、自我服务的基层群众性自治组织。村民委员会组织法规定，村民委员会是村民自我管理、自我教育、自我服务的基层群众性自治组织，实行民主选举、民主决策、民主管理、民主监督。从组织性质上看，居民委员会和村民委员会作为基层群众性自治组织，虽不是国家政权机关及其派出机关，但在社会治理中发挥着重要功能和作用。妇女成为居民委员会和村民委员会成员，是妇女参与城市居民、农村居民进行自我管理、自我教育、自我服务的重要途径，是保障实现妇女政治权利的重要形式。

近些年来，较多农村男性进城务工，在不少地方的农村妇女已成为经济社会发展主力。这种男城女乡、男工女耕的格局，使农村妇女在村庄发展和秩序维护中发挥越来越大的作用，但受传统观念的影响和各种条件的制约，较多村委会成员中女性占比较低，与农村妇女数量、妇女对农村经济社会发展的贡献很不相称，不能适应农村集体组织成员的管理和服务需要。城市居民委员会作为基层群众性自治组织，同样也需要适当的女性成员，便于开展社区管理和服务工作。这里“适当的名额”，是指一名以上女性成员。因各地情况区别较大，硬性规定妇女在居民委员会、村民委员会成员中的名额或者比例并不妥当，应具体结合当地实际情况予以确定，符合当地居民或者村民在管理、服务等方面的实践需要。

第十五条 国家积极培养和选拔女干部，重视培养和选拔少数民族女干部。

国家机关、群团组织、企业事业单位培养、选拔和任用干部，应当坚持男女平等的原则，并有适当数量的妇女担任领导成员。

妇女联合会及其团体会员，可以向国家机关、群团组织、企业事业单位推荐女干部。

国家采取措施支持女性人才成长。

◆ 释义

本条是关于重视女干部和女性人才的规定。

一、培养和选拔女干部

新中国成立后，国家一直十分重视培养和选拔女干部。宪法明确规定，国家保护妇女的权利和利益，实行男女同工同酬，培养和选拔妇女干部。20 世纪 90 年代以来，历次党代会报告都明确要求重视培养选拔女干部。党的十九大报告强调，要统筹做好培养选拔女干部、少数民族干部和党外干部工作。通过召开专题会议、制定政策文件、明确目标要求等措施，持续加大培养力度，不断提高女干部和女党员比例。

2010 年《全国人民代表大会常务委员会执法检查组关于检查〈中华人民共和国妇女权益保障法〉实施情况的报告》指出，“1990 年以来，中央组织部先后 6 次召开会议，对培养选拔女干部工作进行专门部署，明确提出培养选拔女干部工作的目标要求和政策措施。各级党委不断加大培养选拔女干部工作力度，使越来越多的优秀女性进入了各级领导班子。2005 年以来全国女干部数量稳中有升，各级国家机关干部中女性所占比例大体稳定在 23%左右，县处级以上女领导干部所占比例基本保持在 16. 5%左右。2008 年省、地、县三级政府领导班子中女领导干部配备率分别为 93. 5%、90. 0%、90. 3%，比 2005 年分别提高了 6. 4、7. 4 和 6. 5 个百分点。近几年，各级国家机关及其直属机构招录的公务员中，女性所占比例大幅提高。如中央机关及其直属机构招录的公务员中，女性所占比例由 1999 年的 31. 5%逐年上升到 2009 年的 42. 5%，有的地方新录用公务员中女性人数超过了男性。”

国务院新闻办公室 2019 年发布的《平等 发展 共享：新中国

70 年妇女事业的发展与进步》白皮书显示，“2017 年，全国党政机关女干部人数从改革开放初期的 42.2 万增加至 190.6 万，占干部总数的 26.5%。2017 年，中央机关及其直属机构新录用公务员中女性比例达到 52.4%；地方新录用公务员中女性比例达到 44%。”

二、选拔和任用适当数量的女干部担任领导成员

针对实践中存在的女领导干部“虚职多，实职少；副职多，正职少；教科文卫等部门的多，经济金融部门的少”的情况，妇女权益保障法规定国家机关、群团组织、企业事业单位培养、选拔和任用干部，应当坚持男女平等的原则，并有适当数量的妇女担任领导成员。

国务院新闻办公室 2019 年发布的《平等 发展 共享：新中国 70 年妇女事业的发展与进步》显示，“2018 年全国事业单位领导班子成员中，女性比例为 22.2%，比 2015 年提高 1.6 个百分点。截至 2018 年 10 月，中国有女外交官 2065 人，占外交官总数的 33.1%，其中女大使 14 人、女总领事 21 人、处级以上女参赞 326 人。”国家统计局 2020 年发布的《2019 年〈中国妇女发展纲要（2011—2020 年）〉统计监测报告》显示，“女性在企业管理中发挥着越来越重要的作用。2019 年，企业职工董事和职工监事中女性比重分别为 33.4% 和 36.4%，与 2010 年相比分别提高 0.7 和 1.2 个百分点。企业职工代表大会中女性代表比重为 29.7%，高于 2018 年 0.9 个百分点。”

《中国妇女发展纲要（2021—2030 年）》提出一系列目标和举措。目标包括：县级以上地方政府领导班子中的女干部比例逐步提高，担任正职的女干部占同级正职干部的比例逐步提高。国家机关部委和县级以上地方政府部门领导班子中的女干部比例逐步提高，担任正职的女干部占同级正职干部的比例逐步提高。各级各类事业单位领导班子成员中的女性比例逐步提高。企业董事会、监事会成员及管理层中的女性比例逐步提高。企事业单位职工代表大会中女性比例与女职工比例相适应。村党组织成员、村党组织书记中女性比例逐步提高。村委会成员中女性比例达到30%以上，村委会主任中女性比例逐步提高。社区党组织成员、社区党组织书记中女性比例逐步提高。社区居委会成员中女性比例保持在50%左右，社区居委会主任中女性比例达到40%以上。鼓励支持女性参加社会组织、担任社会组织负责人。举措包括：加大对妇女参与决策和管理的支持力度；提高妇女参与社会事务和民主管理的意识和能力；重视发展中国共产党女党员；提高人大女代表、政协女委员比例；优化女干部成长路径；推动妇女积极参与事业单位决策管理，培养选拔优秀女性专业技术人员进入决策管理层；推动妇女广泛参与企业决策管理，将女干部选拔配备纳入国有企业领导班子和干部队伍建设规划，加大培养、选拔、使用力度等；推动妇女有序参与城乡基层社会治理，注重从女致富能手、经商务工女性、乡村女教师女医生、女社会工作者、女大学生村官、女退休干部职工等群体中培养选拔村（社区）干部；支持引导妇女参加社会组织，优化社会组织发展的制度环境，加大对以女性为成员主体或以女性为主要从业人员的社会组织的培育力度；发挥妇联组织在推进国家治理体系和治理能力现代化进程中的作用。

三、妇女联合会推荐女干部

向国家机关、群团组织、企业事业单位推荐女干部，是妇联的一项职责。《中华全国妇女联合会章程》第三十七条规定，各级妇女联合会应成为培养和输送女干部的重要基地。应加强干部的培养，重视培训工作，加强培训基地建设。妇女联合会干部应合理流动。妇女联合会应经常向各方面推荐输送优秀女干部，特别要注意培养推荐输送少数民族和年轻女干部。

根据《中华全国妇女联合会章程》的规定，企业基层工会女职工委员会及其以上各级工会女职工委员会是妇女联合会的团体会员。凡在民政部门注册登记的以女性为主体会员的各类为社会、为妇女服务的社会团体，自愿申请，承认本章程，经中华全国妇女联合会或当地妇女联合会同意，可成为妇女联合会的团体会员。目前妇女联合会的团体会员包括全总女职工委员会、中华基督教女青年会全国协会、中国女企业家协会、中国女科技工作者协会、中国女法官协会、中国女检察官协会、中国女摄影家协会、中国女医师协会、中华护理学会、中国女画家协会、欧美同学会妇女委员会、中国市长协会女市长分会、中国老区建设促进会妇女工作委员会、中国人才研究会妇女人才专业委员会、中国旅游协会妇女旅游委员会、中国城市规划协会女规划师委员会、中华全国工商联女企业家商会、中华全国律师协会女律师协会等。

四、国家采取措施支持女性人才成长

该规定是本次修订中在二审时增加的内容。在本次修订时，有的意见提出，妇女权益保障法规定了对女干部的培养、选拔和任用问题，妇女劳动者中除了女干部，还包括其他女性人才，应当体现对女干部以外女性人才的重视。根据该意见增加了本条第四款规定。

经济社会发展的各个领域都需要女性人才，对女性人才成长的支持体现在对妇女的教育、培训、关爱等多个方面。《中国妇女发展纲要（2021—2030 年）》提出，完善学历教育与培训并重的现代职业教育体系，优化专业设置，提供多种学习方式，支持女性获得职业技能等级证书，培养复合型技术技能女性人才和能工巧匠、大国工匠。鼓励职业院校面向高校女毕业生、女农民工、去产能分流女职工等重点人群开展就业创业和职业技能培训。

第十六条 妇女联合会代表妇女积极参与国家和社会事务的民主协商、民主决策、民主管理和民主监督。

◈ 释义

本条是关于妇联代表妇女参与国家和社会事务的规定。

《中华人民共和国妇女权益保障法》第六条对妇联的职责作了总体性的规定："中华全国妇女联合会和地方各级妇女联合会依照法律和中华全国妇女联合会章程，代表和维护各族各界妇女的利益，做好维护妇女权益、促进男女平等和妇女全面发展的工作。"第十六条则是对妇联代表妇女行使相关政治权利作的规定。《中华全国妇女联合会章程》也规定妇联代表妇女参与民主决策、民主管理、民主监督。国务院新闻办公室2019年发表的《平等发展 共享：新中国70年妇女事业的发展与进步》白皮书指出，全国妇联作为成员单位参与中央农村工作领导小组、中央精神文明建设指导委员会、中央全面依法治国委员会守法普法协调小组、国务院扶贫开发领导小组和国务院就业工作领导小组等的工作，反映妇女利益诉求，代表妇女参与国家和社会事务的民主决策、民主管理和民主监督。《中国妇女发展纲要（2021—2030年）》规定，强化妇联组织参与民主决策、民主管理、民主监督，参与制定有关法律、法规、规章和政策，参与社会治理和公共服务的制度保障。在制定有关促进男女平等和保障妇女合法权益的法律法规政策以及培养选拔女干部工作中，充分听取妇联组织意见和建议。

原《中华人民共和国妇女权益保障法》第十三条第一款规定："中华全国妇女联合会和地方各级妇女联合会代表妇女积极参与国家和社会事务的民主决策、民主管理和民主监督。"第二款规定："各级妇女联合会及其团体会员，可以向国家机关、社会团体、企业事业单位推荐女干部。"本次修订对该条作了修改：一是将第一款中的"中华全国妇女联合会和地方各级妇女联合会"合并表述为"妇女联合会"，表述更为简练，同时增加"民主协商"，内容更全面。二是将第二款移至第十五条第三款。

妇女联合会代表妇女参与国家和社会事务的民主协商、民主决策、民主管理和民主监督，体现在多个方面。例如：（1）推荐女性人大代表候选人，向国家机关推荐女干部。《中华人民共和国全国人民代表大会和地方各级人民代表大会选举法》规定，全国和地方各级人民代表大会的代表候选人，按选区或者选举单位提名产生。各政党、各人民团体，可以联合或者单独推荐代表候选人。《中华人民共和国妇女权益保障法》规定，妇女联合会及其团体会员，可以向国家机关、群团组织、企业事业单位推荐女干部。《中国妇女发展纲要（2021—2030年）》规定，在培养选拔女干部工作中，充分听取妇联组织意见和建议。（2）向有关机关提出关于完善相关法律、法规等的意见，向各级国家机关提出妇女权益保障方面的意见和建议。有关机关制定或者修改涉及妇女权益的法律、法规、规章和其他规范性文件，应当听取妇女联合会的意见。《中国妇女发展纲要（2021—2030年）》规定，强化妇联组织参与制定有关法律、法规、规章和政策，参与社会治理和公共服务的制度保障。在制定有关促进男女平等和保障妇女合法权益的法律法规政策中，充分听取妇联组织意见和建议。（3）妇女的合法权益受到侵害的，妇女联合会等妇女组织应当维护被侵害妇女的合法权益，有权要求并协助有关部门或者单位查处。有关部门或者单位不予处理或者处理不当的，妇女联合会可以向其提出督促处理意见，必要时可以提请同级人民政府开展督查。对于用人单位侵害妇女劳动和社会保障权益的行为，妇女联合会可以参加人力资源和社会保障部门组织的对用人单位的联合约谈，依法进行监督并要求用人单位限期纠正。

第十七条 对于有关妇女权益保障工作的批评或者合理可行的建议，有关部门应当听取和采纳；对于有关侵害妇女权益的申诉、控告和检举，有关部门应当查清事实，负责处理，任何组织和个人不得压制或者打击报复。

◆ **释义**

本条是关于批评、建议、申诉、控告和检举权的规定。

一、批评、建议、申诉、控告和检举权

根据本法规定，妇女的合法权益主要包括六个方面的内容：政治权利、人身和人格权益、文化教育权益、劳动和社会保障权益、财产权益、婚姻家庭权益。对于侵害妇女这六个方面权益的行为，任何公民都享有批评、建议、申诉、控告和检举权。

批评、建议、申诉、控告和检举权是我国宪法规定的公民基本权利。《中华人民共和国宪法》第四十一条第一款规定，“中华人民共和国公民对于任何国家机关和国家工作人员，有提出批评和建议的权利；对于任何国家机关和国家工作人员的违法失职行为，有向有关国家机关提出申诉、控告或者检举的权利，但是不得捏造或者歪曲事实进行诬告陷害。”一般来说，批评和建议权更多侧重于发挥保障人民当家作主、参政议政的权利功能；申诉、控告和检举权则侧重于发挥保障人民的合法权益不受侵害，发挥“权利保障（救济）底线的功能”。

其中，批评权是指公民对国家机关和国家工作人员在工作中的缺点、错误有提出批评意见的权利。建议权是公民对国家机关、国家工作人员的工作提出建设性意见的权利。申诉权是指公民的合法权益，因为行政机关或司法机关作出的错误的、违法的决定或判决，或者因为国家工作人员的违法失职行为而受到侵害，受害公民有向有关机关申诉理由，要求重新处理的权利。控告权是指公民对任何国家机关和国家工作人员的违法失职行为，有向有关机关进行揭发和指控的权利。检举权是指公民对于违法失职的国家机关和国家工作人员，有向有关机关揭发事实，请求依法处理的权利。

二、有关部门应当听取和采纳批评、建议

在我国，公民行使批评权和建议权的途径是多种多样的，如可以通过新闻报刊、来信来访、座谈会、讨论会等形式来行使这两项权利。此外，在现实生活中，批评性的意见与建议性的意见往往紧密相连，很多情况下，并不能明显地区分批评与建议，批评性的意见往往就是对某件事情的建议，而建议性的意见往往也隐含了对于某件事情的不满意，有批评之意暗含其中。

需要注意的是，对于有关妇女权益保障工作的批评权和建议权，并不一定需要妇女甚至是与自身利益有关的妇女提出。公民既可以对自身急需解决的问题毫无疑问地提出质疑、批评或者建议，也同样可以对与自身并不是一定紧密相连但关系到社会集体利益的问题，行使自己的批评权和建议权。而无论公民是以何种方式、出于何种目的行使批评权和建议权，只要是公民合法提出的，且属于妇女权益保障工作内容的批评或者合理可行的建议，有关部门都应当认真听取和积极采纳。

三、有关部门应当负责处理申诉、控告和检举

《中华人民共和国宪法》第四十一条第二款规定，“对于公民的申诉、控告或者检举，有关国家机关必须查清事实，负责处理。任何人不得压制和打击报复。”申诉、控告和检举三种权利的区别在于，申诉人和控告人往往是受害者，而检举人一般与事件无直接联系，申诉和控告是为了保护自己的合法权益而要求依法处理，而检举一般是出于正义感和维护公共利益等其他目的。

其中，申诉权根据行使主体的区别可以分为诉讼上的申诉和非诉讼的申诉：诉讼上的申诉是指当事人或者其他公民对人民法院已经发生法律效力的刑事、民事、行政诉讼裁判不服，认为确有错误，依法向人民法院或者人民检察院提出申请要求重新审查处理的行为。一般在申诉主体、申诉对象、申诉期限、申诉理由和申诉效力等方面都有一定的限制。非诉讼的申诉是指公民对行政机关作出的决定不服，向其上级机关提出申请，要求重新处理的行为。在申诉主体、申诉对象、申诉期限、申诉理由和申诉效力等方面一般没有特别的限制。控告权行使的对象应当是国家机关或其工作人员，控告的内容须是控告人的权益受到了国家机关或其工作人员的侵害或受到侵害的威胁。检举权可以向各级纪检监察委、法院、检察院以及公安部门行使。另外，全国人大、政协、信访、中央组织部等也接收来自公民的检举，检举人要根据职务违法违纪行为的实施主体、行为性质等来选择不同的机关行使检举权。

此外，有关部门应当根据申诉人、控告人和检举人提出的有关侵害妇女权益的案件线索，认真查清案件事实，确认是否存在当事人反映的相关情况，并依法合规地予以处理。任何组织或者个人不得压制或者打击报复申诉人、控告人和检举人。除了我国宪法的规定之外，相关法律法规中也有类似规定。例如，《中华人

民共和国监察法实施条例》第二百七十五条规定，“监察对象对控告人、申诉人、批评人、检举人、证人、监察人员进行打击、压制等报复陷害的，监察机关应当依法给予政务处分。构成犯罪的，依法追究刑事责任。”

第三章　人身和人格权益

第十八条　国家保障妇女享有与男子平等的人身和人格权益。

◆ 释义

本条是关于国家保障妇女享有与男子平等的人身和人格权益的规定。

一、本章的修改过程

原《中华人民共和国妇女权益保障法》第六章设专章规定了“人身权利”，考虑到本章的主要内容涉及人格权益，且 2020 年 5 月 28 日通过的《中华人民共和国民法典》单独设“人格权编”对民事主体的人格权益作了较为详细的规定，为与民法典的规定相协调，妇女权益保障法修订草案一审稿将原法的“人身权利”修改为了“人格权益”，并且在本章细化了对妇女生命、身体、健康权的保护措施，规定了学校和用人单位应当采取的预防和制止性骚扰的措施，扩大了人身安全保护令的适用范围，增加了建立妇女健康服务体系、提供妇女特殊生理期健康服务、建设满足妇女基本需要的设施、保护被性侵妇女的权益等新内容。修订草案在一审时，有的意见提出，为了进一步突出“人身和人格权益”的重要性，建议将该章内容由第六章提到第三章，并将章名由“人格权益”修改为“人身和人格权益”。本法最终采纳了这一意见，采用了“人身和人格权益”的表述。本章的修改在现行有关法律法规和司法解释的基础上，对妇女群体的人身和人格权益作了较为详细的规定，为保护妇女的人身和人格权益奠定和提供了较为充足的规范基础。这充分体现了立法对妇女人身和人格权益制度的高度重视，彰显了妇女人身和人格权益制度的重要性，顺应了妇女群体对人身和人格权益保护的迫切需求，也有利于解决人身和人格权益保护领域出现的新情况和新问题。

二、人身和人格权益的内涵和外延

人身和人格权益是民法上的概念。根据我国民法典的规定，人身权益是指民事主体所享有的，以在人格关系和身份关系上所体现的，与其自身不可分离的利益为内容的民事权益，其包括人格权益和身份权益。所以，人身权益和人格权益是两个不同的概念。本章主要保护的是妇女的人格权益，身份权益主要由本法第七章的“婚姻家庭权益”规定。考虑到在现代社会“人身和人格权益”的重要性和本章的主要内容涉及人格权益，所以本章用了“人身和人格权益”的表述。所谓人格权益，是指民事主体对其特定的人格利益所享有的排除他人侵害，以维护和实现人身自由、人格尊严为目的的权益。自然人所享有的人格权益，是与生俱来的，因出生而当然发生，仅因死亡而当然消灭，因此是一种固有权利，与权利主体不可分离，不可转让、放弃和继承。人格权益所具有的人身专属性，是人格权益与财产权益的重要区别，财产权益通常具有非人身专属性，可以与权利主体发生分离。人格权益关系到每个人的人格尊严和人身自由，是民事主体最基本、最重要的权利。应当注意的是，本章调整范围所涉及的是人格权益而非人格。从法学概念上讲，人格指的是民事主体享有民事权利、承担民事义务的法律资格。我国自民法通则颁布以来，就严格区分了人格与人格权的概念，与“人格”相对应的概念是民事权利能力，而人格权益是民事权益的一种；民事主体丧失民事权利能力，就不享有人格权益。

近代民事法律多以财产法为中心构建，对人格权益的保护是不足的。但是，随着社会的发展和技术的创新，人格权益保护领域出现了很多新情况、新问题，突出表现在以下几个方面：一是人格权益的类型越来越多样。在传统的生命权、身体权、健康权、姓名权、名称权、肖像权、名誉权、荣誉权等具体人格权之外，出现了隐私权、个人信息等需要保护的新型人格权益。二是人格权保护涉及的法律关系越来越复杂，对人格权的保护往往需要平衡不同利益主体的利益诉求。三是侵害人格权的方式越来越多样，后果越来越严重。随着信息技术、互联网技术和大数据技术的发展，网络谣言、人肉搜索等网络暴力和非法披露他人隐私、非法传播他人信息等侵害民众的名誉、隐私、个人信息等人格权益的情形时有发生，严重损害了人们的人格权益，也造成了较为严重的社会后果。这些新情况、新问题在妇女人格权益保护领域也是存在的，并且有的问题还更为突出。保护人格权、维护人身自由和人格尊严，是我国法治建设的重要任务，近年来加强人格权益保护的呼声和期待较多。为了贯彻党的十九大和十九届二中全会关于“保护人民人身权、财产权、人格权”的精神，落实宪法关于“公民的人格尊严不受侵犯”的要求，坚持以人民为中心，回应社会关切，顺应人民群众对人格权保护的迫切需要，满足人民日益增长的对人格权保护的需求，为司法实践提供较为明确的裁判依据，实现民法典的体系化，综合考虑各方面意见，在现行有关法律法规和司法解释基础上，总结我国现有人格权保护的实践经验，《中华人民共和国民法典》单独设立了人格权编，规定了民事主体所享有的人格权，包括人格权的一般规定以及各项人格权的具体规定。民法典关于人格权益的规定普遍适用于对妇女人格权益的保护。本章在民法典规定的基础上，针对妇女人格权益保护领域存在的特殊情况和突出问题，又作出了有针对性的具体规定。

根据民法典的规定，妇女的人身自由、人格尊严受法律保护，其所享有的人格权的具体法定类型主要包括：（1）生命权，指自然人享有的以生命安全和生命尊严为内容的权利。（2）身体权，指自然人享有的以身体完整和行动自由为内容的权利。（3）健康权，指自然人享有的以身心健康为内容的权利。（4）姓名权，指自然人享有的依法决定、使用、变更或者许可他人使用自己姓名的权利。（5）肖像权，指自然人享有的依法制作、使用、公开或者许可他人使用自己肖像的权利。（6）名誉权，指自然人、法人和非法人组织就其品德、声望、才能、信用等所获得的社会评价，所享有的保有和维护的权利。（7）荣誉权，指自然人、法人和非法人组织对其获得的荣誉及其利益所享有的保持、自主决定的权利。（8）隐私权，指自然人享有的私人生活安宁与不愿为他人知晓的私密空间、私密活动、私密信息等依法受到保护，不受他人刺探、侵扰、泄露和公开的权利。（9）个人信息受保护的利益，指自然人的个人信息受法律保护，任何组织或者个人需要获取他人个人信息的，应当依法取得并确保信息安全，不得非法收集、使用、加工、传输他人个人信息，不得非法买卖、提供或者公开他人个人信息。关于人格权益的具体类型，《中华人民共和国民法典》第一百一十条第一款还规定了自然人享有婚姻自主权。婚姻自主权是指自然人享有的结婚、离婚自由不受他人干涉的权利。该权利属于自然人人格权益的一种，但对其确认和保护主要体现在民法典的婚姻家庭编和本法的第七章“婚姻家庭权益”中，如婚姻家庭编第一千零四十二条第一款规定：“禁止包办、买卖婚姻和其他干涉婚姻自由的行为。禁止借婚姻索取财物。”而本法第六十一条规定："国家保护妇女的婚姻自主权。禁止干涉妇女的结婚、离婚自由。"本章未规定妇女享有的婚姻自主权。

三、妇女与男子享有平等的人身和人格权益

男女平等是我国的基本国策，《中华人民共和国宪法》第四十八条明确规定，中华人民共和国妇女在政治的、经济的、文化的、社会的和家庭的生活等各方面享有同男子平等的权利。本法为了贯彻落实基本国策和宪法的规定，将促进男女平等作为立法目的，并在总则第二条特别强调，国家采取必要措施，促进男女平等，消除对妇女一切形式的歧视，禁止排斥、限制妇女依法享有和行使各项权益。此外，本法还从政治权利、人身和人格权益、文化教育权益、劳动和社会保障权益、财产权益、婚姻家庭权益、救济措施等方面对落实男女平等原则作了全面具体的规定，力争真正实现妇女与男子享有实质上的平等地位。本条专门强调了国家保障妇女享有与男子平等的人身和人格权益。本条规定主要包括两层含义。

（一）妇女与男子享有平等的人身和人格权益

根据男女平等原则，妇女与男子享有平等的人身和人格权益。这里的"平等"主要有两层意思。

一是从形式上看，妇女享有的人格权益类型与男子享有的人格权益类型应当相同，只要男子享有的人格权益，妇女就有权享有，不允许存在男子享有的人格权益，妇女不享有的情形。正如前所述，根据我国民法典的规定，每个自然人享有生命权、身体权、健康权、姓名权、肖像权、名誉权、荣誉权、隐私权、婚姻自主权、个人信息受保护的利益等人格权益。此外，根据《中华人民共和国民法典》第九百九十条第二款的规定，除前述人格权外，自然人享有基于人身自由、人格尊严产生的其他人格权益。例如自然人对声音所享有的人格利益。人格权益是与生俱来的，

而法律对民事主体享有人格权益予以确认，并对其予以保护，有助于通过法律手段加强对人格权的保障。对这些人格权益，男子享有全部，妇女也享有全部，二者在享有的人身和人格权益类型上没有差别，也不应当被区别对待。例如，关于生育自由的问题，男子享有生育或者不生育的自由，妇女同样享有生育或者不生育的自由。正因如此，针对社会上关于只有男子享有生育自由的错误观点，本法第三十二条明确规定，妇女依法享有生育子女的权利，也有不生育子女的自由。

二是妇女与男子的人格权益受到平等的保护。我国法律对人格权益的保护是不分性别、年龄、民族、职业、家庭出身、宗教信仰、教育程度、财产状况的。从形式上看，妇女与男子的人格权益受到平等的保护，主要体现在人格权益受到或者即将受到损害时，妇女与男子享有平等的保护方式，也就是说男子享有的保护方式和手段，妇女都有权享有。人格权益的享有和保护涉及多个法律部门的共同调整。我国民法、行政法、刑法等多个法律部门分别从民事、行政、刑事等角度为保护自然人的人格权益提供了多种保护方式和手段。例如，我国的反家庭暴力法明确赋予了家庭暴力受害者人身安全保护令的保护方式，这种保护方式适用于所有的家庭暴力受害者，从实践情况看，主要是适用于在生理上处于弱势地位的妇女；还如，民法典人格权编和侵权责任编为保护自然人的人格权益明确规定了停止侵害、排除妨碍、消除危险、恢复名誉、赔礼道歉、损害赔偿（包括精神损害赔偿和惩罚性赔偿）、禁令等多种保护方式，妇女与男子均平等地受到这些保护方式和手段的保护；再如，我国刑法为保护公民的人身和人格权益，对损害自然人人格权益构成犯罪的行为设置了多种刑罚种类和罪名，这些规定也平等地适用于妇女和男子。我国妇女均平等地享有上述保护方式和保护手段，不允许出现某些保护方式只适用于男子而不适用于妇女的情形，或者对妇女进行歧视性保护。因此，对妇女人格权益的保护，除了要依据本法的规定外，还要依据民法、行政法、刑法等法律。从实质内容上看，对妇女的平等保护不仅体现在保护方式的形式平等上，更体现在保护内容的实质平等上。新中国成立以来，我国的妇女权益保障事业取得了巨大成就，妇女的社会和家庭地位得到了极大提高，我国的妇女权益保障工作在世界上都是走在前列的。但不可否认的是由于历史和生理上的原因，与男子相比，妇女总体上仍处于弱势地位，因此，妇女仅从形式上与男子受到平等保护，不足以真正实现妇女的人格权益与男子受到平等保护。为了让妇女的人格权益受到保护的程度与男子受到保护的程度实质上平等，应当在保护内容上对妇女进行一定的倾斜，赋予妇女一些特殊的保护方式和更大的保护程度。这就是妇女权益保障法的主要任务。基于此，本章针对妇女人格权益保护领域存在的一些特殊现象和突出问题，对妇女人格权益的保护作出了有针对性的特别规定，其目的就是真正实现妇女在人格权益保护领域与男子受到平等的保护。例如，针对实践中因“重男轻女”而发生的胎儿性别鉴定和遗弃、买卖、虐待女童等现象，本章明确规定，禁止进行非医学需要的胎儿性别鉴定和选择性别的人工终止妊娠。还如，针对实践中存在的拐卖、绑架妇女等严重侵害妇女生命身体健康权益和人身自由权益的行为，本章明确规定，禁止拐卖、绑架妇女；禁止收养被拐卖、绑架的妇女；禁止阻碍解救被拐卖、绑架的妇女等内容。

（二）国家的保障义务

妇女能否真正享有与男子平等的人身和人格权益，既取决于妇女自身主动维权，更取决于国家的保障义务。男女平等是国家的基本国策，国家有责任有义务采取有效措施，促进男女平等，消除一切形式的歧视，为妇女依法享有和保护自己的人格权益提供必要的条件；禁止排斥、限制妇女依法享有和行使人身和人格权益；保护妇女依法享有的人身和人格权益。国家的这种保障义务是全方位的，体现在工作机制和基本制度、立法、执法、司法、普法等各个方面。也就是说，国家应当采取立法、执法、司法、普法等各种方式确保妇女与男子享有真正平等的人身和人格权益。为了实现这个目标，我国已从以下各个方面加强了对妇女人身和人格权益的保护。

一是从工作机制和基本制度层面看，本法明确规定，坚持中国共产党对妇女权益保障工作的领导，建立政府主导、多方协同、社会参与的保障妇女权益工作机制。为了保护妇女的人身和人格权益，本章还规定，国家建立健全妇女健康服务体系；国家采取必要措施，开展经期、孕期、产期、哺乳期和更年期的健康知识普及、卫生保健和疾病防治；国家建立健全心理健康服务体系，为遭受家庭暴力、性骚扰、性侵害等妇女提供心理健康支持；国家实行婚前、孕前、孕产期和产后保障制度等。

二是从立法层面看，我国宪法确立了保障公民人身权利的原则。《中华人民共和国宪法》第三十三条第三款规定："国家尊重和保障人权。"第三十七条规定："中华人民共和国公民的人身自由不受侵犯。任何公民，非经人民检察院批准或者决定或者人民法院决定，并由公安机关执行，不受逮捕。禁止非法拘禁和以其他方法非法剥夺或者限制公民的人身自由，禁止非法搜查公民的身体。"第三十八条规定："中华人民共和国公民的人格尊严不受侵犯。禁止用任何方法对公民进行侮辱、诽谤和诬告陷害。"宪法的这些规定不仅调整国家和公民之间的关系，对公民和公民之间的私法关系也产生重要的作用。宪法规范具有根本的、最高的规范层级，是国家的根本大法，是其他法律制定的依据。宪法的这些规定应当通过法律的具体规定予以落实。为了确保宪法规定能够落到实处，我国通过制定民法典、刑法、反家庭暴力法等法律的具体规定将宪法规定的人身自由、人格尊严予以细化，特别是本法对保护妇女与男子享有平等的人身和人格权益专门作了有针对性的具体规定，使之具有可诉性和可操作性。例如本章明确规定，妇女的人身自由不受侵犯，禁止非法拘禁和以其他非法手段剥夺或者限制妇女的人身自由；禁止非法搜查妇女的身体。还规定，妇女的人格尊严不受侵犯。禁止用侮辱、诽谤等方式损害妇女的人格尊严。妇女的生命权、身体权、健康权不受侵犯。禁止虐待、遗弃、残害、买卖以及其他侵害女性生命身体健康权益的行为等。

这些规定，为行政机关、司法机关保护妇女的人身和人格权益提供了明确依据。

三是从行政执法层面看，本法对政府保护妇女的人身和人格权益的职责作了明确规定。例如明确规定，各级人民政府应当重视和加强妇女权益的保障工作，县级以上人民政府有关部门在各自的职责范围内做好妇女权益的保障工作。还如，各级人民政府和公安、民政、人力资源和社会保障、卫生健康等部门按照各自的职责及时发现报告，并采取措施解救被拐卖、绑架的妇女，做好被解救妇女的安置、救助和关爱等工作。再如，明确规定，受到性骚扰的受害妇女，可以向有关国家机关投诉，接到投诉的国家机关应当及时处理，并书面告知处理结果。

四是从司法层面看，本章规定，妇女的人身和人格权益受到侵害或者面临侵害现实危险的，可以向人民法院申请人身安全保护令。本法还特别规定，侵害妇女合法权益，导致社会公共利益受损的，检察机关可以发出检察建议；有侵害妇女平等就业权益等情形的，检察机关可以依法提起公益诉讼。

第十九条 妇女的人身自由不受侵犯。禁止非法拘禁和以其他非法手段剥夺或者限制妇女的人身自由；禁止非法搜查妇女的身体。

◆ **释义**

本条对妇女的人身自由权作了规定。

一、妇女的人身自由不受侵犯

人身自由有狭义和广义之分。狭义的人身自由是指身体自由。广义的人身自由是指除了身体自由外，还包括自主决定的自由、迁徙自由、通信自由等。本条规定的人身自由是狭义上的，是指妇女依法享有的按照自由的意志支配其人身和行动的自由。人身自由是自然人自主参加社会各项活动、参与各种社会关系的基本保障，是自然人行使其他一切权益的前提和基础。所以，保护妇女的人身自由对于保护妇女的人身和人格权益极为重要。《中华人民共和国宪法》第三十七条规定，中华人民共和国公民的人身自由不受侵犯。任何公民，非经人民检察院批准或者决定或者人民法院决定，并由公安机关执行，不受逮捕。禁止非法拘禁和以其他方法非法剥夺或者限制公民的人身自由，禁止非法搜查公民的身体。这是宪法关于人身自由的规定。可见人身自由是一项重要的宪法权利。以宪法为依据，刑法、刑事诉讼法、行政处罚法、治安管理处罚法、民法典等法律对保障自然人人身自由也有相关规定。例如《中华人民共和国民法典》第一百零九条规定，自然人的人身自由受法律保护。为进一步落实宪法和民法典的规定，加强对妇女人身自由的保护，协调与其他法律相关规定之间的关系，本条针对实践中屡屡出现的限制甚至剥夺妇女人身自由等侵犯妇女人身自由的情形，专门强调，妇女的人身自由不受侵犯。

这里的“人身自由不受侵犯”包含三层含义：一是任何组织和个人都负有不得侵犯妇女人身自由的义务，否则就要承担相应的法律后果；二是妇女可以采取合理合法的措施维护自己的人身自由，并且有权在自己的人身自由受到侵犯时依法自卫，有权依法向相关部门求助，也有权依法向人民法院申请人身安全保护令或者提起诉讼；三是国家有责任保护妇女的人身自由不受侵犯。本条规定妇女的人身自由不受侵犯，主要是为了更好地保障妇女依法与男子平等地参与各项社会活动，管理国家事务和社会事务，实现妇女在政治、经济、文化、社会和家庭等领域中的合法权益。

二、禁止非法剥夺或者限制妇女的人身自由

人身自由的重要内容是行动自由。所谓行动自由，指的是身体行动的自由。实践中侵犯妇女人身自由的主要方式就是非法剥夺或者限制妇女人身自由。非法剥夺或者限制妇女人身自由最典型的手段是非法拘禁。所谓非法拘禁就是指以非法拘留、禁闭、关押、隔离审查等方式强制公民身体、剥夺公民人身自由的行为。非法剥夺、限制妇女行动自由在实践中的表现方式多种多样，除了非法拘禁外，比较典型的如非法逮捕、非法绑架、非法强制住院治疗等。在有的情况下，甚至在受害人因睡眠、醉酒等原因陷入无意识状态时被监禁也构成侵害行动自由。这些以非法拘禁等方式剥夺或者限制妇女人身自由的行为，既是对妇女人身自由权的严重侵害，也会对妇女的生命身体健康安全造成严重影响，必须予以禁止。基于此，本条规定，禁止非法拘禁和以其他非法手段剥夺或者限制妇女的人身自由。这里的“剥夺人身自由”和“限制人身自由”是两个概念，非法限制人身自由的违法程度要轻于非法剥夺人身自由。限制人身自由是指对人身自由一定程度的克减，如限制公民参加一定的社会活动，外出需要批准等；剥夺人身自由是指对人身自由的完全取消。

需要注意的是，本条禁止的是“非法拘禁和以其他非法手段剥夺或者限制妇女的人身自由”的行为。这里的“非法”不仅是指剥夺或者限制人身自由的行为没有遵守法定程序和条件，也指该行为没有法律依据。如果剥夺、限制妇女人身自由的行为是合法的，则不属于本条禁止的范围。例如，《中华人民共和国刑事诉讼法》第八十四条规定，“对于有下列情形的人，任何公民都可以立即扭送公安机关、人民检察院或者人民法院处理：（1）正在实行犯罪或者在犯罪后即时被发觉的；（2）通缉在案的；（3）越狱逃跑的；（4）正在被追捕的。”如果行为人据此依法扭送他人的，则不是非法剥夺、限制妇女人身自由。因实施合法的正当防卫、紧急避险而限制妇女人身自由的，也不属于本条禁止的范围。此外，国家机关依据法律规定的权限和程序限制或者剥夺妇女人身自由的，也不构成非法剥夺或者限制其人身自由。但是，依照《中华人民共和国立法法》第八条第五项的规定，逮捕和其他限制人身自由的强制措施及处罚，只能由法律规定。我国刑法、刑事诉讼法、行政处罚法、行政强制法、精神卫生法、传染病防治法、禁毒法等法律对剥夺和限制他人人身自由作出了相关规定。例如，《中华人民共和国刑事诉讼法》第三百零二条规定，实施暴力行为，危害公共安全或者严重危害公民人身安全，经法定程序鉴定依法不负刑事责任的精神病人，有继续危害社会可能的，可以予以强制医疗。还例如，《中华人民共和国传染病防治法》第三十九条规定，医疗机构发现甲类传染病时，应当及时采取下列措施：（1）对病人、病原携带者，予以隔离治疗，隔离期限根据医学检查结果确定；（2）对疑似病人，确诊前在指定场所单独隔离治疗；（3）对医疗机构内的病人、病原携带者、疑似病人的密切接触者，在指定场所进行医学观察和采取其他必要的预防措施。拒绝隔离治疗或者隔离期未满擅自脱离隔离治疗的，可以由公安机关协助医疗机构采取强制隔离治疗措施。《中华人民共和国禁毒法》第三十八条规定，吸毒成瘾人员有下列情形之一的，由县级以上人民政府公安机关作出强制隔离戒毒的决定：（1）拒绝接受社区戒毒的；（2）在社区戒毒期间吸食、注射毒品的；（3）严重违反社区戒毒协议的；（4）经社区戒毒、强制隔离戒毒后再次吸食、注射毒品的。对于吸毒成瘾严重，通过社区戒毒难以戒除毒瘾的人员，公安机关可以直接作出强制隔离戒毒的决定。这些规定既适用于男子，也适用于妇女。

三、禁止非法搜查妇女的身体

法律意义上的搜查是指司法机关在处理刑事案件时所采取的一类侦查措施。与搜查相类似的是出境入境边防检查条例中规定的边防检查站实施的人身检查。本条中的搜查应作宽泛解释，包括非法搜查和非法人身检查。搜查行为是司法机关等法定机关的合法侦查或者检查手段，其他任何组织和个人都无权对公民的身体进行搜查。即使是司法机关等法定机关在侦查或者检查过程中实施搜查行为，也必须严格依照法律规定的条件和程序进行，否则就可能构成非法搜查。现实生活中，在一些超市、商场等经营场所或者公众场所时常发生非法搜查妇女身体的行为，这些行为往往以限制妇女行动自由为前提，同时还涉及对妇女身体权的侵害，也是对妇女人格尊严的侵害。因此，必须禁止对妇女身体的非法搜查。这里需要强调两点：一是非法搜查妇女身体，必须是对妇女身体的搜查。如果是非法搜查妇女住宅等，不适用本条，可以适用民法典和本章关于隐私权保护的规定。二是搜查身体的行为必须是非法的。如果是依照刑事诉讼法等法律对妇女身体进行搜查，则不构成非法搜查妇女身体。

四、侵犯妇女人身自由的法律后果

任何组织和个人侵犯妇女人身自由的，都应当承担相应的法律后果。本法第八十五条规定，违反本法规定，侵害妇女的合法权益的，其他法律、法规规定行政处罚的，从其规定；造成财产损失或者人身损害的，依法承担民事责任；构成犯罪的，依法追究刑事责任。根据《中华人民共和国民法典》第一千零一十一条的规定，以非法拘禁等方式剥夺、限制他人的行动自由，或者非法搜查他人身体的，受害人有权依法请求行为人承担民事责任。这里的“依法”意味着行为人承担民事责任，还要求具备其他的责任构成要件。例如，受害人依据《中华人民共和国民法典》第一千一百六十五条第一款请求行为人承担侵权责任的，还应当具备该款要求的损害和因果关系等要件。受害人请求精神损害赔偿的，还应当符合《中华人民共和国民法典》第一千一百八十三条第一款“侵害自然人人身权益造成严重精神损害的，被侵权人有权请求精神损害赔偿”的规定。治安管理处罚法规定，非法搜查他人身体的，公安机关可以根据情节轻重处以拘留或者罚款。我国刑法对于非法剥夺或者限制人身自由的犯罪行为也有明确的规定，例如刑法对非法拘禁罪作了规定。

第二十条 妇女的人格尊严不受侵犯。禁止用侮辱、诽谤等方式损害妇女的人格尊严。

◆ **释义**

本条对保护妇女的人格尊严作了规定。

一、妇女的人格尊严不受侵犯

人格尊严是指自然人作为一个“人”所应有的最起码的社会地位并且受到他人和社会的最基本尊重，是自然人对自身价值的认识与其在社会上享有的最起码尊重的结合。人格尊严的含义非常广泛，能够包含通常所说的人格独立和人格平等。根据我国民法典的规定，人格尊严是一项一般人格权，是人格权益中的核心权利，也是人格形成和人格发展的前提。人格尊严权包括两个层次的内容：一是消极意义上的人格尊严权，即人格尊严不受侵犯；二是积极意义上的人格尊严权，即每个人都可以自由地发展。其中人格尊严不受侵犯是自然人作为人的基本条件之一，也是社会文明进步的一个基本标志。我国宪法对保护公民的人格尊严高度重视，专门作了规定。《中华人民共和国宪法》第三十八条规定，中华人民共和国公民的人格尊严不受侵犯。禁止用任何方法对公民进行侮辱、诽谤和诬告陷害。《中华人民共和国民法典》第一百零九条规定，自然人的人身自由、人格尊严受法律保护。以此为基础，民法典专设人格权编对人格权制度作了详细规定，将宪法规定的人身自由、人格尊严在民事领域予以具体化，围绕民事主体所享有的生命权、身体权、健康权、姓名权、名称权、肖像权、名誉权、荣誉权、隐私权和个人信息受保护这些人格权益，以及所产生的民事法律关系作出规定。人格权在民法典中独立成编是我国民事立法的一个制度创新，也是我国民法典的一个亮点，可以更好地体现宪法精神，更好地落实中央的精神，对于确保公民，特别是妇女的人格尊严不受侵犯具有十分重要的意义。

由于妇女在生理、社会政治经济地位等方面相对弱势，其人格尊严容易被忽视，实践中侵犯妇女人格尊严的情形时有发生，为了突出对妇女人格尊严的保护，将宪法和民法典关于人格尊严保护的规定在妇女权益保护领域落到实处，本条特别规定，妇女的人格尊严不受侵犯。与妇女的“人身自由不受侵犯”的含义相似，这里的“人格尊严不受侵犯”也包含三层含义：一是任何组织和个人都负有不得侵犯妇女人格尊严的义务，否则就要承担相应的法律后果；二是妇女可以采取合理合法的措施维护自己的人格尊严，并且有权在自己的人格尊严受到侵犯时依法自卫，有权依法向相关部门求助，也有权依法向人民法院申请人身安全保护令或者提起诉讼；三是国家有义务保护妇女的人格尊严不受侵犯。

这里需要强调的是，人格尊严是妇女的人格权益获得法律保护的价值依据，也是认定妇女新型人格权益的根本标准。妇女的人格权益是不断发展变化的，随着社会的发展、科技的进步，必然会出现一些新的人格利益，这些利益能否得到法律的保护，缺乏必要的法律标准。而有了人格尊严这一价值指引，新的人格权益就能得到识别和保护。可以说，人格尊严是认定值得法律保护的妇女新型人格权益的法律标准，正是通过其补充作用，人格权益具有了较大的弹性，能包容新型的人格权益，可以更好地保护妇女的人格尊严。

二、禁止损害妇女的人格尊严

实践中，侵害妇女人格尊严最为典型、最为常见的行为是以侮辱、诽谤等方式贬损其名誉。名誉权是民事主体所享有的一种重要具体人格权，关系到民事主体在社会经济生活中所处的地位以及应受到的信赖和受到尊重的程度，是民事主体进行民事活动，乃至其他社会活动的基本条件。对于自然人而言，名誉权关乎其人格尊严。因此，对自然人而言，名誉权的地位极为重要。自改革开放以来，我国就相当重视名誉权的保护，《中华人民共和国宪法》第三十八条规定，中华人民共和国公民的人格尊严不受侵犯。禁止用任何方法对公民进行侮辱、诽谤和诬告陷害。这为保护名誉权提供了宪法依据。我国民法典人格权编设专章对自然人的名誉权保护作了详细规定。民法典规定，民事主体享有名誉权。任何组织或者个人不得以侮辱、诽谤等方式侵害他人的名誉权。这些规定都是适用于妇女名誉权和人格尊严保护的。本条为了突出对妇女人格尊严的保护，在宪法和民法典的基础上，特别强调，禁止用侮辱、诽谤等方式损害妇女的人格尊严。

本条规定的“侮辱”行为是指公然以暴力、谩骂等方式贬损妇女名誉的行为。侮辱行为既包括行为方式，也包括语言方式，还包括文字方式。本条规定的“诽谤”行为是指以散布捏造或者夸大的事实故意损害妇女名誉的行为。诽谤既可以是口头诽谤，也可以是文字诽谤。侮辱、诽谤是比较典型且较恶劣的侵害名誉权的行为，但实践中以侵害名誉权的方式损害妇女人格尊严的行为并不限于这两种，例如过失地将他人视为罪犯并将该信息予以公开，等等。这里需要强调的是，本条所规定的“侮辱、诽谤”只是两种过错程度较为严重和典型的损害妇女人格尊严的行为，实践中，损害妇女人格尊严的行为远不止这两种方式。例如媒体通过夸大事实、过度渲染等方式报道涉及妇女事件的，有可能损害妇女的人格尊严；还如，未经妇女本人同意，通过广告、商标、音像制品、网络等形式使用妇女肖像的，也有可能损害妇女的人格尊严。所以，为了更周延地保护妇女的人格尊严，本条在“侮辱、诽谤”后特地规定了“等方式”，避免了列举的挂一漏万。

第二十一条 妇女的生命权、身体权、健康权不受侵犯。禁止虐待、遗弃、残害、买卖以及其他侵害女性生命健康权益的行为。

禁止进行非医学需要的胎儿性别鉴定和选择性别的人工终止妊娠。

医疗机构施行生育手术、特殊检查或者特殊治疗时，应当征得妇女本人同意；在妇女与其家属或者关系人意见不一致时，应当尊重妇女本人意愿。

◆ **释义**

本条是关于保护妇女生命权、身体权和健康权的规定。

一、妇女的生命权、身体权、健康权不受侵犯

生命权、身体权和健康权是自然人赖以生存的最基本人格权，具有特殊性和重要性，对这些权利应当进行最高限度的保护。

生命权，是指自然人享有的以维护生命安全和生命尊严为内容的权利。生命权是自然人最为重要的人格权，是其他人格权和其他权利存在的前提和基础。自然人只有享有生命权，才能作为一个主体在社会中生存，并与他人交往，追求自己存在的价值。在自然人的生命权遭受侵害或者面临危险时，权利人可以依法采取相应的保护措施，以维护自己的生命安全。生命尊严受法律保护，是指自然人有权基于人格尊严，在消极意义上禁止他人侵害自己作为生命主体者的尊严，在积极意义上要求自己的尊严获得应有的尊重，提升生命的尊严和品质。生命尊严使生命权的保障在生命安全之外，扩展到生命过程中自然人的尊严获得应有的尊重。为保护自然人的生命权，《中华人民共和国民法典》第一千零二条规定，自然人享有生命权。自然人的生命安全和生命尊严受法律保护。任何组织或者个人不得侵害他人的生命权。

健康权是自然人享有的以身心健康受法律保护为内容的权利。健康是维持人体正常生命活动的基础，健康权是自然人重要的人格权。我国民法典对于自然人健康权的规定首先明确健康权的内容是身心健康受法律保护。身心健康包括身体健康和心理健康。健康，是指一个人在身体和心理等方面都处于良好的状态，相应地包括身体健康和心理健康，但不包括一个人在社会适应方面的良好状态以及道德健康等。作为身心统一体的人，身体和心理是紧密依存的两个方面，身体健康和心理健康具有密切的联系。心理健康是身体健康的精神支柱，身体健康又是心理健康的物质基础。良好的情绪状态可以使生理功能处于最佳状态，反之则会降低或破坏某种功能而引起疾病。身体状况的改变可能带来相应的心理问题，生理上的缺陷、疾病，特别是痼疾，往往会使人产生烦恼、焦躁、忧虑、抑郁等不良情绪，导致各种不正常的心理状态。《中华人民共和国基本医疗卫生与健康促进法》第二十八条第一款也特别规定，国家发展精神卫生事业，建设完善精神卫生服务体系，维护和增进公民心理健康，预防、治疗精神障碍。精神卫生法对心理健康和精神障碍进行了详细的规定。因此，健康权的保护范围就不应当仅限于身体健康，也应当包括心理健康，导致受害人精神分裂、痴呆、狂想障碍、恐惧症、焦虑症、抑郁症等侵害心理健康的行为，也构成侵害健康权。同时，劳动能力的保持也属于健康的内容之一。为保护自然人的健康权，《中华人民共和国民法典》第一千零四条规定，自然人享有健康权。自然人的身心健康受法律保护。任何组织或者个人不得侵害他人的健康权。国家对于公民健康，在公法意义上的保护义务是通过其他法律予以实现的。例如，《中华人民共和国基本医疗卫生与健康促进法》第四条规定，国家和社会尊重、保护公民的健康权。国家实施健康中国战略，普及健康生活，优化健康服务，完善健康保障，建设健康环境，发展健康产业，提升公民全生命周期健康水平。国家建立健康教育制度，保障公民获得健康教育的权利，提高公民的健康素养。第五条规定，公民依法享有从国家和社会获得基本医疗卫生服务的权利。国家建立基本医疗卫生制度，建立健全医疗卫生服务体系，保护和实现公民获得基本医疗卫生服务的权利。本法第三十条、第三十一条也是从这个意义上对保护妇女健康权所作的规定。

身体权，是指自然人享有的以身体完整和行动自由受法律保护为内容的权利。身体权与生命权、健康权密切相关，侵害自然人的身体往往导致对自然人健康的损害，甚至剥夺自然人的生命。但生命权、健康权和身体权所保护的自然人的具体人格利益有区别，生命权以保护自然人生命的延续为内容之一，健康权以保护身体各组织及整体功能正常为内容之一，而身体权以保护身体组织的完整为内容之一。当他人侵害自然人的身体已经达到使自然人的组织和功能不正常时，侵害的是自然人的健康权，而非身体权。当他人侵害自然人的身体，但未侵害自然人的组织和功能正常时，侵害的仅是自然人的身体权，而非健康权。如甲未经乙同意突然将乙的长头发剪断，此时乙的身体组织和功能正常并未受到侵害，但甲侵害了乙对自己身体组织保持完整的权利，侵害了乙的身体权。自然人的身体权是自然人重要的人格权。作为生命的载体，自然人的身体受法律保护，任何人不得侵害。基于此，《中华人民共和国民法典》第一千零三条规定，自然人享有身体权。自然人的身体完整和行动自由受法律保护。任何组织或者个人不得侵害他人的身体权。侵害身体权的行为是多样的。身体包括头颈、躯干、四肢、器官以及毛发指甲等各种人体细胞、人体组织、人体器官，例如剪掉头发或者眉毛，构成了对身体权的侵害。对于固定于身体成为身体组成部分，与其他组成部分相结合一起发挥功能，而不能自由卸取的人工附加部分，如假肢、义齿、义眼、心脏起搏器等，对这些部分的侵害，也可以被认为是构成侵害身体权，造成严重精神损害的，可以依法请求精神损害赔偿。应当注意的是，虽然自然人死亡之后就不再享有身体权，但是，自然人死亡后的遗体、遗骨和骨灰也应当受到尊重。例如，对遗体的解剖必须符合现有规范的条件、权限和程序的规定，禁止对遗体进行商业性利用的行为。死者近亲属也应当尊重自然人生前意愿，以不违反法律和违背公序良俗的方式处置死者的遗体、遗骨和骨灰。

二、禁止侵害女性生命健康权益的行为

正是基于生命权、身体权和健康权对于一个人的极端重要性，本条在民法典的基础上进一步规定，妇女的生命权、身体权、健康权不受侵犯。禁止虐待、遗弃、残害、买卖以及其他侵害女性生命健康权益的行为。本条第一款第一句话“妇女的生命权、身体权、健康权不受侵犯”与原妇女权益保障法的规定相比，有两处变化：一是增加了“身体权”。民法典将身体权作为独立的一种具体人格权加以规定，而原妇女权益保障法并没有单独规定身体权。为了与民法典的规定相一致，增加了身体权。二是将“生命健康权”修改为“生命权、健康权”。考虑到生命权和健康权在权利内容上存在区别，并且生命的丧失不可逆转，而健康可以逆转，民法典将生命权和健康权分为两种不同的民事权利予以规定。本款的修改也是为了与民法典的规定相一致，明确区分了生命权和健康权。本款第二句话“ 禁止虐待、遗弃、残害、买卖以及其他侵害女性生命健康权益的行为”，是原《中华人民共和国妇女权益保障法》第二条第四款移至本条后所做的修改。本规定明确禁止实践中较为突出也比较恶劣的四种侵害妇女生命健康权益的行为“虐待、遗弃、残害、买卖”。虐待是指行为人经常以打骂、冻饿、禁闭、有病不给治疗、强迫过度劳动或者限制自由、凌辱等手段对妇女从肉体、精神上迫害、折磨、摧残的行为，包括身体虐待、情绪虐待、心理虐待和性虐待。虐待家庭成员，情节恶劣的，依照《中华人民共和国刑法》第二百六十条规定构成虐待罪，处两年以下有期徒刑、拘役或者管制，致使被害人重伤、死亡的，处两年以上七年以下有期徒刑。遗弃是指家庭成员中负有赡养、扶养、抚养义务的一方，对需要赡养、扶养和抚养的妇女，不履行其应尽义务的违法行为。遗弃以不作为的形式出现，

该为而不为，致使被遗弃人的权益受到侵害。残害，是指残杀、迫害妇女的行为。买卖是指以出卖为目的，拐骗、绑架、收买、贩卖、接送、中转女性的行为。除了本款列举的这四种典型行为外，实践中还存在其他侵害妇女生命身体健康权益的行为，例如以推搡、撞击、撕咬、威吓或者不作为等方式侵害妇女的生命身体健康权益；还如非法送养收养女童等。对任何形式的侵害妇女生命身体健康权益的行为都应当禁止，所以本款还增加规定“禁止……其他侵害女性生命健康权益的行为”。需要注意两点：一是与原妇女权益保障法第二条第四款的内容相比，本款并没有列举“歧视”这种侵害妇女生命健康权益的行为，这主要是考虑新修改的本法第二条已包含禁止歧视妇女的内容，为避免重复，删除“歧视”的内容。二是原妇女权益保障法规定了“禁止溺、弃、残害女婴；禁止歧视、虐待生育女婴的妇女和无子女的妇女；禁止用迷信、精神控制、暴力等手段残害妇女；禁止虐待、遗弃病残妇女和老年妇女”，考虑到本条规定的“禁止虐待、遗弃、残害、买卖以及其他侵害女性生命健康权益的行为”可以涵盖这些情形，所以未再具体列举这些情形。

由于历史和生理的原因，总体而言，妇女在家庭和社会中处于一种相对弱势的地位，其生命权、身体权和健康权更容易受到侵害。要真正实现保护妇女生命权、身体权和健康权的目的，除了要严格禁止和严厉打击侵害妇女生命权、身体权和健康权的行为，明确规定任何组织和个人都负有不得侵害妇女生命权、身体权、健康权的义务外，在妇女的生命权、身体权、健康权受到侵害或者处于其他危难情形时，法律还应当鼓励和支持对妇女的适当救助。这既是更好地保护妇女的生命权、身体权和健康权的需要，也是弘扬社会主义核心价值观，传承中华民族扶危济困、见义勇为传统美德的需要。这种鼓励和支持体现在两个层面。第一，对不负有法定救助义务的救助人的保护，即对见义勇为人的保护。一方面在救助人造成受助人损害情形下，应当限制或者免除受害人责任。《中华人民共和国民法典》第一百八十四条规定，因自愿实施紧急救助行为造成受助人损害的，救助人不承担民事责任。另一方面，救助人因救助而使自己受到损害时享有请求权。《中华人民共和国民法典》第一百八十三条规定，因保护他人民事权益使自己受到损害的，由侵权人承担民事责任，受益人可以给予适当补偿。没有侵权人、侵权人逃逸或者无力承担民事责任，受害人请求补偿的，受益人应当给予适当补偿。第二，规定特定主体在特定情况下积极的救助义务，这种义务是法定的。《中华人民共和国民法典》第一千零五条明确规定，自然人的生命权、身体权、健康权受到侵害或者处于其他危难情形时，负有法定救助义务的组织和个人应当及时施救。该规定也适用于妇女权益的保护，对于保护妇女的生命身体健康权益具有极为重要的意义。该规定有以下几层含义：第一，适用该规定的前提是妇女的生命权、身体权、健康权受到侵害或者因疾病、残疾、生育、家庭暴力等处于危难情形。只有在妇女的生命权、身体权、健康权处于非常紧急的情形，不立即实施救助将会使其生命、身体或者健康遭受重大的损害时，才可能存在法定的救助义务。实践中，在判断妇女的生命权、身体权和健康权是否处于危难情形时，要考虑急迫性、危险性、其他救助措施获得的难度等因素。第二，及时施救的主体是负有法定救助义务的特定组织或者个人。对处于危难中的妇女承担法定救助义务的主体范围，一般包括两类主体：一是公安机关、民政机关、医疗机构等组织；二是负有法定救助义务的个人。需要注意的是，为避免道德义务和法律义务的混淆而对社会主体提出过高的行为要求，组织和个人是否承担法定救助义务取决于法律的规定。法律对救助义务的规定，包括两种：第一种是条文中明确规定了救助义务。例如，《中华人民共和国民法典》第八百二十二条规定，承运人在运输过程中，应当尽力救助患有急病、分娩、遇险的旅客。《中华人民共和国基本医疗卫生与健康促进法》第二十七条第三款规定，急救中心（站）不得以未付费为由拒绝或者拖延为急危重症患者提供急救服务。《中华人民共和国海商法》第一百七十四条规定，船长在不严重危及本船和船上人员安全的情况下，有义务尽力救助海上人命。《中华人民共和国道路交通安全法》第七十条第一款规定，在道路上发生交通事故，车辆驾驶人应当立即停车，保护现场；造成人身伤亡的，车辆驾驶人应当立即抢救受伤人员，并迅速报告执勤的交通警察或者公安机关交通管理部门。因抢救受伤人员变动现场的，应当标明位置。乘车人、过往车辆驾驶人、过往行人应当予以协助。第二种是法律虽然没有明确规定救助义务，但规定中包含了救助义务。例如，依据《中华人民共和国民法典》第九百四十二条第一款，物业服务人应当采取合理措施保护业主的人身、财产安全。第一千一百九十八条规定了宾馆、商场、银行、车站、机场、体育场馆、娱乐场所等经营场所、公共场所的经营者、管理者或者群众性活动的组织者的安全保障义务。这些义务中也包括了当妇女的生命权、身体权、健康权受到侵害或者处于其他危难情形时，法律规定的主体应当负有采取合理措施予以救助的义务。第三，该规定适用的法律效果是，负有法定救助义务的组织或者个人应当及时施救。首先，应当是及时施救，不得以未付费等为由拒绝或者拖延救助。其次，施救的措施包括亲自救助或者通过联系国家机关、急救机构等方式救助。

三、禁止非法进行胎儿性别鉴定和选择性别的终止妊娠

在现实生活中，重男轻女、传宗接代、农村宗族意识等传统观念仍然在影响着一些人的生育行为，导致这些人为了获得理想性别的胎儿而进行非医学需要的胎儿性别鉴定和选择性别的人工终止妊娠。所谓非医学需要的胎儿性别鉴定是指对没有伴性遗传疾病的胎儿，利用超声技术和其他技术手段进行性别鉴定；非医学需要的选择性别的人工终止妊娠是指没有伴性遗传疾病，仅因对胎儿性别的喜好，用人工方法（手术或应用药物）终止妊娠的行为。非医学需要的胎儿性别鉴定和选择性别的人工终止妊娠的危害性极大。首先，这两种行为在一定程度上会对妇女的生命健康权益造成损害。其次，这两种行为会造成严重的社会后果，例如导致男女比例严重失调，妨害人口的良性发展；引发家庭矛盾，诱发拐卖妇女、强奸、买卖婚姻以及卖淫嫖娼等违法犯罪行为；等等。正是因为这两种行为的危害性极大，《中华人民共和国人口与计划生育法》第三十九条明确规定，严禁利用超声技术和其他技术手段进行非医学需要的胎儿性别鉴定；严禁非医学需要的选择性别的人工终止妊娠。《中华人民共和国母婴保健法》作了类似规定。2016 年 3 月 28 日原国家卫生和计划生育委员会发布《禁止非医学需要的胎儿性别鉴定和选择性别人工终止妊娠的规定》（以下简称《规定》）也专门对这个问题作了规定。该规定第三条规定，禁止任何单位或者个人实施非医学需要的胎儿性别鉴定和选择性别人工终止妊娠。禁止任何单位或者个人介绍、组织孕妇实施非医学需要的胎儿性别鉴定和选择性别人工终止妊娠。

本条第二款从保护妇女生命健康权益的角度出发，在现有规定的基础上明确强调，禁止进行非医学需要的胎儿性别鉴定和选择性别的人工终止妊娠。违反本规定，违法进行非医学需要的胎儿性别鉴定和选择性别的人工终止妊娠的，应当承担相应的法律后果。例如，根据《规定》，对违反规定利用相关技术为他人实施非医学需要的胎儿性别鉴定或者选择性别人工终止妊娠的机构或者个人，由相关部门对医疗保健机构的法定代表人、直接负责的主管人员和其他直接责任人员，依法给予处分。对介绍、组织孕妇实施非医学需要的胎儿性别鉴定，或者选择性别人工终止妊娠的，由县级以上卫生计生行政部门责令改正，给予警告；情节严重的，没收违法所得，并处相应的罚款。根据人口与计划生育法的规定，违法进行非医学需要的胎儿性别鉴定和选择性别的人工终止妊娠，构成犯罪的，依法追究刑事责任。

理解本规定还需要注意两点：一是本款禁止的是进行非医学需要的胎儿性别鉴定和选择性别的人工终止妊娠，对于因医学需要进行的胎儿性别鉴定和选择性别的人工终止妊娠，本款并不禁止。例如根据国务院相关部门的《规定》第九条的规定，下列四种情形，可以实施选择性别人工终止妊娠：胎儿患严重遗传性疾病的；胎儿有严重缺陷的；因患严重疾病，继续妊娠可能危及孕妇生命安全或者严重危害孕妇健康的；法律法规规定的或医学上认为确有必要终止妊娠的其他情形。二是即使对于符合医学需要而实施的胎儿性别鉴定和选择性别的人工终止妊娠也要受到监管并按照法定程序进行。国务院相关部门的《规定》对符合医学需要的胎儿性别鉴定和选择性别的人工终止妊娠的实施程序作了严格规定，其目的就是防止被滥用，更好地保护妇女的生命健康权益。

四、妇女在医疗中的知情同意权

本条第三款是新增加的规定，明确赋予了妇女患者对重大医疗行为的知情同意权，这主要是为了解决医疗实践中，不尊重甚至违背妇女患者本人意愿进行生育手术、特殊检查或者特殊治疗的问题。妇女患者在医疗中的知情同意权是指医疗机构在进行生育手术、特殊检查或者特殊治疗时，应当取得妇女本人同意。当然，妇女患者本人的同意是否真正体现了其意愿取决于其对这些诊疗行为是否真正了解。这就需要医疗机构在取得妇女同意前，向妇女患者履行说明义务。医疗机构的说明义务主要是指医方为取得患者对医疗行为的同意，而对该医疗行为的有关事项进行说明的义务。此种说明义务的对象主要是医疗过程中具有严重损伤后果的医疗行为，该行为可能影响身体机能甚至危及生命，因此需要患者在知晓自己病情并了解该医疗行为风险的基础上，作出是否同意该医疗措施的决定。一般医疗过程中惯常实施的不具有严重损伤后果的医疗行为，如常规注射、用药等，则不需向患者详尽说明。患者有权利通过合理方式参与有关其医疗的决定。如果没有患者或者其合法代表基于充分理解和自愿的同意，不能对病人采取任何诊疗措施。同时，患者有权中止正在进行的治疗或者要求采用其他方案，医生必须遵从病人的决定。当然，并非一切医疗行为都要征得患者的同意，例如如果医患双方的目的都很明确且不涉及比较复杂的治疗方法，如感冒病人到执业医生的诊所打针，就不涉及病人的同意权问题。此外，患者应当具有同意的能力。患者没有同意能力时，通常由其近亲属或者监护人代为同意，这基本上是各国的共同规则。

我国一些法律、行政法规、规章中规定了有关医务人员告知说明义务和患者知情同意权的内容，这些规定普遍为医疗机构的诊疗活动所遵循，并取得了很好的实践效果。例如，《中华人民共和国医师法》第二十五条规定，医师在诊疗活动中应当向患者说明病情、医疗措施和其他需要告知的事项。需要实施手术、特殊检查、特殊治疗的，医师应当及时向患者具体说明医疗风险、替代医疗方案等情况，并取得其明确同意；不能或者不宜向患者说明的，应当向患者的近亲属说明，并取得其明确同意。《医疗事故处理条例》第十一条规定，在医疗活动中，医疗机构及其医务人员应当将患者的病情、医疗措施、医疗风险等如实告知患者，及时解答其咨询；但是，应当避免对患者产生不利后果。《医疗机构管理条例》第三十二条规定，医务人员在诊疗活动中应当向患者说明病情和医疗措施。需要实施手术、特殊检查、特殊治疗的，医务人员应当及时向患者具体说明医疗风险、替代医疗方案等情况，并取得其明确同意；不能或者不宜向患者说明的，应当向患者的近亲属说明，并取得其明确同意。因抢救生命垂危的患者等紧急情况，不能取得患者或者其近亲属意见的，经医疗机构负责人或者授权的负责人批准，可以立即实施相应的医疗措施。《医疗机构管理条例实施细则》第六十二条规定，医疗机构应当尊重患者对自己的病情、诊断、治疗的知情权利。在实施手术、特殊检查、特殊治疗时，应当向患者作必要的解释。因实施保护性医疗措施不宜向患者说明情况的，应当将有关情况通知患者家属。《医疗机构管理条例实施细则》第八十八条规定，特殊检查、特殊治疗是指“具有下列情形之一的诊断、治疗活动：（一）有一定危险性，可能产生不良后果的检查和治疗；（二）由于患者体质特殊或者病情危笃，可能对患者产生不良后果和危险的检查和治疗；（三）临床试验性检查和治疗；（四）收费可能对患者造成较大经济负担的检查和治疗”。《中华人民共和国民法典》第一千二百一十九条规定，医务人员在诊疗活动中应当向患者说明病情和医疗措施。需要实施手术、特殊检查、特殊治疗的，医务人员应当及时向患者具体说明医疗风险、替代医疗方案等情况，并取得其明确同意；不能或者不宜向患者说明的，应当向患者的近亲属说明，并取得其明确同意。本法在我国现行法律法规和规章的基础上，结合妇女在医疗领域面临的突出问题，明确规定，医疗机构施行生育手术、特殊检查或者特殊治疗时，应当征得妇女本人同意，在妇女与其家属或者关系人意见不一致时，应当尊重妇女本人意愿。

理解本款规定，需要注意以下几点：一是本规定只明确了医疗机构施行“生育手术、特殊检查或者特殊治疗”时，应当取得妇女本人的同意。对于医疗机构对妇女施行非“生育手术、特殊检查或者特殊治疗”的诊疗活动时，是否需要取得妇女本人同意，应当适用其他法律法规和规章的规定。二是在妇女与其家属或者关系人意见不一致时，应当尊重妇女本人意愿。这主要针对实践中，一些妇女患者的家属或者男友等关系人罔顾甚至违背妇女意愿做出诊疗决定，损害妇女患者身心健康的行为。三是在不能或者不宜取得妇女患者本人同意的，应当向患者的近亲属说明，并取得其明确同意。实践中，一些妇女患者因为昏迷或者由于生理、精神状态无法作出有效判断和同意，妨碍了诊疗活动的进行，危及妇女患者的生命健康，对此，《中华人民共和国民法典》第一千二百一十九条明确规定，不能或者不宜向患者说明的，应当向患者的近亲属说明，并取得其明确同意。四是医疗机构未尽到本款规定的义务造成妇女患者损害的，应当承担相应的民事责任。依据《中华人民共和国民法典》第一千二百一十九条第二款，医务人员未尽到说明义务或者未取得患者同意，造成患者损害的，医疗机构应当承担赔偿责任。

第二十二条　禁止拐卖、绑架妇女；禁止收买被拐卖、绑架的妇女；禁止阻碍解救被拐卖、绑架的妇女。

各级人民政府和公安、民政、人力资源和社会保障、卫生健康等部门及村民委员会、居民委员会按照各自的职责及时发现报告，并采取措施解救被拐卖、绑架的妇女，做好被解救妇女的安置、救助和关爱等工作。妇女联合会协助和配合做好有关工作。任何组织和个人不得歧视被拐卖、绑架的妇女。

◆ **释义**

本条是关于禁止拐卖、绑架妇女以及相关预防处置措施的规定。

一、拐卖、绑架妇女的有关禁止规定

拐卖妇女犯罪不仅侵犯被害人的人身自由、人格尊严，给被害人及其家庭带来巨大伤害，而且会造成一系列严重的社会问题。对于拐卖妇女的犯罪行为，我国法律历来持严惩态度。我国1979年刑法规定拐卖人口罪。1991年全国人大常委会发布《关于严惩拐卖、绑架妇女、儿童的犯罪分子的决定》。1997年刑法吸收了1991年决定的内容，规定了拐卖妇女、儿童罪，并将绑架妇女、儿童罪作为加重情形纳入拐卖妇女、儿童罪。同时，规定了收买被拐卖的妇女、儿童罪，聚众阻碍解救被收买的妇女、儿童罪等相关犯罪，并取消了拐卖人口罪。2015年刑法修正案（九）将“收买被拐卖的妇女、儿童，按照被买妇女的意愿，不阻碍其返回原居住地的，对被买儿童没有虐待行为，不阻碍对其进行解救的，可以不追究刑事责任”修改为“按照被买妇女的意愿，不阻碍其返回原居住地的，可以从轻或者减轻处罚”，加重对买方的刑罚，加大打击拐卖妇女犯罪的力度。近年来，根据国内外拐卖人口犯罪的发展态势和特点，我国对拐卖妇女、儿童犯罪实施严厉打击政策，取得了显著成果。从公安机关公布的数据看，相关犯罪数量和被拐卖妇女数量明显下降。各方面普遍认为，在取得成绩的同时，对拐卖妇女犯罪应当继续保持高度警惕和严惩力度，这样才能有效预防、有力打击拐卖妇女犯罪。因此，在本条第一款中，继续保留原有法律规定，表明在立法上打击拐卖妇女犯罪的立场是一贯的、坚定的。

结合具体实践，拐卖、绑架妇女相关犯罪主要包括：一是拐卖妇女。依据《中华人民共和国刑法》第二百四十条，拐卖妇女的，处五年以上十年以下有期徒刑，并处罚金；有八种情形之一的，处十年以上有期徒刑或者无期徒刑，并处罚金或者没收财产，其中包括以出卖为目的，使用暴力、胁迫或者麻醉方法绑架妇女的；情节特别严重的，处死刑，并处没收财产。二是收买被拐卖、绑架的妇女。依据《中华人民共和国刑法》第二百四十一条的规定，收买被拐卖的妇女的，处三年以下有期徒刑、拘役或者管制。对于收买被拐卖的妇女，同时还有强奸、非法剥夺人身自由或者伤害、侮辱等犯罪行为的，刑法也规定了相应的处罚。三是阻碍解救被拐卖、绑架的妇女。《中华人民共和国刑法》第二百四十二条对以暴力、威胁方法阻碍国家机关工作人员解救被收买的妇女，以及聚众阻碍解救被收买的妇女等犯罪行为，规定了相应的处罚。这些犯罪行为都应当被严厉打击。因此，本条第一款一并作出禁止性规定。本次修订过程中，有意见提出，应当在本法中进一步加大对拐卖妇女犯罪的惩罚力度。考虑到关于拐卖妇女以及相关犯罪行为的刑罚，刑法已有明确规定，而且关于犯罪与刑罚应由刑法统一规定，本法只作禁止性规定更为适宜。

二、各级政府及有关部门、单位的职责

拐卖妇女不仅是严重的犯罪问题，也是复杂的社会问题。治理拐卖妇女犯罪问题，妥善解决这一问题，需要在犯罪发生后予以严厉处罚，也需要关注如何有效预防犯罪的发生以及发生后如何妥善安置受害人。在预防拐卖妇女案件发生，积极救助、妥善安置被拐卖妇女，促进被拐卖妇女身心康复和回归家庭、社会等方面，各级人民政府及有关部门、单位担负重要职责。为此，本次修订着力强化相关方面工作职责，完善相关机制措施。具体包括：

一是进一步明确责任主体。将“各级人民政府和公安、民政、劳动和社会保障、卫生等部门”修改为“各级人民政府和公安、民政、人力资源和社会保障、卫生健康等部门及村民委员会、居民委员会”。除各级政府及有关部门外，增加了“村民委员会、居民委员会”，其考虑是基层群众性自治组织与群众日常生产、生活联系紧密，有条件了解情况、开展工作，是基层治理的关键一环。

二是明确相关责任主体按照各自职责开展工作。“各自职责”不仅包括日常工作职责中与妇女权益保障密切相关的部分，例如民政部门担负婚姻登记管理、社会救助等职责，这些方面都可能与预防拐卖妇女犯罪以及救助、安置被拐卖妇女相关；还包括国家有关专项计划等政策文件中明确的职责，例如 2021 年国务院办公厅印发的《中国反对拐卖人口行动计划（2021—2030）》以及 2022 年相关部委联合印发的实施细则，对各部门、单位的具体工作职责作出明确规定。

三是明确主要工作内容。除了采取措施解救被拐卖、绑架的妇女之外，将原来规定的“善后工作”进一步明确为“被解救妇女的安置、救助和关爱等工作”，特别是还增加了“及时发现报告”这项工作职责。在拐卖妇女有关案件的调查处理中，发现一些基层部门、单位忽视甚至漠视妇女权益保障，对于管理领域或者区域内发生拐卖妇女违法犯罪发现不及时、报告不及时，导致妇女权益遭受严重侵害。因此，本次修订，借鉴 2020 年修订未成年人保护法建立强制报告制度的经验，增加“及时发现报告”的规定。同时在法律责任中，明确规定不依法履行报告义务的法律责任。关于发现报告、解救以及安置、救助和关爱等工作的具体内容，可以结合《中国反对拐卖人口行动计划（2021—2030）》及其实施细则来把握，并根据实践需要不断丰富完善。

三、妇女联合会协助和配合做好有关工作

妇女联合会是党和政府联系妇女群众的桥梁和纽带，担负着维护妇女合法权益，协助有关部门或者单位查处侵害妇女合法权益的行为，为受侵害的妇女提供帮助的重要职责。因此，本次修订保留原法规定，明确妇女联合会协助和配合做好有关工作。在理解上主要把握两个方面：一是不越位、更不能缺位。妇女联合会作为群团组织，不是行政机关、司法机关，在有关执法、司法活动中，妇女联合会是协助配合行政机关或者司法机关开展工作。但同时，不能因为是协助配合开展工作，就置身事外、退居二线。二是有关工作包括及时发现报告、解救以及安置、救助和关爱等工作。《中国反对拐卖人口行动计划（2021—2030）》及其实施细则对妇女联合会有关工作的具体内容也有明确规定。例如，妇联加强基层发现报告，加强关爱走访，发现来历不明妇女儿童、易被拐卖风险隐患家庭的，及时向基层政府、村（居）委会报告等。

四、任何组织和个人不得歧视被拐卖、绑架的妇女

被拐卖、绑架的妇女往往身心遭受巨大伤害，应当及时采取措施加以解救，做好安置、救助和关爱等工作，还应当营造良好社会环境促进其身心康复和回归家庭、社会。受落后思想文化影响，实践中存在歧视被拐卖、绑架的妇女的现象，有的发生在被拐卖、绑架时，有的发生在被解救之后，无论哪种情形都给被拐卖、绑架的妇女带来“二次伤害”，加深其合法权益被侵害的严重程度。对此，原法规定任何人不得歧视被拐卖、绑架的妇女，本次修订将“任何人”修改为“任何组织和个人”，进一步强调在社会生活各方面、各主体都不得歧视被拐卖、绑架的妇女。

第二十三条 禁止违背妇女意愿，以言语、文字、图像、肢体行为等方式对其实施性骚扰。

受害妇女可以向有关单位和国家机关投诉。接到投诉的有关单位和国家机关应当及时处理，并书面告知处理结果。

受害妇女可以向公安机关报案，也可以向人民法院提起民事诉讼，依法请求行为人承担民事责任。

◆ 释义

本条是关于禁止和处置性骚扰的规定。

一、禁止对妇女实施性骚扰

性骚扰行为侵害他人人格尊严，损害他人身心健康，严重影响被骚扰者的工作、生活和学习。很多国家和地区都对防治性骚扰作出明确规定。有的制定专门的性骚扰防治法，如菲律宾制定出台了《反性骚扰法》。有的在反歧视法（平等法）或劳动法等部门法中规定防治性骚扰的内容，对性骚扰的概念、类型、预防措施、雇主的责任和义务、法律责任作出了规定。例如，瑞典的《禁止歧视法》、英国的《平等法》、澳大利亚的《性别歧视法》、我国香港特别行政区的《性别歧视条例》等将性骚扰作为一种歧视行为进行规制；加拿大的《劳工法》、新西兰的《劳动关系法》、法国的《劳动法典》等对工作场所性骚扰作出禁止性的规定。从这些国家和地区的法律规定看，性骚扰行为包含身体接触、语言、信息等，对于判定性骚扰行为的标准，多采用“不受欢迎”的主观标准和“理性人”的客观标准，即当“一个理性人会预料到这种行为有可能造成被骚扰人受到冒犯、羞辱或恐吓”，就可以认定为“性骚扰”。此外，很多国家和地区还通过法律形式明确用人单位在防治工作场所性骚扰中承担重要义务，如要求用人单位出台性骚扰防治的规章制度并明确对性骚扰行为的惩治措施，以及要求用人单位开展长期普遍的防治性骚扰培训等。

性骚扰行为复杂多样，包括异性之间以及同性之间的骚扰行为。在我国社会生活中，针对妇女的性骚扰行为相对较多，广大妇女群众对于性骚扰问题的反映较为突出，如何有效防治性骚扰问题，成为我国妇女权益保障立法重点关注的问题。2005 年妇女权益保障法修改，明确规定“禁止对妇女实施性骚扰”，并规定受害妇女可以向单位和有关机关投诉。社会普遍认为该修改在我国反性骚扰立法中具有里程碑意义，不仅对禁止性骚扰起到了宣示作用，也为构建反对性骚扰的法律规范体系提供了基础和前提。2012 年《女职工劳动保护特别规定》进一步强化了用人单位在预防和纠正工作场所性骚扰方面的义务，规定用人单位应当在劳动场所预防和制止对女职工的性骚扰。在妇女权益保障法规定基础上，不少地方性法规也对禁止对妇女实施性骚扰以及相关处理措施作出规定。例如，《北京市实施〈中华人民共和国妇女权益保障法〉办法》第三十三条规定：“禁止违背妇女意志，以具有性内容或者与性有关的语言、文字、图像、电子信息、肢体行为等形式对妇女实施性骚扰。遭受性骚扰的妇女，可以向本人所在单位、行为人所在的单位、本市各级妇女联合会和有关机关投诉，也可以直接向人民法院起诉。所在单位、本市各级妇女联合会和有关机关接到投诉后，应当采取对被投诉人批评教育、对双方进行调解或者支持投诉人起诉等措施。用人单位、公共场所经营管理单位应当根据情况采取措施，预防和制止对妇女的性骚扰。”

2020 年《中华人民共和国民法典》人格权编第一千零一十条进一步明确规定性骚扰行为的处置规则，即“违背他人意愿，以言语、文字、图像、肢体行为等方式对他人实施性骚扰的，受害人有权依法请求行为人承担民事责任。”民法典关于性骚扰的规定不仅仅局限于针对妇女的性骚扰。2022 年妇女权益保障法修订吸收民法典的规定精神，对“禁止对妇女实施性骚扰”作出更加具体的规定，即本条第一款规定：“禁止违背妇女意愿，以言语、文字、图像、肢体行为等方式对其实施性骚扰。”

二、对性骚扰行为的具体把握

本次修订过程中，有的意见提出以往法律关于性骚扰的规定过于原则，对于性骚扰缺乏具体明确的定义，在实践中难以准确把握。修订草案曾考虑通过列举的方式对性骚扰的具体情形作出更加明确的规定。例如，修订草案初次审议稿第五十条第一款规定：“禁止违背妇女意愿，以下列方式实施性骚扰：（一）具有性含义、性暗示的言语表达；（二）不适当、不必要的肢体行为；（三）展示或者传播具有明显性意味的图像、文字、信息、语音、视频等；（四）暗示发展私密关系或者发生性关系将获得某种利益；（五）其他应当被认定为性骚扰的情形。”与以往原则性规定不同，这些规定对于性骚扰行为作出具体描述，但无论是常委会组成人员，还是有关单位以及社会公众，均有不少意见提出这些具体化的规定仍然不够准确，例如“不适当、不必要”主观性过强、缺乏客观标准，操作中很容易引发歧义和争议。经过反复认真研究，考虑到实践中情况相当复杂，本次修订在民法典规定基础上，就针对妇女的性骚扰规定了一般性的构成要件，没有对具体情形再作规定，留在司法实践中具体把握更为适宜。

根据本条第一款的规定以及实践中的情形，认定性骚扰行为应当注意把握以下几个方面：一是本法规制的是针对妇女的性骚扰，受害人是女性，但实施性骚扰的行为人不区分是同性还是异性。二是性骚扰行为与性有关，行为人具有性意图，以获取性方面的生理或者心理满足为目的。具体方式是多种多样的，包括言语、文字、图像、肢体行为等。三是违背妇女的意愿，这是构成对妇女的性骚扰最核心的要件。妇女明确表示厌恶、反感、拒绝、警告或者反抗，可以认定为违背妇女意愿；妇女迫于压力而没有明确表示拒绝甚至表面服从，事实上也是违背妇女意愿；妇女曾经愿意但后来不愿意延续，如果继续纠缠不休，也可以认定为违背妇女意愿。四是性骚扰行为针对的对象是具体、明确的，行为对象的特定性要在个案中结合具体情况加以判断。五是对妇女实施性骚扰的行为人主观上通常是故意，在公共汽车、地铁等场所因为紧急刹车、拥挤等原因难以避免或者过失地触碰到妇女身体，一般不构成性骚扰。

三、遭遇性骚扰的救济措施

实践中，发生在工作场所、校园，利用职权、从属关系的性骚扰情形较多，属于比较典型的方式。因此，本法修订前就规定，受害妇女有权向单位和有关机关投诉。《中华人民共和国民法典》第一千零一十条第二款规定，机关、企业、学校等单位应当采取合理的预防、受理投诉、调查处置等措施，防止和制止利用职权、从属关系等实施性骚扰。在民法典规定的基础上，本次修订新增一条规定（即第二十五条），对用人单位应当采取的预防和制止性骚扰措施作出规定，其中包括设置投诉电话、信箱等，畅通投诉渠道，以及建立和完善调查处置程序等。本次修订除了完善禁止对妇女实施性骚扰的规定外，着重完善性骚扰的处理措施，具体包括两个方面：一是本条第二款在规定受害妇女可以向有关单位和国家机关投诉的基础上，进一步明确接到投诉的有关单位和国家机关应当及时处理，并书面告知处理结果。二是增加第三款的规定，明确受害妇女可以向公安机关报案，也可以向人民法院提起民事诉讼，依法请求行为人承担民事责任。

在第二款规定中，为了表述更加准确，本次修订将“单位”

修改为“有关单位”，将“机关”修改为“国家机关”。有关单位主要包括遭受性骚扰的妇女所在的工作单位、学校等。国家机关主要是指对发生性骚扰的用人单位、学校存在监督管理职责的国家机关，例如对于发生在学校的性骚扰行为，教育行政部门承担相应的监督管理职责。考虑到实践中存在接受投诉的主体消极对待投诉的现象，第二款还规定接到投诉的有关单位和国家机关应当及时处理，并书面告知处理结果。“及时处理”强调处理投诉的时效性，不能久拖不决；“书面告知处理结果”强调处理投诉的严肃性，不能敷衍了事。

根据第三款的规定，受害妇女可以向公安机关报案，也可以向人民法院提起民事诉讼。这里“受害妇女”所处的场景除了职场、校园外，还包括更大范围的一般社会场景，例如商场、公共交通工具等。受害妇女向公安机关报案，公安机关应当及时调查处置，对于构成治安管理处罚的，应当对实施性骚扰的行为人依法予以处罚。例如，依据《中华人民共和国治安管理处罚法》第四十二条和第四十四条，多次发送淫秽信息、干扰他人正常生活的，或者猥亵他人、在公共场所故意裸露身体的，应当受到治安管理法处罚。除了向公安机关报案，受害妇女还可以向人民法院提起民事诉讼。民法典规定“受害人有权依法请求行为人承担民事责任”，表明性骚扰的受害人是可以通过诉讼手段维护自身合法权益的。最高人民法院在 2018 年也将“性骚扰损害责任纠纷”作为新增加的民事案件案由，在司法实践中提高受害人诉讼的可能性和力度。

第二十四条　学校应当根据女学生的年龄阶段，进行生理卫生、心理健康和自我保护教育，在教育、管理、设施等方面采取措施，提高其防范性侵害、性骚扰的自我保护意识和能力，保障女学生的人身安全和身心健康发展。

学校应当建立有效预防和科学处置性侵害、性骚扰的工作制度。对性侵害、性骚扰女学生的违法犯罪行为，学校不得隐瞒，应当及时通知受害未成年女学生的父母或者其他监护人，向公安机关、教育行政部门报告，并配合相关部门依法处理。

对遭受性侵害、性骚扰的女学生，学校、公安机关、教育行政部门等相关单位和人员应当保护其隐私和个人信息，并提供必要的保护措施。

◆ **释义**

本条是关于防治校园性侵害、性骚扰的规定。

一、防治校园性侵害、性骚扰的相关立法

近年来，校园性侵害、性骚扰案件时有发生，严重侵害女学生的身心健康，严重影响女学生的学习、生活乃至未来发展，引发社会广泛关注。为了有效防治校园性侵害、性骚扰，我国不断完善相关法律法规。除了刑法通过规定强制猥亵妇女、儿童罪以及强奸罪打击相关犯罪外，其他相关法律还从预防和治理的角度作出规定。例如，《中华人民共和国民法典》第一千零一十条第二款对学校防治性骚扰的义务作出规定。《中华人民共和国未成年人保护法》第四十条规定：“学校、幼儿园应当建立预防性侵害、性骚扰未成年人工作制度。对性侵害、性骚扰未成年人等违法犯罪行为，学校、幼儿园不得隐瞒，应当及时向公安机关、教育行政部门报告，并配合相关部门依法处理。学校、幼儿园应当对未成年人开展适合其年龄的性教育，提高未成年人防范性侵害、性骚扰的自我保护意识和能力。对遭受性侵害、性骚扰的未成年人，学校、幼儿园应当及时采取相关的保护措施。”这是2020年未成年人保护法修订时在“学校保护”一章中新增加的规定，目的就是防治校园性侵害、性骚扰。此外，一些地方立法对防治校园性侵害、性骚扰也作出了规定。例如，《宁夏回族自治区妇女权益保障条例》第四十四条第三款规定：“教育机构应当对女性学生开展健康和安全防护等教育，采取有效措施防范和制止性侵害、性骚扰等行为。”

2005年，妇女权益保障法进行首次较大修改时，规定禁止对妇女实施性骚扰，并明确了受害妇女的相应权利以及违法行为人的法律责任。本次修订积极回应社会关切，在未成年人保护法等法律规定的基础上，对原妇女权益保障法第十七条的规定进行大幅修改，进一步完善防治校园性侵害、性骚扰的制度规定，其保护对象范围从未成年人扩大为女学生。

二、学校采取措施提高女学生自我保护意识和能力

实践中，一些校园性侵害、性骚扰案件的发生，除了违法犯罪行为人的主要因素外，学校相关教育开展不足、校园管理存在较大漏洞，女学生自我保护意识和能力薄弱，也是诱发案件的重要因素。为了有效预防校园性侵害、性骚扰的发生，本条第一款对学校相关职责作出规定。根据该款规定，学校应当根据女学生的年龄阶段，进行生理卫生、心理健康和自我保护教育，在教育、管理、设施等方面采取措施，提高其防范性侵害、性骚扰的自我保护意识和能力，保障女学生的人身安全和身心健康发展。

首先，学校应当根据女学生的年龄阶段，进行生理卫生、心理健康和自我保护教育。根据教育法的规定，国家实行学前教育、初等教育、中等教育、高等教育的学校教育制度。考虑到学前教育主要由幼儿园负责实施，且国务院幼儿园管理条例也未将入园幼儿称为“学生”，因此本条中的学校不包括幼儿园。与初等教育、中等教育、高等教育相对应的，主要包括普通中小学、高等学校。另外，根据职业教育法的规定，国家建立职业教育与普通教育相互融通的现代职业教育体系。职业学校教育分为中等职业学校教育、高等职业学校教育。中等职业学校教育由高级中等教育层次的中等职业学校（含技工学校）实施。高等职业学校教育由专科、本科及以上教育层次的高等职业学校和普通高等学校实施。根据高等职业学校设置制度规定，将符合条件的技师学院纳入高等职业学校序列。因此，学校也包括中等职业学校和高等职业学校。

各种类型的学校都应当根据女学生的年龄阶段进行相关教育：一是生理卫生教育，包括适合其年龄的性教育。让学生了解自己的身体，懂得男女的生理区别，掌握相关生理健康知识，适当开展性知识、性健康、性道德、预防和拒绝不安全的性行为，预防性侵害、性骚扰等方面的教育，避免学生在性问题上处于盲目无知的状态，防范性意识产生偏差和不良倾向。二是心理健康教育。加强心理健康宣传，传播心理健康知识，帮助女学生掌握应对心理行为问题的方法和途径。三是自我保护教育。通过课堂教学、讲座、班会、主题活动、网络信息、宣传栏等多种形式，增强性别意识和性别平等理念，提高女学生处理涉及性的有关问题的能力，帮助其学习应对性侵害、性骚扰等突发事件的基本技能，提高女学生的安全意识和自我防护能力。

三、学校应当建立预防性侵害、性骚扰的工作制度

依据本条第二款的规定，学校应当建立预防性侵害、性骚扰的工作制度。例如，学校应当建立性侵害、性骚扰处置预案，明确相关岗位的职责，定期开展性侵害、性骚扰问题的排查，加强对学生宿舍特别是女学生宿舍的管理，对于女学生出现成绩突然下滑、精神恍惚、无故旷课等异常情况的，要及时了解情况，排查是否存在被性侵害、性骚扰等问题。要通过开展家访、召开家长会等方式，提醒学生的父母或者其他监护人切实履行监护责任，加强对留守儿童、困境儿童等重点人群的保护。要将师德教育、法治教育纳入教职员工培训内容及考核范围，采取多种方式对教职员工进行禁止性侵害、性骚扰方面的教育，自觉遵守职业操守和法律法规，严格守好行为底线。严格落实未成年人保护法规定的入职查询制度，坚决杜绝和清理有相关违法犯罪记录的人员进入学校工作。

当学校出现性侵害、性骚扰女学生的违法犯罪行为时，无论是发生在学生之间，还是发生在教职员工与学生之间，学校都不得隐瞒，立即向公安机关、教育行政部门报告，并配合相关部门依法处理。受害女学生是未成年人的，还应当及时通知受害女学生的父母或者其他监护人。对于教职员工性侵害、性骚扰等侵害女学生的违法犯罪行为，学校应当建立零容忍制度，不得包庇和隐瞒。根据教师法的规定，教师品行不良、侮辱学生，影响恶劣的，由所在的学校、其他教育机构或者教育行政部门给予行政处分或者解聘。教职员工实施性骚扰行为，尚不构成违反治安管理处罚法的，学校要依照校规校纪给予相应的处分，情节严重的，要报教育行政部门给予处分，及时解聘实施性骚扰的教职员工；一旦发现教职员工实施性侵害行为的，学校应当及时向公安机关、教育行政部门报告，并配合公安机关、教育部门依法处理，并及时解聘实施性侵害的教职员工。

四、保护受害女学生

根据本条第三款的规定，对遭受性侵害、性骚扰的女学生，学校、公安机关、教育行政部门等相关单位和人员应当保护其隐私和个人信息，并提供必要的保护措施。女学生遭受性侵害、性骚扰后，容易出现恐惧、焦虑、愤怒、自卑、自责、羞愧等心理，严重的会出现自残、自杀等过激行为。不论女学生遭受的性侵害、性骚扰是发生在校内还是校外，学校、公安机关、教育行政部门等相关单位和人员都要及时采取有关保护措施。首先，应当保护其隐私和个人信息，防止有关性侵害、性骚扰的信息扩散，使遭受性侵害、性骚扰的女学生受到二次伤害。同时，提供必要的保护措施，例如根据遭受性侵害、性骚扰的具体情况，采取一定阶段单独教学、转班、转学等方式来保护女学生；提供专业的心理辅导，帮助她们及时走出心理阴影等。

第二十五条 用人单位应当采取下列措施预防和制止对妇女的性骚扰：

（一）制定禁止性骚扰的规章制度；

（二）明确负责机构或者人员；

（三）开展预防和制止性骚扰的教育培训活动；

（四）采取必要的安全保卫措施；

（五）设置投诉电话、信箱等，畅通投诉渠道；

（六）建立和完善调查处置程序，及时处置纠纷并保护当事人隐私和个人信息；

（七）支持、协助受害妇女依法维权，必要时为受害妇女提供心理疏导；

（八）其他合理的预防和制止性骚扰措施。

◆ **释义**

本条是关于用人单位预防和制止性骚扰义务的规定。

一、用人单位有预防和制止性骚扰的义务

本条是妇女权益保障法本次修订增加的内容。对妇女的性骚扰很多发生在工作场所或者工作过程中，当事人是工作的上下级、同事关系，或者因工作而产生的合作关系等，用人单位有义务预防和制止性骚扰。《中华人民共和国民法典》第一千零一十条第二款规定，机关、企业、学校等单位应当采取合理的预防、受理投诉、调查处置等措施，防止和制止利用职权、从属关系等实施性骚扰。《女职工劳动保护特别规定》第十一条规定，在劳动场所，用人单位应当预防和制止对女职工的性骚扰。《中国妇女发展纲要（2021—2030年）》规定，预防和制止公共场所和工作、学习等场所发生的性骚扰，在机关、企业、学校等单位建立相关工作机制，预防和制止利用职权、从属关系等实施性骚扰，畅通救济途径。

用人单位除应当防止和制止利用职权、从属关系等实施性骚扰的义务，也负有采取合理措施防止和制止其他性骚扰的义务。例如，单位的客户到单位对单位的工作人员实施性骚扰，单位也负有采取合理措施的义务。当单位未尽到采取合理措施的义务的，受害人有权依法请求单位承担民事责任。

二、制定禁止性骚扰的规章制度

规章制度是用人单位制定的规范工作人员行为和单位运行的制度。科学合理的规章制度，既有利于确保用人单位的顺利运行，也有利于保障员工的合法权益。《中华人民共和国劳动法》第四条规定，用人单位应当依法建立和完善规章制度，保障劳动者享有劳动权利和履行劳动义务。第二十五条规定，劳动者严重违反劳动纪律或者用人单位规章制度的，用人单位可以解除劳动合同。

用人单位应当制定禁止性骚扰的规章制度，在形式上既包括专门的关于性骚扰的规章制度，也包括在相关规章制度中设置禁止性骚扰的内容。可通过规章制度明确属于性骚扰的情形，性骚扰处置机制以及对实施性骚扰员工的处理方式等。

三、明确负责机构或者人员

用人单位需要明确其单位中具体承担预防和制止性骚扰相关职责的机构或者人员。妇女权益保障法作此规定，有利于避免在发生性骚扰行为时，用人单位没有明确的机构或者人员负责处理性骚扰事件。相关机构可以是人事、纪检等部门。预防和制止性骚扰是用人单位的义务，法律要求用人单位明确预防和制止性骚扰的负责机构或者人员，并非排除了用人单位的义务或者用人单位其他机构或者人员的相关义务，其他部门的主管人员也有义务预防和制止性骚扰，在接到投诉后也应当按照规定及时处理。

四、开展预防和制止性骚扰的教育培训活动

用人单位开展预防和制止性骚扰的教育培训活动，有利于强化员工预防和制止性骚扰的意识和能力，有效预防和应对性骚扰。用人单位开展相关教育培训活动的方式可以是多样的，应注重实际效果。

五、采取必要的安全保卫措施

用人单位应当根据员工的工作形式、工作环境或者生活环境，采取必要的安全保护措施，预防其遭受性骚扰或者在遭受性骚扰时能够获得及时有效的救济。例如，考虑女性员工的特殊需要，为女性员工提供必要的、隐蔽性较好的更衣、休息环境；配备必要的安保或者求助设施，在女职工遭受性骚扰时能够及时提供帮助。

六、设置投诉电话、信箱等，畅通投诉渠道

用人单位应当设置电话、信箱（包括传统信箱和电子信箱）

等，便于接收对性骚扰的投诉。畅通投诉渠道，需要注意几点：一是要确保投诉渠道的便捷性，要根据本单位的实际情况，采取便于员工进行投诉的方式，既可以是一种方式，也可以是多种方式。二是要确保能够及时发现或者受理投诉。如果设置的电话长期无人接听、设置的信箱长期无人打开，就无法及时发现或者受理投诉。三是要能够支持实名或者匿名投诉。对性骚扰的投诉，既可能是受害人进行投诉，也可能是受害人以外的其他人进行投诉，无论投诉主体是谁，投诉渠道都应当保障投诉人可以选择实名投诉或者匿名投诉。

七、建立和完善调查处置程序，及时处置纠纷并保护当事人隐私和个人信息

用人单位应当建立和完善调查处置程序，包括调查处置的启动、调查组人员组成、调查期限、调查方式、调查结果的形成和通告等，确保调查处置的及时、准确和公正。

用人单位应当保护好当事人的隐私和个人信息。应当保护好被性骚扰妇女的隐私和个人信息，不宜随意公开相关情况，参与调查处置的人员应当保密，同时应当告知协助调查处置的其他人员也应当保密。需要公开相关情况的，应当符合民法典、个人信息保护法等法律的规定。

八、支持、协助受害妇女依法维权

妇女受到性骚扰的，有权依法维护自身合法权益，包括要求用人单位调查处置、向公安机关报案、向人民法院起诉等。无论是依法采取何种维权方式，用人单位都应当给予必要的支持。例如，用人单位应当依法向公安机关、人民法院提供相关证据；妇女维权需要付出时间和精力，用人单位应当给予适当的便利，更不得通过拒绝请假等方式阻碍妇女维权等。

九、必要时为受害妇女提供心理疏导

用人单位可以根据受害妇女的需要，为受害妇女提供心理疏导。心理疏导既包括本单位领导和同事通过适当的方式提供心理疏导，也包括请心理专家为受害妇女提供心理疏导。需要注意的是，用人单位不得借心理疏导的名义诱导或者阻碍妇女维护自身合法权益。

十、其他合理的预防和制止性骚扰措施

除了法律规定的上述明确的措施外，用人单位还可以根据本单位实际，采取更多合理的预防和制止性骚扰的措施。

第二十六条 住宿经营者应当及时准确登记住宿人员信息，健全住宿服务规章制度，加强安全保障措施；发现可能侵害妇女权益的违法犯罪行为，应当及时向公安机关报告。

◆ 释义

本条是关于住宿经营者履行安全保障和报告义务保护妇女权益的规定。

本条是妇女权益保障法本次修订新增加的内容。实践中在旅馆、宾馆、酒店等住宿场所侵害妇女人身权益等情况时有发生，部分住宿经营者及其从业人员对妇女权益的保护意识不强，住宿场所登记制度、安全保障制度不健全以及落实不到位，是造成上述现象的原因之一。有的甚至故意给侵害妇女权益行为提供帮助。刑法关于组织、强迫、引诱、容留、介绍他人卖淫相关犯罪的规范中，专门就旅馆等单位人员的行为作了规定。为了有效预防在经营场所发生侵害妇女权益的行为，妇女权益保障法本次修订增加了关于住宿经营者义务的规定。

一、住宿经营者的范围

住宿业也可称旅馆业，根据《旅馆业治安管理办法》的规定，旅馆是指经营接待旅客住宿的旅馆、饭店、宾馆、招待所、客货栈、车马店、浴池等。治安管理处罚法、刑法使用的是“旅馆业”概念，未成年人保护法使用的是“住宿经营者”概念。住宿经营者和旅馆经营者是表述上的区别，其范围没有本质不同。

二、及时准确登记住宿人员信息

登记住宿人员信息，有利于防范和及时发现可能存在的风险以及在发生违法行为后便于查处。根据《旅馆业治安管理办法》第六条的规定，旅馆接待旅客住宿必须登记。登记时，应当查验旅客的身份证件，按规定的项目如实登记。接待境外旅客住宿，还应当在24小时内向当地公安机关报送住宿登记表。《未成年人保护法》考虑到未成年人保护的特殊性，规定住宿经营者接待未成年人入住，或者接待未成年人和成年人共同入住时，应当询问父母或者其他监护人的联系方式、入住人员的身份关系等有关情况。

三、健全住宿服务规章制度，加强安全保障措施

《旅馆业治安管理办法》对此作了详细规定，包括：具备必要的防盗等安全设施。设置治安保卫组织或者指定安全保卫人员。设置旅客财物保管箱、柜或者保管室、保险柜，指定专人负责保管工作。对旅客寄存的财物，要建立登记、领取和交接制度。旅馆对旅客遗留的物品，应当妥为保管，设法归还原主或揭示招领；经招领3个月后无人认领的，要登记造册，送当地公安机关按拾遗物品处理。对违禁物品和可疑物品，应当及时报告公安机关处理。

四、住宿经营者的报告义务

住宿经营者自身不能从事违法犯罪行为，此外，对于他人在本场所从事的违法犯罪行为，还承担报告义务，这有利于及时发现和查处违法行为。

《旅馆业治安管理办法》第九条规定，旅馆工作人员发现违法犯罪分子，行迹可疑的人员和被公安机关通缉的罪犯，应当立即向当地公安机关报告，不得知情不报或隐瞒包庇。《中华人民共和国治安管理处罚法》第五十六条第二款规定，旅馆业的工作人员明知住宿的旅客是犯罪嫌疑人或者被公安机关通缉的人员，不向公安机关报告的，处二百元以上五百元以下罚款；情节严重的，处五日以下拘留，可以并处五百元以下罚款。《中华人民共和国未成年人保护法》第五十七条规定，旅馆、宾馆、酒店等住宿经营者发现有违法犯罪嫌疑的，应当立即向公安机关报告，并及时联系未成年人的父母或者其他监护人。

妇女权益保障法规定，发现可能侵害妇女权益的违法犯罪行为，应当及时向公安机关报告。这里的“发现”，既包括住宿经营者在接待妇女入住时发现，也包括妇女入住后，住宿经营者在进行安全巡查时发现。报告的情况既包括已经发生的侵害妇女合法权益的违法犯罪行为，也包括可能侵害妇女权益的违法犯罪行为。

第二十七条　禁止卖淫、嫖娼；禁止组织、强迫、引诱、容留、介绍妇女卖淫或者对妇女进行猥亵活动；禁止组织、强迫、引诱、容留、介绍妇女在任何场所或者利用网络进行淫秽表演活动。

◆ 释义

本条是关于禁止卖淫、嫖娼等行为的规定。

一、禁止卖淫、嫖娼

所谓卖淫是指行为人通过与他人进行不正当的性行为换取金钱、实物等利益的行为。所谓嫖娼是指以付出金钱、实物为代价有偿与他人进行性行为的活动。卖淫、嫖娼既有违社会公德，也违反法律规定。《中华人民共和国治安管理处罚法》第六十六条规定，卖淫、嫖娼的，处十日以上十五日以下拘留，可以并处五千元以下罚款；情节较轻的，处五日以下拘留或者五百元以下罚款。在公共场所拉客招嫖的，处五日以下拘留或者五百元以下罚款。

二、禁止组织、强迫、引诱、容留、介绍妇女卖淫或者对妇女进行猥亵活动

组织妇女卖淫是指通过纠集、控制妇女进行卖淫，或者以雇佣、招募、容留等手段，组织、诱骗妇女卖淫，从中牟利的行为。强迫妇女卖淫是指采取暴力、威胁或者其他手段，违背妇女意愿，迫使妇女进行卖淫的行为。强迫既包括暴力手段或者以暴力相威胁，也包括非暴力手段，例如以揭发妇女隐私或者使妇女遭受某种利益损失相威胁，或者通过其他手段对妇女形成精神控制。引诱妇女卖淫是指以金钱诱惑、许诺好处或者宣扬腐朽生活方式等手段，诱导妇女进行卖淫。容留妇女卖淫是指为妇女卖淫提供场所，使卖淫活动得以进行的行为。既包括在自己所有、租赁、经营管理的固定场所容留妇女卖淫，也包括在流动场所如交通工具中容留妇女卖淫。介绍妇女卖淫是指为卖淫者与嫖娼者寻找对象，并在他们中间牵线搭桥的行为。猥亵妇女，是指违背妇女的意愿，采取暴力、胁迫或者其他方法，强制以脱光衣服、抠摸等淫秽下流的手段侵害妇女的行为。

无论是组织、强迫、引诱、容留、介绍妇女卖淫，还是对妇女进行猥亵活动，都是严重侵害妇女人格权和健康权的行为。《中华人民共和国治安管理处罚法》第六十七条规定，引诱、容留、介绍他人卖淫的，处十日以上十五日以下拘留，可以并处五千元以下罚款；情节较轻的，处五日以下拘留或者五百元以下罚款。第七十四条规定，旅馆业、饮食服务业、文化娱乐业、出租汽车业等单位的人员，在公安机关查处吸毒、赌博、卖淫、嫖娼活动时，为违法犯罪行为人通风报信的，处十日以上十五日以下拘留。

《中华人民共和国刑法》第三百五十八条规定，组织、强迫他人卖淫的，处五年以上十年以下有期徒刑，并处罚金；情节严重的，处十年以上有期徒刑或者无期徒刑，并处罚金或者没收财产。为组织卖淫的人招募、运送人员或者有其他协助组织他人卖淫行为的，处五年以下有期徒刑，并处罚金；情节严重的，处五年以上十年以下有期徒刑，并处罚金。第三百五十九条规定，引诱、容留、介绍他人卖淫的，处五年以下有期徒刑、拘役或者管制，并处罚金；情节严重的，处五年以上有期徒刑，并处罚金。第三百六十一条规定，旅馆业、饮食服务业、文化娱乐业、出租汽车业等单位的人员，利用本单位的条件，组织、强迫、引诱、容留、介绍他人卖淫的，依照本法第三百五十八条、第三百五十九条的规定定罪处罚。第三百六十二条的规定，旅馆业、饮食服务业、文化娱乐业、出租汽车业等单位的人员，在公安机关查处卖淫、嫖娼活动时，为违法犯罪分子通风报信，情节严重的，依照本法第三百一十条的规定定罪处罚。

三、禁止进行淫秽表演活动

原《中华人民共和国妇女权益保障法》第四十一条第三款规定："禁止组织、强迫、引诱妇女进行淫秽表演活动。"为了更全面保护妇女合法权益，本次修订完善了相关内容，一是增加禁止容留、介绍妇女进行淫秽表演活动；二是强调禁止在任何场所以及网络空间进行相关行为。随着互联网、社交媒体等的发展和普及，利用网络平台等渠道进行淫秽表演的情况比较突出，因此本条专门强调禁止利用网络进行淫秽表演活动。

淫秽表演是指包含性行为或者露骨宣扬色情的淫秽表演，例如进行裸体表演或者性器官表演等。组织淫秽表演中的组织行为包括策划表演安排，纠集或者雇佣表演人员，寻找、租用表演场地，招揽观众等行为。淫秽表演既包括组织公开的淫秽表演，也包括组织针对部分人的淫秽表演。

《中华人民共和国治安管理处罚法》第六十九条规定，组织播放淫秽音像、组织或者进行淫秽表演、参与聚众淫乱活动，以及明知他人从事前款活动为其提供条件的，处十日以上十五日以下拘留，并处五百元以上一千元以下罚款。《中华人民共和国刑法》第三百六十五条规定，组织进行淫秽表演的，处三年以下有期徒刑、拘役或者管制，并处罚金；情节严重的，处三年以上十年以下有期徒刑，并处罚金。

第二十八条 妇女的姓名权、肖像权、名誉权、荣誉权、隐私权和个人信息等人格权益受法律保护。

媒体报道涉及妇女事件应当客观、适度，不得通过夸大事实、过度渲染等方式侵害妇女的人格权益。

禁止通过大众传播媒介或者其他方式贬低损害妇女人格。未经本人同意，不得通过广告、商标、展览橱窗、报纸、期刊、图书、音像制品、电子出版物、网络等形式使用妇女肖像，但法律另有规定的除外。

◈ 释义

本条是关于妇女人格权的规定。

本条是对原《中华人民共和国妇女权益保障法》第四十二条进行修改后的规定。主要修改了以下内容：一是在第一款中增加了姓名权、个人信息，将“人格权”修改为“人格权益”；二是增加第二款关于媒体报道的规范；三是将原第二款中“禁止用侮辱、诽谤等方式损害妇女的人格尊严”的内容移至第二十条专门规定；四是在原第二款中使用妇女肖像的规定中，删除“不得以营利为目的”，增加“法律另有规定的除外”，和民法典关于肖像权的规定做好衔接、保持一致。

一、妇女的姓名权、肖像权、名誉权、荣誉权、隐私权和个人信息等人格权益受法律保护

民法典对姓名权、肖像权、名誉权、荣誉权、隐私权和个人信息权益的保护作了规定。

姓名是一个自然人在社会中区别于其他人的标志和符号。姓名权是指自然人享有的依法决定、使用、变更或者许可他人使用自己姓名的权利。任何组织或者个人不得以干涉、盗用、假冒等方式侵害他人的姓名权或者名称权。自然人应当随父姓或者母姓，但是符合法定情形的，可以在父姓和母姓之外选取姓氏。自然人决定、变更姓名应当依法向有关机关办理登记手续，但是法律另有规定的除外。变更姓名前实施的民事法律行为对其具有法律约束力。

肖像是通过影像、雕塑、绘画等方式在一定载体上所反映的特定自然人可以被识别的外部形象。肖像权是指自然人享有的依法制作、使用、公开或者许可他人使用自己肖像的权利。

名誉是对一个人的品德、声望、才能、信用等的社会评价。

名誉权是指自然人、法人和非法人组织就其品德、声望、才能、信用等所获得的社会评价，所享有的保有和维护的权利。

荣誉权是指自然人、法人和非法人组织对其获得的荣誉及其利益所享有的保持、自主决定的权利。任何组织或者个人不得非法剥夺他人的荣誉称号，不得诋毁、贬损他人的荣誉。获得的荣誉称号应当记载而没有记载的，民事主体可以请求记载；获得的荣誉称号记载错误的，民事主体可以请求更正。

隐私权是指自然人享有的私人生活安宁与不愿为他人知晓的私密空间、私密活动、私密信息等依法受到保护，不受他人刺探、侵扰、泄露和公开的权利。

个人信息权益是指自然人就其个人信息享有的相关权益。根据个人信息保护法的规定，个人信息权益包括知情权、决定权、查阅权、复制权、更正补充权、删除权、可携带权等。

二、媒体报道应当客观、适度，不得侵害妇女人格权益

在妇女权益保障法修订过程中，有的意见提出，有的新闻媒体在进行新闻报道时违反法律法规和新闻伦理公开当事人隐私和个人信息，甚至进行与事实不符的采访报道，侵犯妇女的隐私权、名誉权等人格权益，对此应当加强规范。根据该意见增加了规定：“媒体报道涉及妇女事件应当客观、适度，不得通过夸大事实、过度渲染等方式侵害妇女的人格权益。”此处的媒体报道是广义的，既包括广播、电视、报纸等传统媒体的采访报道等行为，也包括网站、自媒体等新兴媒体进行信息转载、发布等行为。

客观、适度是指应当遵守法律法规规定和新闻伦理等要求，对相关事件的报道客观、适度，不得夸大事实、过度渲染，侵害妇女人格权益。《中华人民共和国民法典》第九百九十九条规定：“为公共利益实施新闻报道、舆论监督等行为的，可以合理使用民事主体的姓名、名称、肖像、个人信息等；使用不合理侵害民事主体人格权的，应当依法承担民事责任。”第一千零二十五条规定：“行为人为公共利益实施新闻报道、舆论监督等行为，影响他人名誉的，不承担民事责任，但是有下列情形之一的除外：（一）捏造、歪曲事实；（二）对他人提供的严重失实内容未尽到合理核实义务；（三）使用侮辱性言辞等贬损他人名誉。”

三、禁止通过大众传播媒介等方式贬低损害妇女人格

该规定主要是强调，任何广播、电影、电视、期刊、图书、音像制品、网络等大众传播媒介设置的栏目以及刊载、传播的内容，均不能包含贬低、损害妇女人格的内容。除了大众传播媒介，商业活动、演出活动等任何活动均不得贬低损害妇女人格。一方面，任何主体不得通过大众传播媒介或者其他方式贬低损害妇女人格；另一方面，大众传播媒介等的经营者也要注重规范经营和管理，不得有贬低损害妇女人格的行为。

四、不得非法使用妇女肖像

妇女对自己的肖像享有肖像权。第一，可以将自己的肖像等许可他人使用，但是依照法律规定或者根据其性质不得许可的除外。第二，通常情况下，未经肖像权人同意，不得制作、使用、公开肖像权人的肖像。未经肖像权人同意，肖像作品权利人不得以发表、复制、发行、出租、展览等方式使用或者公开肖像权人的肖像。第三，任何组织或者个人不得以丑化、污损，或者利用信息技术手段伪造等方式侵害他人的肖像权。

出于维护公共利益等需要，使用妇女的肖像可以不经其同意。《中华人民共和国民法典》第一千零二十条规定：“合理实施下列行为的，可以不经肖像权人同意：（一）为个人学习、艺术欣赏、课堂教学或者科学研究，在必要范围内使用肖像权人已经公开的肖像；（二）为实施新闻报道，不可避免地制作、使用、公开肖像权人的肖像；（三）为依法履行职责，国家机关在必要范围内制作、使用、公开肖像权人的肖像；（四）为展示特定公共环境，不可避免地制作、使用、公开肖像权人的肖像；（五）为维护公共利益或者肖像权人合法权益，制作、使用、公开肖像权人的肖像的其他行为。”

第二十九条 禁止以恋爱、交友为由或者在终止恋爱关系、离婚之后，纠缠、骚扰妇女，泄露、传播妇女隐私和个人信息。

妇女遭受上述侵害或者面临上述侵害现实危险的，可以向人民法院申请人身安全保护令。

◆ 释义

本条是关于禁止因婚恋纠纷侵害妇女人格权益的规定。

本条是本次妇女权益保障法修订新增加的内容。实践中，存在以恋爱、交友为由以及在终止恋爱关系、离婚之后，纠缠、骚扰妇女，泄露、传播妇女隐私和个人信息等情况。2016 年施行的《中华人民共和国反家庭暴力法》针对家庭暴力行为规定了人身安全保护令制度，但该法的适用范围是家庭成员之间的暴力行为，以及家庭成员以外共同生活的人之间实施的暴力行为。对于妇女未与之建立恋爱关系的人以及前夫、前男友，妇女不与其共同生活，无法依据《中华人民共和国反家庭暴力法》申请人身安全保护令。《中华人民共和国民法典》第九百九十七条规定，民事主体有证据证明行为人正在实施或者即将实施侵害其人格权的违法行为，不及时制止将使其合法权益受到难以弥补的损害的，有权依法向人民法院申请采取责令行为人停止有关行为的措施。为了有效保护妇女人身权益，根据民法典上述规定精神，借鉴国际经验，妇女权益保障法本次修订时增加了本条规定。

一、禁止纠缠、骚扰妇女

以恋爱、交友为由或者在终止恋爱关系、离婚之后，纠缠、骚扰妇女，主要包括以下情形：以追求女性以及和女性交朋友的名义，进行纠缠和骚扰；追求女性等遭到拒绝或者终止恋爱关系后，进行纠缠和骚扰；离婚后，出于报复等目的，进行纠缠和骚扰。纠缠、骚扰妇女的方式包括以电话、短信、即时通讯工具、电子邮件等方式侮辱、诽谤、威胁妇女，在妇女住所、学校、工作单位等经常出入场所的一定范围内从事可能影响其正常生活、学习、工作的活动。纠缠、骚扰既包括直接针对妇女实施的行为，也包括针对妇女近亲属实施的、影响妇女本人正常学习、生活和工作的相关行为。

二、禁止泄露和传播妇女隐私和个人信息

《中华人民共和国民法典》第一千零三十二条第一款规定，自然人享有隐私权。任何组织或者个人不得以刺探、侵扰、泄露、公开等方式侵害他人的隐私权。第一千零三十三条规定，除法律另有规定或者权利人明确同意外，任何组织或者个人不得以电话、短信、即时通讯工具、电子邮件、传单等方式侵扰他人的私人生活安宁，不得拍摄、窥视、窃听、公开他人的私密活动，不得拍摄、窥视他人身体的私密部位，不得处理他人的私密信息。

第一千零三十四条第一款规定，自然人的个人信息受法律保护。第一千零三十八条规定，信息处理者不得泄露或者篡改其收集、存储的个人信息；未经自然人同意，不得向他人非法提供其个人信息，但是经过加工无法识别特定个人且不能复原的除外。信息处理者应当采取技术措施和其他必要措施，确保其收集、存储的个人信息安全，防止信息泄露、篡改、丢失；发生或者可能发生个人信息泄露、篡改、丢失的，应当及时采取补救措施，按照规定告知自然人并向有关主管部门报告。

对于在日常交往、恋爱、交友以及婚姻关系存续期间，以及在其他情形下获得的女性的隐私和个人信息，男方均不得非法泄露和传播，包括不得非法向第三方提供或者向社会公开。

三、申请人身安全保护令

妇女权益保障法修订草案一审稿第五十六条第二款规定："妇女遭受上述暴力侵害或者面临上述暴力侵害现实危险的，参照《中华人民共和国反家庭暴力法》的相关规定，向人民法院申请人身安全保护令。"二审稿将该规定修改为："妇女遭受上述侵害或者面临上述侵害现实危险的，可以采取必要的防卫措施，也可以向人民法院申请人身安全保护令。"三审时进一步简化修改为："妇女遭受上述侵害或者面临上述侵害现实危险的，可以向人民法院申请人身安全保护令。"关于人身安全保护令的规定是原则性的规定，此处人身安全保护令的申请和作出程序参照适用反家庭暴力法和《最高人民法院关于办理人身安全保护令案件适用法律若干问题的规定》的规定。

第一，关于申请主体和申请方式。受害人有权申请人身安全保护令；受害人是无民事行为能力人、限制民事行为能力人，或者因受到强制、威吓等原因无法申请人身安全保护令的，其近亲属、公安机关、妇女联合会、居民委员会、村民委员会、救助管理机构可以代为申请。当事人因年老、残疾、重病等原因无法申请人身安全保护令，其近亲属、公安机关、民政部门、妇女联合会、居民委员会、村民委员会、残疾人联合会、依法设立的老年人组织、救助管理机构等，根据当事人意愿可以代为申请。申请人身安全保护令应当以书面方式提出；书面申请确有困难的，可以口头申请，由人民法院记入笔录。

第二，作出条件。包括有明确的被申请人，有具体的请求，有遭受家庭暴力或者面临家庭暴力现实危险的情形。

第三，案件管辖、作出期限和方式。人身安全保护令案件由申请人或者被申请人居住地、家庭暴力发生地的基层人民法院管辖。人民法院受理申请后，应当在七十二小时内作出人身安全保护令或者驳回申请；情况紧急的，应当在二十四小时内作出。

第四，作出期限和方式。人身安全保护令由人民法院以裁定形式作出。

第五，具体措施。人身安全保护令可以包括下列措施：禁止被申请人实施家庭暴力；禁止被申请人骚扰、跟踪、接触申请人及其相关近亲属；责令被申请人迁出申请人住所；保护申请人人身安全的其他措施；禁止被申请人以电话、短信、即时通讯工具、电子邮件等方式侮辱、诽谤、威胁申请人及其相关近亲属；禁止被申请人在申请人及其相关近亲属的住所、学校、工作单位等经常出入场所的一定范围内从事可能影响申请人及其相关近亲属正常生活、学习、工作的活动。

第六，有效期限。人身安全保护令的有效期不超过六个月，自作出之日起生效。人身安全保护令失效前，人民法院可以根据申请人的申请撤销、变更或者延长。

第七，对申请人的救济措施。申请人对驳回申请不服或者被申请人对人身安全保护令不服的，可以自裁定生效之日起五日内向作出裁定的人民法院申请复议一次。人民法院依法作出人身安全保护令的，复议期间不停止人身安全保护令的执行。

第八，送达范围。人民法院作出人身安全保护令后，应当送达申请人、被申请人、公安机关以及居民委员会、村民委员会等有关组织。人身安全保护令由人民法院执行，公安机关以及居民委员会、村民委员会等应当协助执行。

第九，违反人身安全保护令的法律责任。被申请人违反人身安全保护令，符合《中华人民共和国刑法》第三百一十三条规定的，以拒不执行判决、裁定罪定罪处罚；同时构成其他犯罪的，依照刑法有关规定处理。尚不构成犯罪的，人民法院应当给予训诫，可以根据情节轻重处以一千元以下罚款、十五日以下拘留。

第三十条 国家建立健全妇女健康服务体系，保障妇女享有基本医疗卫生服务，开展妇女常见病、多发病的预防、筛查和诊疗，提高妇女健康水平。

国家采取必要措施，开展经期、孕期、产期、哺乳期和更年期的健康知识普及、卫生保健和疾病防治，保障妇女特殊生理时期的健康需求，为有需要的妇女提供心理健康服务支持。

◆ **释义**

本条是关于保障妇女健康的规定。

妇女儿童健康是全民健康的基石，是人类可持续发展的前提。世界卫生组织将人均预期寿命、婴儿死亡率和孕产妇死亡率作为衡量一个国家人民健康水平的主要指标，妇女儿童健康反映了国家全民健康水平、生活质量和文明程度。我国高度重视发展妇幼保健事业，不断完善妇幼健康法规政策体系。中华人民共和国成立之初，就把妇幼健康事业作为卫生健康事业的重要内容，积极推进妇幼保健工作。改革开放40多年来，颁布实施母婴保健等法律法规，将妇幼健康事业纳入经济社会发展总体规划。国家“十三五”规划纲要、“健康中国2030”规划纲要、中国妇女发展纲要、中国儿童发展纲要等，都提出明确的妇幼健康目标措施，将妇幼保健核心指标纳入各级政府目标考核，强化政府主体责任。

因此，国家应当建立健全妇女健康服务体系，为广大妇女提供基本医疗卫生服务。作为妇女权益保障的综合性法律，本法对保障妇女健康作了专门规定。

一、建立健全妇女健康服务体系，保障妇女享有基本医疗卫生服务

妇女健康水平的提高，是建立在我国医疗卫生和健康事业发展及全民健康的基础之上的，没有国家医疗卫生事业的整体发展，没有全民健康，就没有妇女健康。中华人民共和国成立以来，特别是改革开放以来，我国卫生健康领域改革发展取得了显著成就，医疗卫生服务体系日益健全，人民健康水平持续提高。党的十八大以来，以习近平同志为核心的党中央把保障人民健康放在优先发展的战略位置，作出实施健康中国战略的决策部署。重大疾病防治成效显著，居民健康素养水平从10.25%提高到23.15%，多数疫苗可预防传染病发病率降至历史最低水平，重大慢性病过早死亡率呈现下降趋势。妇女等重点人群健康服务不断完善，危重孕产妇和新生儿救治转运体系基本建立。医药卫生体制改革深入推进，公立医院综合改革全面推开，药品和医用耗材加成全部取消；职工基本医疗保险和城乡居民基本医疗保险政策范围内住院费用支付比例分别稳定在80%和70%左右，基本医疗有保障全面实现。经过努力，我国卫生健康事业发展取得了丰硕成果，包括广大妇女在内的人民健康水平和身体素质持续提高，主要健康指标居于中高收入国家前列。

保障妇女健康首先要建立健全妇女健康服务体系，保障妇女人人享有基本医疗卫生服务。人人享有基本医疗卫生服务，是党的十七大提出的战略目标，是全面建成小康社会的重要标志之一。一直以来，党和政府从提高民族素质的高度将妇女群体作为重点人群，注重保障其健康，还通过举办专门的妇幼保健机构，为妇女提供健康教育、预防保健等公共卫生和基本医疗服务。2020年，我国女性人均预期寿命提高到80.88岁，在184个国家中位列第62位，比世界女性平均水平高4岁；2021年孕产妇死亡率下降至16.1/10万，居全球中高收入国家前列；国家实施农村妇女“两癌”检查项目，累计开展免费宫颈癌检查1.3亿人次，乳腺癌检查超过6400万人次，全国妇联开展低收入患病妇女救助项目，已累计救助44万贫困“两癌”患病妇女。因此，我国妇女健康核心指标持续向好，被世界卫生组织评定为“全球十个妇幼健康高绩效国家之一”。

二、开展妇女常见病、多发病的预防、筛查和诊疗

保障妇女健康，更要注重开展妇女常见病、多发病的预防、筛查和诊疗。我国高度重视妇女常见病、多发病的防治工作，早在20世纪70年代起，原卫生部就将乳腺癌防治列为妇女保健常规工作，相关工作开展情况纳入国家卫生统计调查制度。1986年，原卫生部等5部门联合印发了《女职工保健工作暂行规定（试行草案）》，要求所有企业、事业、机关和团体定期进行以防癌为主的妇女病查治，特别要重视更年期妇女的检查工作。1993年，上述5部门又联合印发了《女职工保健工作规定》，明确要求用人单位“对女职工定期进行妇科疾病及乳腺疾病的查治”。从2009年开始，国家加大乳腺癌和宫颈癌（以下简称“两癌”）的防治力度，将农村妇女“两癌”筛查项目列入重大公共卫生服务项目，为广大农村妇女提供了免费检查。为了更好地提升“两癌”筛查的覆盖率，2019年又将“两癌”筛查纳入基本公共卫生服务项目。国家“两癌”筛查项目产生了明显的辐射效应，地方各级政府不断加大妇女“两癌”筛查工作支持力度。截至2020年，“两癌”筛查工作已经覆盖近2600个县市区，合计开展免费宫颈癌筛查1.3亿人次，免费乳腺癌筛查6400万人次。通过早期筛查、早期诊断和早期干预，使众多患病妇女能够得到及时救助。2021年，国家卫生健康委员会发布了《宫颈癌筛查工作方案》《乳腺癌筛查工作方案》，重点指导各地统筹资源，进一步提高“两癌”筛查服务覆盖范围，应用更精准、更高效的筛查方法，强化筛查各个环节的质量控制，让越来越多的城乡妇女，特别是农村和城市低收入家庭妇女能够享受高质量的筛查服务。为进一步响应世界卫生组织提出的促进宫颈癌消除全球战略，近年来，各地也在积极探索宫颈癌综合防控的有效模式，很多地区把“两癌”筛查纳入了政府民生工程，探索构建宫颈癌防治全链条闭环管理模式。未来需要进一步推广落实“两癌”三级防控措施，提升预防、筛查、诊断、治疗全流程的服务能力。同时，也要通过加强健康教育宣传，号召广大妇女提高对宫颈癌和乳腺癌筛查的意识，积极主动地参加“两癌”筛查，做自己健康的第一责任人。

三、满足妇女特殊生理时期的健康需求

妇女在身体结构和生理机能上有别于男性，有着特殊的生理现象，如月经、怀孕、生育、哺乳、绝经等，这也决定了妇女在参与生产建设的同时，还承担了繁衍后代、照顾家庭、维持人类延续发展的重任。客观而言，妇女的上述生理特点，可能会给其从事生产劳动造成一些特殊困难，如果不对处于特殊生理时期的妇女提供必要的卫生保健服务和特殊劳动保护措施，仍让其从事过重的体力劳动或者在恶劣的环境中进行生产劳动，会严重损害妇女的身体健康。同时，妇女在怀孕、生育和哺乳婴幼儿期间，由于生理机能的变化，往往对有毒有害因素更加敏感，如果在劳动时受到伤害，会直接影响胎儿或者婴儿的正常发育和健康。因此，妇女的健康不仅关系到妇女自身和家庭，而且关系到下一代健康，关系到人类社会的可持续发展，有必要采取特别措施，为广大妇女开展月经期、孕期、产期、哺乳期、更年期健康知识宣

传普及、卫生保健服务、疾病防治服务，以满足妇女特殊生理时期的健康需求，从而有效保障妇女健康。1993 年的《女职工保健工作规定》对女职工卫生保健工作作了专门规定，要求政府有关部门和各单位加强健康教育，宣传普及针对各特殊生理期的卫生保健知识，提供健康检查、健康咨询指导等卫生保健服务，针对月经期、婚前、孕前、孕期、产后、哺乳期、更年期等特殊生理期分别规定了具体的保健措施。我国的医疗保险制度和计划生育保险制度都支持妇幼保健系统和其他医疗卫生为广大妇女提供较为系统的卫生保健和疾病防治服务。基于此，本条第二款规定，国家采取必要措施，开展经期、孕期、产期、哺乳期和更年期的健康知识普及、卫生保健和疾病防治，保障妇女特殊生理时期的健康需求。

值得注意的是，近年来，因生育或者更年期而产生的心理健康问题越来越多；一些妇女还因遭受性骚扰、性侵害、家庭暴力等侵害而产生心理健康问题，亟须关注和干预。国家应当建立健全心理健康服务体系，为孕产妇、更年期妇女，遭受性骚扰、性侵害、家庭暴力等侵害的妇女以及其他需要心理健康服务的妇女提供心理健康服务支持。2022 年国务院办公厅印发《“十四五”国民健康规划》，要求发展妇女保健特色专科，提高服务能力，针对青春期、育龄期、孕产期、更年期和老年期妇女的健康需求，提供女性内分泌调节、心理、营养等预防保健服务以及妇女常见疾病治疗等涵盖生理、心理和社会适应的整合型医疗保健服务。因此本条第二款也规定了，国家采取必要措施，为有需要的妇女提供心理健康服务支持。

第三十一条　县级以上地方人民政府应当设立妇幼保健机构，为妇女提供保健以及常见病防治服务。

国家鼓励和支持社会力量通过依法捐赠、资助或者提供志愿服务等方式，参与妇女卫生健康事业，提供安全的生理健康用品或者服务，满足妇女多样化、差异化的健康需求。

用人单位应当定期为女职工安排妇科疾病、乳腺疾病检查以及妇女特殊需要的其他健康检查。

◆ 释义

本条是关于为妇女提供健康服务和健康检查的规定。

一、政府应当设立妇幼保健机构

本条第一款明确规定了县级以上地方人民政府应当设立妇幼保健机构为妇女提供保健以及常见病防治服务的职责。妇女儿童健康是全民健康的基石，是衡量社会文明进步的标尺，是人类可持续发展的基础和前提。党和政府历来高度重视妇女儿童健康，将其作为保护妇女儿童权益，促进妇女儿童全面发展的重要基础性工作。1949 年的《中国人民政治协商会议共同纲领》明确提出“注意保护母亲、婴儿和儿童的健康”，新中国成立就建立了自上而下的妇幼健康行政管理体系。1950 年开始探索设立妇幼保健专业机构，加强人才队伍建设，逐步构筑起保障妇女儿童健康的专业服务阵地，为妇幼健康事业发展奠定了基础。改革开放以后，妇幼保健事业更是迎来快速发展，国际合作加强，吸收国际先进理念和经验，结合国情加快事业发展；妇幼健康信息统计制度逐步完善，为科学决策提供支撑；妇幼健康步入法治化道路，颁布《中华人民共和国母婴保健法》及其实施办法；连续实施了三个周期的中国妇女儿童发展纲要。妇幼保健机构逐渐发展为功能齐全、服务规范、防治结合的专业机构；确立了以保健为中心，保健与临床相结合的发展方向，为妇女儿童提供全生命周期的妇幼健康服务；在减少孕产妇死亡和儿童死亡、提高出生人口素质、促进妇女儿童健康方面发挥了不可替代的重要作用。截至 2022 年 5 月，全国共有妇幼保健机构 3032 家，妇幼保健机构专业人员达到 54.2 万人，床位数达到 26 万张，成为维护我国妇女儿童健康的重要力量。

党的十八大以来，在党中央和国务院的坚强领导下，我国努力顺应新时代、新要求和人民对美好生活的新期待，加强顶层设计，巩固完善制度，优化配置资源，如期实现“十三五”规划目标和中国妇女儿童发展规划纲要、妇幼健康各项目标，妇女儿童健康水平显著提升，妇幼健康工作取得了长足进步和显著成就。一是妇幼健康制度建设进一步完善。我国始终秉持儿童优先、母亲安全理念，坚持保健与临床相结合、个体与群体相结合、中医与西医相结合的中国特色妇幼健康发展道路。贯彻落实中国妇女儿童发展纲要，推进健康中国建设，启动妇幼健康促进行动。建立完善母婴安全五项制度，实施母婴安全行动计划和健康儿童行动等系列计划。二是妇幼健康服务能力持续提高。10 年来，连续实施了妇幼健康保障工程，妇幼保健机构能力建设项目和基层产科、新生儿科医师和儿童保健人才培训项目，以妇幼保健机构、妇女儿童医院为核心，以基层医疗卫生机构为基础，以综合医院和相关科研教学机构为支撑的中国特色妇幼健康服务体系不断健全。云上妇幼、智慧妇幼等创新模式不断推进，妇幼健康服务能力得到持续提升。三是妇幼健康均等化水平不断提升。通过持续推进国家基本公共卫生服务，儿童营养改善，孕前优生健康检查，农村妇女宫颈癌、乳腺癌检查等项目，优先重点覆盖所有原国家级贫困县。着力解决妇幼健康事业发展不平衡、不充分问题。近年来，全国孕产妇住院分娩率持续稳定在99%以上，孕产妇系统管理率、儿童健康管理率保持在90%以上。妇女儿童健康水平城乡地区间差距进一步缩小。10年来，西部与东部地区孕产妇死亡率之比由2.1下降到1.5，农村和城市5岁以下儿童死亡率之比由2.7下降到2.1。妇幼健康服务的公平性、可及性不断增强。2021年，我国居民人均预期寿命提高到了78.2岁，而女性人均预期寿命提高到80.88岁，在世界上列第62位；2021年，我国孕产妇、婴儿、5岁以下儿童死亡率已分别下降至16.1/10万、5.0‰、7.1‰，均降至历史最低水平。三项核心指标降幅趋势持续向好，我国已被世界卫生组织评定为“全球十个妇幼健康高绩效国家之一”。

2006年，原卫生部印发《妇幼保健机构管理办法》，按照该办法，各级妇幼保健机构是由政府举办，不以营利为目的，具有公共卫生性质的公益性事业单位，是为妇女儿童提供公共卫生和基本医疗服务的专业机构，主要负责向辖区内提供妇幼保健和出生缺陷防治等公共卫生服务并承担相应的管理工作，是落实“预防为主”的卫生健康工作方针的基础。2009年发布的《中共中央国务院关于深化医药卫生体制改革的意见》和2019年的《基本医疗卫生与健康促进法》将妇幼保健机构定位于负责妇幼保障的专业公共卫生机构。

二、鼓励和支持社会力量参与妇女卫生健康事业

妇女卫生健康事业的发展需要全社会的共同参与。按照《中华人民共和国基本医疗卫生与健康促进法》第六条第二款规定，全社会应当共同关心和支持医疗卫生与健康事业的发展。《“健康中国2030”规划纲要》提出，共建共享是建设健康中国的基本路径，要促进全社会广泛参与，调动社会力量的积极性和创造性，形成多层次、多元化的社会共治格局。《中华人民共和国基本医疗卫生与健康促进法》第十二条明确规定："国家鼓励和支持公民、法人和其他组织通过依法举办机构和捐赠、资助等方式，参与医疗卫生与健康事业，满足公民多样化、差异化、个性化健康需求。公民、法人和其他组织捐赠财产用于医疗卫生与健康事业的，依法享受税收优惠。"妇女儿童医疗健康服务需求呈现多样化、差异化的趋势，对个性化、精细化个体保健与健康管理服务需求增加、期望更高。因此，本条第二款规定，国家鼓励和支持社会力量通过依法捐赠、资助或者提供志愿服务等方式，参与妇女卫生健康事业，提供安全的生理健康用品或者服务，满足妇女多样化、差异化的健康需求。

我国妇女卫生健康事业是造福于公众健康的卫生健康事业的重要组成部分，属于公益性事业，国家鼓励和支持自然人、法人和其他组织对妇女医疗卫生与健康事业进行捐赠、资助，或者以提供志愿服务的方式积极参与该事业建设。这里的捐赠，主要指自然人、法人和其他组织基于保障妇女健康的目的，向从事妇女卫生健康事业的组织或者需要卫生健康服务的妇女个人自愿、无偿赠予财产，用于发展妇女卫生健康事业或者为受捐赠的妇女提供医疗卫生健康服务。根据慈善法、公益事业捐赠法的规定，捐赠财产包括货币、实物、房屋、有价证券、股权、知识产权等有形财产和无形财产。捐赠人捐赠的实物应当具有使用价值，符合安全、卫生、环保等标准。捐赠财产用于妇女卫生健康公共事业的，依法享受税收优惠。例如，企业捐赠支出超过法律规定的准予在计算企业所得税应纳税所得额时当年扣除的部分，允许结转以后三年内在计算应纳税所得额时扣除。境外捐赠用于妇女卫生健康公益事业的物资，依法减征或者免征进口关税和进口环节增值税。资助的形式也是多种多样，如可以是为妇女卫生健康机构提供低息或者免息贷款，或者将大型医疗设备在一定期限内提供给妇幼保健机构免费使用等。提供志愿服务，则是指自然人、法人和其他组织基于保障妇女健康目的向从事妇女卫生健康事业的组织或者需要卫生健康服务的妇女个人提供的志愿无偿服务和其他不以获取报酬为目的的非营利性服务，例如医务人员向妇女群体提供的义诊服务等。

另外，社会力量参与妇女卫生健康事业的一个重要方式是依法举办医疗卫生服务机构。社会办医作为医疗服务体系的重要组成部分，为满足人民群众多层次、多样化健康服务需求发挥了重要作用。《中华人民共和国基本医疗卫生与健康促进法》鼓励和引导社会力量依法举办医疗卫生机构，支持和规范社会办医疗卫生机构与政府办医疗卫生机构开展多种类型的医疗业务、学科建设、人才培养等合作。社会办医疗卫生机构在基本医疗保险定点、重点专科建设、科研教学、等级评审、特定医疗技术准入、医疗卫生人员职称评定等方面享有与政府办医疗卫生机构同等的权利。该法同时明确对非营利性医疗卫生机构的导向性支持政策，社会力量可以选择设立非营利性或者营利性医疗卫生机构，社会办非营利性医疗卫生机构按照规定享受与政府办医疗卫生机构同等的税收、财政补助、用地、用水、用电、用气、用热等政策。目前，在推进产后康复方面，支持和鼓励社会办医，积极探索开展产后乳腺保健、盆底功能康复等医疗保健服务，规范开展个性化产后康复服务，不断满足人民群众多样化的健康服务需求。需要注意的是，按照《妇幼保健机构管理办法》的规定，妇幼保健院（所、站）是各级妇幼保健机构的专有名称，社会力量举办的医疗机构不得使用该名称。

三、用人单位应当定期为女职工安排健康检查

定期为妇女提供健康检查，能够及早发现和及时治疗妇科疾病、乳腺疾病等妇女常见病和多发病，特别是有利于做到宫颈癌

和乳腺癌早发现、早诊断、早治疗，降低死亡率，从而保障妇女健康，提高广大妇女的健康水平和生活质量。因此，保障妇女健康，更要注重为妇女提供健康检查，开展妇女常见病、多发病的防治工作。党和政府高度重视妇幼保障事业，关注妇女健康保障。早在1986年，原卫生部、劳动部、人事部、全国总工会、全国妇联5部门联合印发了《女职工保健工作暂行规定（试行草案）》，要求所有企业、事业、机关和团体定期进行以防癌为主的妇女病查治，特别要重视更年期妇女的检查工作。1993年，上述5部门又联合印发了《女职工保健工作规定》，明确要求我国境内的一切党政机关、人民团体和企业、事业单位对包括单位固定女职工、合同制女职工、临时女职工在内的所有女职工“定期进行妇科疾病及乳腺疾病的查治”。在本法修订的过程中，一些常委委员提出，为了更好保护女职工身体健康，建议适当扩大女职工健康检查的范围，因此本条第三款规定，用人单位应当定期为女职工安排妇科疾病、乳腺疾病检查以及妇女特殊需要的其他健康检查。

第三十二条　妇女依法享有生育子女的权利，也有不生育子女的自由。

◆ **释义**

本条是关于保障妇女生育权利的规定。

一、妇女依法享有生育子女的权利

妇女依法享有生育子女的权利，是指妇女依照我国相关法律法规规定享有自由而负责地决定生育子女的时间、数量和间隔的权利。1974年，在罗马尼亚首都布加勒斯特召开的联合国“第三次世界人口大会”通过了《世界人口行动计划》，其中提出“所有夫妻和个人都有自由而负责地决定其子女人数和生育间隔以及获得作出这种决定所需要的新信息、教育和方法的基本权利；夫妻和个人在行使这一权利时，应考虑到他们本人及他们未来的孩子的生活需要以及他们对社会所负有的责任”。这一规定首次明确提出夫妇在行使生育权的同时，应当承担起对子女和社会的责任和义务。此外，联合国《消除对妇女一切形式歧视公约》也重申了自由而负责任地行使生育权的原则。

《中华人民共和国人口与计划生育法》第二条第一款、第二款规定，我国是人口众多的国家，实行计划生育是国家的基本国策。国家采取综合措施，调控人口数量，提高人口素质，推动实现适度生育水平，优化人口结构，促进人口长期均衡发展。对我国妇女来说，在享有生育权利的同时，也必须遵守国家相关法律法规的规定，这也是对国家和社会负责任的一种体现。因此，本条规定强调妇女享有生育子女的权利的前提是应当依法，而不是完全凭个人意愿。例如，《中华人民共和国人口与计划生育法》第十八条第一款规定，国家提倡适龄婚育、优生优育。一对夫妻可以生育三个子女。

二、妇女有不生育子女的自由

妇女有不生育子女的自由，是指妇女有权选择生育或不生育子女，对于自愿不生育子女的妇女，任何单位或者个人不得予以歧视。人口是一种重要的资源。近些年，在目前全球生育率下跌的背景下，我国为鼓励生育、促进人口长期均衡发展出台了不少政策。例如，2021 年 6 月，《中共中央 国务院关于优化生育政策促进人口长期均衡发展的决定》，提出“坚持以习近平新时代中国特色社会主义思想为指导，立足新发展阶段、贯彻新发展理念、构建新发展格局，实施积极应对人口老龄化国家战略，实施三孩生育政策及配套支持措施，改革服务管理制度，提升家庭发展能力，推动实现适度生育水平，促进人口长期均衡发展，为建设富强民主文明和谐美丽的社会主义现代化强国、实现中华民族伟大复兴的中国梦提供坚实基础和持久动力”。

但现实中，由于各种原因一些夫妻选择做“丁克夫妻”，终生不生育子女。对于这种行为，国家的政策是不提倡的，但也不禁止，体现了国家对个人生育自由的尊重。此外，需要注意：一是在生育权问题上夫妻享有平等的权利。生育是夫妻双方共同的行为，不应当依靠单方实现。因此，在行使生育权利时，应当考虑夫妻双方的共同意志，一方不能将其个人意志强加于另一方，要在双方协商并达成合意的基础上实现这一权利。二是本条特别强调妇女的生育权，并不是排斥男性的生育权，而是考虑到我国有的地方、家庭由于传统思想、观念及习惯等影响，妇女的生育权利得不到很好的保障，常常被忽视或剥夺，有的甚至沦为夫家的生育工具。因此，针对这种不良情况，本条对妇女生育自由权作了专门规定，以体现对妇女权益的充分保障。

第三十三条 国家实行婚前、孕前、孕产期和产后保健制度，逐步建立妇女全生育周期系统保健制度。医疗保健机构应当提供安全、有效的医疗保健服务，保障妇女生育安全和健康。

有关部门应当提供安全、有效的避孕药具和技术，保障妇女的健康和安全。

◆ 释义

本条是关于保障妇女生育安全和健康的规定。

一、建立妇女全生育周期系统保健制度

2015 年，《中共中央 国务院关于实施全面两孩政策 改革完善计划生育服务管理的决定》提出，加强妇幼健康计划生育服务，推进优生优育全程服务，落实孕前优生健康检查，加强孕产期保健服务和出生缺陷综合防治，提高出生人口素质。2016 年 8 月，习近平总书记在全国卫生与健康大会上提出，要把人民健康放在优先发展的战略地位，加快推进健康中国建设，努力全方位、全周期保障人民健康；强调要重视重点人群健康，保障妇幼健康。同年 10 月，中共中央、国务院发布了《“健康中国 2030”规划纲要》，指出，要向孕产妇免费提供生育全过程的基本医疗保健服务。2021 年，《中共中央 国务院关于优化生育政策促进人口长期均衡发展的决定》要求，促进生殖健康服务融入妇女健康管理全过程。为贯彻落实党中央的重要部署和要求，本条第一款规定，国家实行婚前、孕前、孕产期和产后保健制度，逐步建立妇女全生育周期系统保健制度。医疗保健机构应当提供安全、有效的医疗保健服务，保障妇女生育安全和健康。

此前，其他法律已对婚前保健和孕产期保健作了规定，如《中华人民共和国人口与计划生育法》第三十五条规定：“国家建立婚前保健、孕产期保健制度，防止或者减少出生缺陷，提高出生婴儿健康水平。”《中华人民共和国基本医疗卫生与健康促进法》第二十四条第二款规定：“国家采取措施，为公民提供婚前保健、孕产期保健等服务，促进生殖健康，预防出生缺陷。”母婴保健法更是分别对如何实施婚前保健和孕产期保健作了专章规范。本法 2005 年修改时，也对国家实行婚前保健、孕产期保健制度作了原则规定。2016 年《关于加强生育全程基本医疗保健服务的若干意见》（国卫妇幼发〔2016〕53 号）对生育全程基本医疗保健服务作了界定，即围绕生育过程开展的基本医疗保健服务，涵盖

婚前、孕前、孕产、产后、儿童等5个时期，主要包括婚前保健、孕前保健、早孕建册、产前检查、产前筛查与诊断、住院分娩、产后访视、预防疾病母婴传播、新生儿疾病筛查、儿童健康管理、儿童营养改善、预防接种、计划生育技术服务等13项服务，旨在通过服务的整合，为妇女儿童提供系统、规范的优生优育全程服务。本次妇女权益保障法修改，参考了上述现有法律规定，增加了孕前保健和产后保健，要求逐步建立妇女全生育周期系统保健制度，分别将服务关口前移和后延，通过婚前保健、孕前保健、孕产期保健和产后保健等生殖保健服务，让育龄妇女能够安全地妊娠、分娩和科学养育健康婴儿，提高妇女儿童健康水平。

（一）婚前保健

婚前保健是对即将结婚的男女进行卫生保健服务。建立婚前保健制度是减少出生缺陷，提高出生婴儿健康水平的第一道防线。根据《中华人民共和国母婴保健法》，医疗保健机构应当为公民提供婚前保健服务。婚前保健服务主要内容包括：（1）婚前卫生指导：关于性卫生知识、生育知识和遗传病知识的教育。（2）婚前卫生咨询：对有关婚配、生育保健等问题提供医学意见。（3）婚前医学检查：对准备结婚的男女双方可能患影响健康、婚姻和生育的疾病（严重遗传性疾病、指定传染病、有关精神病）进行医学检查，经婚前医学检查，医疗保健机构应当出具婚前医学检查证明。早期，我国一直实行强制婚检制度，2003年公布的《婚姻登记条例》不再要求办理结婚登记的内地居民提供婚前医学检查证明，就是不再把婚前健康检查作为结婚登记的前提条件，婚检制度从强制走向自愿。2020年公布的《中华人民共和国民法典》未再将“患有医学上认为不应当结婚的疾病”作为禁止结婚的情形，其第一千零五十三条第一款规定：“一方患有重大疾病的，应当在结婚登记前如实告知另一方；不如实告知的，另一方可以向人民法院请求撤销婚姻。”这也就是将结婚自由的选择完全交给了男女双方当事人自己。经婚前医学检查，对患指定传染病在传染期内或有关精神病在发病期内的，医师应当提出医学意见；准备结婚的男女可以决定是否暂缓结婚；经婚前医学检查，对诊断患医学上认为不宜生育的严重遗传性疾病的，医师向男女双方说明情况，提出医学意见；经男女双方同意，可以采取长效避孕措施或者施行结扎手术后，再行结婚。婚检对于准备结婚的男女的身心健康、未来婚姻生活及孕育健康后代具有重要意义。

（二）孕前保健

孕前保健是以提高出生人口素质，减少出生缺陷和先天残疾发生为宗旨，为准备妊娠的夫妇提供健康教育与咨询服务、孕前优生健康检查、健康状况和生育能力评估、科学备孕指导等有针对性的保健服务。孕前保健服务内容主要包括：（1）健康教育与咨询。主要内容包括有关生理和心理保健知识；有关生育的基本知识（如生命的孕育过程等）；生活方式、孕前及孕期运动方式、饮食营养和环境因素等对生育的影响；出生缺陷及遗传性疾病的防治等。（2）孕前优生健康检查。对准备怀孕的夫妇进行孕前医学检查，针对可能影响生育的疾病或者健康问题开展检查干预，帮助再生育夫妇终止长效避孕措施，向生育困难的夫妇规范提供中医药调理、药物治疗、妇产科常规手术、人类辅助生殖技术服务等不孕症综合治疗。（3）健康状况和生育能力评估。通过咨询和孕前医学检查，对准备怀孕夫妇的健康状况和生育能力做出初步评估；对存在的可能影响生育的健康问题，提出建议；对可能发生的妊娠风险予以提示。（4）科学备孕指导。根据一般情况了解和孕前医学检查结果对孕前保健对象的健康状况进行综合评估。遵循普遍性指导和个性化指导相结合的原则，对计划怀孕的夫妇进行怀孕前、孕早期及预防出生缺陷的指导等。

（三）孕产期保健

孕产期保健是为孕产妇提供的孕期、产期保健服务，主要内容包括：（1）母婴保健指导：对孕育健康后代及严重遗传性疾病和碘缺乏病等地方病的发病原因、治疗和预防方法提供医学意见。对患严重疾病或者接触致畸物质，妊娠可能危及孕妇生命安全或者可能严重影响孕妇健康和胎儿正常发育的，应当给予医学指导，对发现或者怀疑患严重遗传性疾病的育龄夫妻，应当提出医学意见，育龄夫妻应当根据医师的医学意见采取相应的措施。（2）孕妇、产妇保健：对孕妇、产妇提供卫生、营养、心理等方面的咨询和指导以及产前定期检查等医疗保健服务。经产前检查，发现或者怀疑胎儿异常的，应当对孕妇进行产前诊断；生育过严重缺陷患儿的妇女再次妊娠前，夫妻双方应当到县级以上医疗保健机构接受医学检查。（3）胎儿保健：为胎儿生长发育进行监护，提供咨询和医学指导。经产前诊断，认为胎儿患严重遗传性疾病或胎儿有严重缺陷以及孕妇患严重疾病，继续妊娠可能危及孕妇生命安全和严重危害孕妇健康的，医师应当向夫妻双方说明情况，并提出终止妊娠的医学意见。（4）新生儿保健：为新生儿生长发育、哺乳和护理提供医疗保健服务。医疗保健机构对婴儿进行体格检查和预防接种，开展新生儿疾病筛查、婴儿多发病常见病防治等医疗保健服务。

（四）产后保健

产后保健是为产后的妇女提供的保健服务。目前，我国在推进产后保健服务方面：一是加强产后访视。国家免费向所有产妇提供产后1周访视和产后42天检查服务，开展产妇产后保健指导和健康检查，进行母乳喂养和产后避孕指导，产后访视率从1996年的80.1%上升到2018年的93.8%。二是推进产后康复。各级医疗机构积极探索开展产后乳腺保健、盆底功能康复等医疗保健服务。支持和鼓励社会办医，规范开展个性化产后康复服务，不断满足人民群众多样化的健康服务需求。三是加强孕产妇系统管理。逐步建立起了系统规范的孕产妇管理制度和服务模式，有效保障了孕产妇和新生儿健康。孕产妇系统管理率持续提高，从 1996 年的 65.5%上升到 2018 年的 89.9%。

二、保障妇女生育安全和健康

医疗保健机构提供婚前、孕前、孕产期和产后保健等医疗保健服务应当符合保障妇女安全的要求，有效控制影响健康的危险因素，不能给妇女健康带来不合理的风险。同时，应当考虑该医疗卫生技术的有效性，提高疾病的预防控制水平。医疗保健机构开展医疗保健服务要与本机构的功能定位相适应，不能盲目追求高精尖或者高大上，应切合自身专业技术能力实际。本条规定的“医疗保健机构”即为母婴保健法规定的医疗保健机构。根据母婴保健法的规定，医疗保健机构按照国务院卫生行政部门的规定，负责其职责范围内的母婴保健工作，建立医疗保健工作规范，提高医学技术水平，采取各种措施方便人民群众，做好母婴保健服务工作；医疗保健机构依照该法规定开展婚前医学检查、遗传病诊断、产前诊断以及施行结扎手术和终止妊娠手术的，必须符合国务院卫生行政部门规定的条件和技术标准，并经县级以上地方人民政府卫生行政部门许可，从事上述医疗保健活动的人员，必须依照该法规定经过有关卫生行政部门的考核，并取得相应的合格证书；医师和助产人员应当严格遵守有关操作规程，提高助产技术和服务质量，预防和减少分娩过程中对孕产妇、胎儿或新生儿造成损伤。同时，按照《中华人民共和国基本医疗卫生与健康促进法》第四十四条第二款的规定，医疗卫生机构开展医疗卫生技术临床应用，应当与其功能任务相适应，遵循科学、安全、规范、有效、经济的原则，并符合伦理。这一规定也适用于医疗保健机构开展医疗保健服务。2018年，国家卫生健康委员会发布了《医疗技术临床应用管理办法》。根据该办法，安全性、有效性不确切的医疗技术，医疗机构禁止开展临床应用。

医疗保健机构保障妇女生育安全和健康，应当注意抓住关键，强化妊娠风险评估管理，引导孕产妇就近、有序接受孕产期保健服务。医务人员要认真询问既往生育史、难产史、避孕史，详细进行体格检查。在监测评估基础上，引导高龄孕产妇到二级及以上医疗机构进行孕产期保健和分娩。要对孕产妇尤其是高龄孕产妇进行妊娠风险评估，筛查危险因素，识别高危孕产妇，严格实行高危孕产妇专案管理，密切监测、治疗妊娠合并症和并发症。完善孕产妇和新生儿危急重症转诊、救治网络，保障危重孕产妇和新生儿及时转运救治，确保有效衔接和绿色通道畅通。

三、提供安全、有效的避孕药具和技术

现代社会，一般家庭出于保持良好家庭生活质量和为子女提供良好抚养教育条件的现实需要，不会无节制地生育很多子女；育龄夫妻对何时生育子女需要根据自己的工作生活实际进行规划和安排；一部分年轻人的生育意愿降低，暂时不愿意生育子女。我国目前实施一对夫妻可以生育三个子女政策，实行计划生育仍是国家的基本国策，仍然需要安全有效的避孕节育措施以预防和减少非意愿妊娠。因为一旦发生非意愿的妊娠，会对孕妇的身体、心理造成伤害。要做到预防和减少非意愿妊娠，育龄夫妻首先要做到生育有计划，在不准备生育时，应当自主、自愿并负责任地选择和采取适合自身特点的安全、有效的避孕节育措施。没有生育过子女的，可以采用药物或者避孕工具避孕；对于已经生育子女的育龄夫妻，则可选择长效避孕措施，更为安全、方便，总之，夫妻应当本着互相尊重，互敬互爱的原则，妥善采取措施，以防止和减少非意愿妊娠。预防和减少非意愿妊娠，是国际人口会议所倡导的一项原则，也是我国计划生育工作和保障妇女生育安全和健康的一项重要要求，《中华人民共和国人口与计划生育法》第二十条规定："育龄夫妻自主选择计划生育避孕节育措施，预防和减少非意愿妊娠。"2015年，《中共中央 国务院关于实施全面两孩政策 改革完善计划生育服务管理的决定》明确要求加强妇幼健康计划生育服务，全面推进知情选择，向育龄人群提供安全、有效、适宜的避孕节育服务，提高服务的公平性和可及性，加强基础研究和科技创新，开发推广避孕节育、优生优育、生殖保健的新技术新产品。根据《中华人民共和国人口与计划生育法》的规定，国家创造条件，保障公民知情选择安全、有效、适宜的避孕节育措施；实施避孕节育手术，应当保证受术者的安全；各级人民政府应当采取措施，保障公民享有计划生育服务，提高公民的生殖健康水平；计划生育技术服务人员应当指导实行计划生育的公民选择安全、有效、适宜的避孕措施；国家鼓励计划生育新技术、新药具的研究、应用和推广。为了进一步保障妇女安全和健康，本条第二款强化了国家提供安全有效的避孕措施的责任，要求有关部门应当提供安全、有效的避孕药具和技术，保障妇女的健康和安全。这里的有关部门指的是作为人口与计划生育主管部门的卫生健康部门。"安全"应当是使用的药具和技术对身心不会造成损害或者损害最小；"有效"应当是使用药具或者技术措施后能够达到避孕目的。"避孕药具和技术"，包括口服及注射避孕药、避孕套、外用药等短效避孕方法，结扎、上环、皮下埋植等长效措施，也包括了计划外怀孕后采取终止妊娠的补救措施等。

第三十四条 各级人民政府在规划、建设基础设施时，应当考虑妇女的特殊需求，配备满足妇女需要的公共厕所和母婴室等公共设施。

◆ **释义**

本条是关于配备满足妇女需要的公共厕所和母婴室等公共设施的规定。

本条明确了各级人民政府在进行规划、建设基础设施时应当配备满足妇女需要的公共厕所和母婴室等公共设施的职责。

一、配备满足妇女需要的公共厕所

研究表明，由于生理结构的差异，导致了女性如厕在时间空间上和男性的差异。从时间上看，女性如厕时间通常是男性的 2 至 3 倍；而从空间上看，女性小便时所占空间大于男性所占空间，同样的厕所空间所容纳的女性如厕人数要比男性少。因此考虑到妇女特殊需求，为了满足妇女的基本生理需要，有必要在规划、建设公共设施时适当增加女厕位的配置，以适当缩短在人流量较为集中的基础设施妇女如厕的等待时间。

2016 年，住房和城乡建设部批准、公布行业标准《城市公共厕所设计标准》（CJJ 14-2016）。该标准修订过程中，针对公共厕所使用过程中出现的各种问题，对北京、上海、济南、西安、牡丹江、太原、广州等城市的 234 座公共厕所进行调查。调查显示绝大多数公厕男女厕位比例严重失调，女厕位比男厕位少 35%至 79%；女性如厕平均时间是男性的 1.5 倍；大型集会、车站、码头等交通枢纽附近及女性较多的场所如商场等公厕数量不够。因此，考虑到满足妇女的特殊需求，避免和缓解女厕的排队现象，该标准对厕位比例和厕位数量进行专门规定，要求：（1）在人流集中的场所，女厕位与男厕位（含小便站位）的比例不应小于2∶1。（2）在其他一般场所，男女厕位比例计算公式为R=1.5w/m，即根据男女如厕人数计算男女厕位比例，式中1.5系数是男女如厕时间比的统计平均值。（3）在某些场所如商场、餐饮场所、火车站等场所，公共厕所厕位数量配置应根据服务人数来确定，女厕位与男厕位比例应达到2∶1。

二、配备满足妇女需要的母婴室

《中华人民共和国母婴保健法》《中华人民共和国母婴保健法实施办法》对母婴设施的建设没有做出明确规定。2012年的《女职工劳动保护特别规定》规定，女职工比较多的用人单位应当建立女职工卫生室、孕妇休息室、哺乳室等设施，但也没有规定政府责任。实际上，政府一直积极推动相关工作，《国家人口发展规划（2016—2030年）》规定，在大型公共场所、公共交通工具、旅游景区景点等设置母婴室或婴儿护理台，保障母婴权益。《关于加快推进母婴设施建设的指导意见》（国卫指导发〔2016〕63号）规定："到2020年底，所有应配置母婴设施的公共场所和用人单位基本建成标准化的母婴设施。"2020年新修订的《中华人民共和国未成年人保护法》第四十六条规定，国家鼓励大型公共场所、公共交通工具、旅游景区景点等设置母婴室、婴儿护理台以及方便幼儿使用的坐便器、洗手台等卫生设施，为未成年人提供便利。2021年《中共中央 国务院关于优化生育政策促进人口长期均衡发展的决定》提出，加强社区托育服务设施建设，完善居住社区婴幼儿活动场所和服务设施。随后修改的《中华人民共和国人口与计划生育法》第二十九条明确规定："县级以上地方各级人民政府应当在城乡社区建设改造中，建设与常住人口规模相适应的婴幼儿活动场所及配套服务设施。公共场所和女职工比较多的用人单位应当配置母婴设施，为婴幼儿照护、哺乳提供便利条件。"

为此，本条对母婴室的配置作了规定，以满足群众对母婴设施建设的需求。

设置母婴室等卫生设施可以更好地满足携带婴幼儿出行的需求。《关于加快推进母婴设施建设的指导意见》规定，经常有母婴逗留且建筑面积超过1万平方米或日客流量超过1万人的交通枢纽、商业中心、医院、旅游景区及游览娱乐等公共场所，应当建立使用面积一般不少于10平方米的独立母婴室。同时，该意见对公共场所母婴设施配置标准也作出了规定。《民用建筑设计统一标准》进一步明确了交通客运站、高速公路服务站、医院、商业中心、公园及办公楼等建筑物内母婴室的配置、面积要求。

目前，大多数公共交通等候区已经按照规定配置了母婴设施。《汽车客运站级别划分和建设要求》规定，一级汽车客运站必须配置母婴候车室（区）。目前，全国二级以上汽车客运站和水路客运码头多数已建立了母婴候车室或重点旅客候车室。《民用运输机场服务质量》（MH/T 5104-2013）规定，Ⅲ类（含）以上机场（即年旅客吞吐量100万以上的机场）主要流程区域应提供专用母婴室、婴儿车。2019年投入运营的北京大兴国际机场不仅在航站楼洗手间内配套了6至8平方米的母婴室，还在候机区五个指廊共设置5处约50平方米的母婴候机室，内设独立哺乳、儿童娱乐、低位洗手台、婴儿床等母婴设施。

目前，不同地区和场所的母婴设施建设水平还存在一定差异，有关设施的便利性和可及性仍有待进一步改善。上述《城市公共厕所设计标准》修订过程中，针对公共厕所使用过程中出现的行动不便群体如厕难问题，区别于男、女厕所间，增加了第三卫生间的设置要求。第三卫生间是用于协助老、幼及行动不便者使用的厕所间，方便如母子、父女、夫妻、被异性服侍的行动不便者等如厕时获得照顾而使用的厕所间。第三卫生间除具有无障碍专用厕所的卫生设施外，还增加了婴儿及儿童等卫生设施。鉴于妇女在家庭照顾中承担主要角色的现实，合理配建母婴室等公共设施，有利于保护妇女隐私、方便妇女照顾者需要。

第四章　文化教育权益

第三十五条　国家保障妇女享有与男子平等的文化教育权利。

◆ **释义**

本条是关于男女平等文化教育权利的规定。

一、文化教育权利

文化教育权利，是指公民在教育和文化领域依法享有的从事各类文化活动权利和接受教育权利的统称。公民的文化教育权利属于公民的积极受益权，即公民可以积极主动地向国家提出请求、国家也应积极予以保障的权利。

一是关于文化权。《中华人民共和国宪法》第四十七条规定："中华人民共和国公民有进行科学研究、文学艺术创作和其他文化活动的自由。国家对于从事教育、科学、技术、文学、艺术和其他文化事业的公民的有益于人民的创造性工作，给以鼓励和帮助。"第二十二条第一款规定："国家发展为人民服务、为社会主义服务的文学艺术事业、新闻广播电视事业、出版发行事业、图书馆博物馆文化馆和其他文化事业，开展群众性的文化活动。"

二是关于教育权。《中华人民共和国宪法》第四十六条第一款规定："中华人民共和国公民有受教育的权利和义务。"第十九条第一款至第四款规定："国家发展社会主义的教育事业，提高全国人民的科学文化水平。国家举办各种学校，普及初等义务教育，发展中等教育、职业教育和高等教育，并且发展学前教育。国家发展各种教育设施，扫除文盲，对工人、农民、国家工作人员和其他劳动者进行政治、文化、科学、技术、业务的教育，鼓励自学成才。国家鼓励集体经济组织、国家企业事业组织和其他社会力量依照法律规定举办各种教育事业。”

除了宪法的规定外，我国参加的一些国际公约也对文化教育权利作了规定。例如，《经济、社会及文化权利国际公约》提出，男子和妇女在本公约所载一切经济、社会及文化权利方面有平等的权利。人人有受教育的权利。教育应鼓励人的个性和尊严的充分发展，加强对人权和基本自由的尊重，并应使所有的人能有效地参加自由社会，促进各民族之间和各种族、人种或宗教团体之间的了解、容忍和友谊，并促进联合国维护和平的各项活动。

二、妇女享有平等文化教育权利的意义

妇女享有平等的文化教育权利主要体现在以下几个方面：一是适龄女性未成年人有接受义务教育的权利，政府、学校应当解决其就学实际困难，保证其完成义务教育；二是妇女在入学、升学、授予学位、派出留学、就业指导和服务等方面享有与男子平等的权利；三是扫除妇女文盲、半文盲；四是妇女有接受终身教育、职业教育和实用技术培训的权利；五是妇女从事科学、技术、文学、艺术和其他文化活动，享有与男子平等的权利。

女性接受文化教育，无论是对女性自身，还是对社会、对国家都具有重要意义。一是女性接受文化教育有利于实现个人价值。女性接受了教育，有利于提高自己的经济地位和社会地位，体现自己的人生价值和社会价值。二是女性接受文化教育有利于促进社会的平等和谐。女性接受教育，享有和男性平等发展的机会，关系到整个家庭的兴旺幸福，建设和谐社会的目标才能真正实现。

三是女性接受文化教育有利于提高中华民族的整体素质。女性在家中为人妻母，其文化素养的高低，对其后代乃至整个中华民族整体素质的提高都有深远的影响。

三、我国妇女文化教育现状

一直以来，我国对妇女的文化教育权利非常重视，经过多年努力，我国妇女的文化教育权利形势有了喜人的发展。2021 年 12 月，国家统计局发布的《〈中国妇女发展纲要（2011—2020 年）〉终期统计监测报告》显示，女性受教育水平明显提高，主要体现在以下几个方面。

一是女童平等接受学前教育得到切实保障。《纲要》实施以来，我国连续实施三期学前教育行动计划，多种形式增加学前教育资源，切实保障女童平等接受学前教育的权益。2020 年，全国共有学前教育（包括幼儿园和附设幼儿班）在园女童 2272.1 万人，比 2010 年增加 919.5 万人，增长 68%，增速比全部在园儿童高 6.1 个百分点；接受学前教育的女童所占比重为 47.2%，比 2010 年提高 1.7 个百分点。2020 年，全国学前教育毛入园率为 85.2%，远高于《纲要》“达到 70%”的目标。

二是义务教育阶段性别差距基本消除。《纲要》实施以来，随着城乡一体化的发展，相关法律政策的不断完善，以及“春蕾计划”等女童专项扶助政策的实施，女童平等接受义务教育的权利得到进一步保障。小学学龄女童基本实现应上尽上，净入学率自 2015 年开始连续 6 年保持在 99.9%以上，与男童基本持平，在义务教育阶段已基本消除性别差距。2020 年，九年义务教育巩固率为 95.2%，比 2010 年提高 4.1 个百分点，如期实现《纲要》“达到 95%”的目标；九年义务教育阶段在校生中女生为 7285.2 万人，比 2010 年增加 197.5 万人，增长 2.8%，占在校生的比重为 46.6%。

三是女生平等接受高中阶段教育得到巩固加强。《纲要》实施以来，我国高中阶段教育普及水平不断提升，女生平等接受高中阶段教育进一步巩固加强。2020 年，全国高中阶段毛入学率达到 91. 2%，比 2010 年提高 8. 7 个百分点，实现《纲要》“达到 90%”的目标。2020 年，高中阶段教育共有在校女生 1950. 4 万人，占比 46. 9%；其中，普通高中在校生中的女生为 1257. 5 万人，占比 50. 4%，连续 6 年保持在半数以上。

四是各类高等教育中女生占比均超过男生。《纲要》实施以来，我国高等教育得到快速发展，女性接受高等教育机会不断增加；多渠道、多形式为贫困和残疾女大学生提供资助，女性平等接受高等教育得到有力保障。2020 年，高等教育毛入学率为 54. 4%，比 2010 年提高 27. 9 个百分点。高等教育在校生中女研究生人数为 159. 9 万人，占全部研究生的比重达到 50. 9%，比 2010 年提高 3. 1 个百分点；普通本专科、成人本专科在校生中女生分别为 1674. 2 万人和 450. 6 万人，占比分别为 51. 0%和 58. 0%，分别比 2010 年提高 0. 1 个和 4. 9 个百分点。

五是平均受教育水平的性别差距进一步缩小。根据第七次全国人口普查结果，2020 年全国 15 岁及以上人口平均受教育年限为 9. 91 年，其中男性 10. 22 年，女性 9. 59 年，性别差距由 2010 年的女性比男性少 0. 8 年缩小为少 0. 6 年。全国文盲率 2. 67%，其中女性为 4. 10%，比 2010 年下降 2. 1 个百分点，性别差距由 2010 年的女性比男性高 4. 1 个百分点缩小为高 2. 8 个百分点。

从上述数据可以看出，近些年来，特别是党的十八大以来，在以习近平同志为核心的党中央坚强领导下，我国促进男女平等与妇女全面发展的社会环境进一步优化，中国妇女社会地位发生了显著变化，人们对男女社会地位平等的认同达到前所未有的新高度，妇女的文化教育权利得到了很好的保障。但现实中，妇女的文化教育权利仍然存在城乡差异、发达地区与贫困地区的差异、不同民族之间的差异等一些问题。今后，我国应在巩固现有成果的基础上，继续加强对妇女文化教育权利的保障，实现实质意义上的男女文化教育权利的平等。

第三十六条 父母或者其他监护人应当履行保障适龄女性未成年人接受并完成义务教育的义务。

对无正当理由不送适龄女性未成年人入学的父母或者其他监护人，由当地乡镇人民政府或者县级人民政府教育行政部门给予批评教育，依法责令其限期改正。居民委员会、村民委员会应当协助政府做好相关工作。

政府、学校应当采取有效措施，解决适龄女性未成年人就学存在的实际困难，并创造条件，保证适龄女性未成年人完成义务教育。

◆ 释义

本条是关于保障适龄女性未成年人接受并完成义务教育的规定。

一、我国的义务教育制度

《中华人民共和国宪法》第十九条第二款规定："国家举办各种学校，普及初等义务教育，发展中等教育、职业教育和高等教育，并且发展学前教育。"《中华人民共和国义务教育法》对保障适龄儿童、少年接受义务教育的权利作了专门规定。例如，第二条第一款规定："国家实行九年义务教育制度。"第四条规定："凡具有中华人民共和国国籍的适龄儿童、少年，不分性别、民族、种族、家庭财产状况、宗教信仰等，依法享有平等接受义务教育的权利，并履行接受义务教育的义务。"

我国现阶段义务教育指的是九年制的小学和初中，其中小学一般为六年，初中为三年。与其他教育制度和教育工作相比，义务教育有自己的特征：一是强制性。强制性是义务教育的最典型特征，义务教育是所有儿童、少年必须接受的，国家必须予以保障的教育。二是普及性。即全体适龄儿童、少年，除因身体状况需要延缓入学或者休学的，都必须入学完成规定年限的义务教育。三是公益性。义务教育是国家必须予以保障的公益性事业。实施义务教育，不收学费、杂费。国家建立义务教育经费保障机制，保证义务教育制度实施。

2011 年 7 月，国务院发布《中国妇女发展纲要（2011—2020 年）》，提出女性义务教育的目标："九年义务教育巩固率达到 95%，女童平等接受九年义务教育，消除女童辍学现象"，并提出相关策略措施："确保适龄女童平等接受义务教育。加大对教育法、义务教育法等法律法规的宣传力度，提高家长保障女童接受义务教育的守法意识和自觉性。" 2021 年 12 月，国家统计局发布的《〈中国妇女发展纲要（2011—2020 年）〉终期统计监测报告》显示，"随着中国义务教育事业的不断发展，女童享有平等受教育的权利进一步得到加强，小学学龄儿童净入学率已连续 5 年达到 99.9%及以上，中国在义务教育阶段已基本消除性别差距"。2021 年 9 月，国务院印发的《中国妇女发展纲要（2021—2030 年）》提出新阶段的女性义务教育的目标："女童平等接受义务教育，九年义务教育巩固率提高到 96% 以上"，并提出要"保障欠发达地区女童、留守女童、农业转移人口随迁子女以及残疾女童的受教育权利和机会。支持学业困难女童完成义务教育，提高女童义务教育巩固率"。

二、父母或者其他监护人保障适龄女性未成年人接受义务教育

根据未成年人保护法的有关规定，未成年人的父母或者其他

监护人应当尊重未成年人受教育的权利，保障适龄未成年人依法接受并完成义务教育。《中华人民共和国义务教育法》第十一条规定：“凡年满六周岁的儿童，其父母或者其他法定监护人应当送其入学接受并完成义务教育；条件不具备的地区的儿童，可以推迟到七周岁。适龄儿童、少年因身体状况需要延缓入学或者休学的，其父母或者其他法定监护人应当提出申请，由当地乡镇人民政府或者县级人民政府教育行政部门批准。”第十三条第二款规定：“居民委员会和村民委员会协助政府做好工作，督促适龄儿童、少年入学。”第五十八条规定：“适龄儿童、少年的父母或者其他法定监护人无正当理由未依照本法规定送适龄儿童、少年入学接受义务教育的，由当地乡镇人民政府或者县级人民政府教育行政部门给予批评教育，责令限期改正。”

为保障适龄女性未成年人接受义务教育的权利，本条第一款和第二款根据未成年人保护法和义务教育法的有关规定，进一步强调父母或者其他监护人的相关义务，并对父母或者其他监护人未履行义务的情况，规定由当地乡镇人民政府或者县级人民政府教育行政部门给予批评教育，依法责令其限期改正。同时，根据义务教育法的有关规定，本次修订补充了居民委员会、村民委员会的协助职责。

三、政府和学校保证适龄女性未成年人完成义务教育

《中华人民共和国义务教育法》第六条第一款规定：“国务院和县级以上地方人民政府应当合理配置教育资源，促进义务教育均衡发展，改善薄弱学校的办学条件，并采取措施，保障农村地区、民族地区实施义务教育，保障家庭经济困难的和残疾的适龄儿童、少年接受义务教育。”第十三条第一款规定：“县级人民政府教育行政部门和乡镇人民政府组织和督促适龄儿童、少年入学，帮助解决适龄儿童、少年接受义务教育的困难，采取措施防止适龄儿童、少年辍学。”第十九条规定：“县级以上地方人民政府根据需要设置相应的实施特殊教育的学校（班），对视力残疾、听力语言残疾和智力残疾的适龄儿童、少年实施义务教育。特殊教育学校（班）应当具备适应残疾儿童、少年学习、康复、生活特点的场所和设施。普通学校应当接收具有接受普通教育能力的残疾适龄儿童、少年随班就读，并为其学习、康复提供帮助。”第二十条规定：“县级以上地方人民政府根据需要，为具有预防未成年人犯罪法规定的严重不良行为的适龄少年设置专门的学校实施义务教育。”

因此，本条第三款进一步明确政府和学校保障适龄女性未成年人接受义务教育的义务，提出应当解决适龄女性未成年人就学存在的实际困难，例如贫困人口、残疾人口、流浪人口中的适龄女性未成年人接受义务教育存在的实际困难，并应当创造有利条件，保证适龄女性未成年人完成义务教育。

第三十七条 学校和有关部门应当执行国家有关规定，保障妇女在入学、升学、授予学位、派出留学、就业指导和服务等方面享有与男子平等的权利。

学校在录取学生时，除国家规定的特殊专业外，不得以性别为由拒绝录取女性或者提高对女性的录取标准。

各级人民政府应当采取措施，保障女性平等享有接受中高等教育的权利和机会。

◆ 释义

本条是关于保障妇女平等教育权的规定。

一、保障妇女入学和升学、就业指导和服务等方面的平等权利

保障妇女平等受教育权是国家的法定职责，是坚持男女平等基本国策的重要内容。从社会分工来看，女性承担了大量抚育子女的任务，女性受教育权的保障对于人类发展具有特别重要的意义。而学校教育是妇女提高自身素质的重要方式。学校和教育行政等有关部门在培养女性学生方面负有不可推卸的责任，各项工作都应在男女平等的基础上展开。我国现行多部法律对学校和教育行政等有关部门保障女性学生平等接受教育的权利作出了规定。例如，《中华人民共和国教育法》第三十七条规定："受教育者在入学、升学、就业等方面依法享有平等权利。学校和有关行政部门应当按照国家有关规定，保障女子在入学、升学、就业、授予学位、派出留学等方面享有同男子平等的权利。"《中华人民共和国高等教育法》第五十九条第一款规定："高等学校应当为毕业生、结业生提供就业指导和服务。"

据有关统计，至 2011 年 11 月，我国全面完成普及九年义务教育和扫除青壮年文盲的任务，这是中华民族教育史上的一个重要里程碑，也是世界教育发展进程中的一座丰碑。我国男女受教育差距基本消除，女性接受初中以上特别是高等教育的机会显著增加。根据国家统计局发布的《中国妇女发展纲要（2011—2020年）》终期统计监测报告显示，至 2020 年，女童平等接受学前教育得到切实保障，接受学前教育的女童所占比重为 47.2%；义务教育阶段性别差距基本消除，九年义务教育阶段在校生中女生占在校生的比重为 46.6%；女性平等接受高中阶段教育得到巩固加强，高中阶段教育在校女生占比 46.9%，其中，普通高中在校生中的女生占比 50.4%；各类高等教育中女生占比均超过男生，高等教育在校生中女研究生占全部研究生的比重达到 50.9%，普通本专科、成人本专科在校生中女生占比分别为51.0%和58.0%。

但需要注意的是，由于认识上存在重男轻女思想，客观上女性学生毕业就业较男性困难，女性学生的管理工作较男性来说更为复杂等原因，现实中可能还会存在少数歧视女性学生的不良现象。因此，本条第一款进一步强调学校和有关部门保障妇女在入学、升学、授予学位、派出留学、就业指导和服务等方面平等权的职责，确保妇女享有与男子平等的接受教育的权利。

二、学校不得拒绝录取女性或提高对女性的录取标准

学校在录取学生时的性别歧视，既可以表现为成文的规定，也可以表现为不成文的约定俗成，一般有以下几种表现形式：一是学校或者学校的某些非特殊专业不招收女性；二是学校或者学校的某些非特殊专业招生时设定男女比例，甚至女性比例小于男性比例；三是学校或者学校的某些非特殊专业招生时提高对女性的录取标准，主要是提高录取分数。

虽然说，现实中我国女性平等接受教育的情况已经得到了很大的改善，但随着我国女性接受高等教育的比例不断提升，高校里也出现了女多男少的“倒挂”现象，一些院校为平衡男女比例，限制女生报考部分专业或人为提高女生录取分数。本条第二款对此问题作出针对性的规定，明确学校在录取学生时，除国家规定的特殊专业外，不得以性别为由拒绝录取女性或者提高对女性的录取标准。其中，“特殊专业”是指军事专业、国防专业、公安专业、某些定向招生的专业等基于特定教育目标，或者其他非因性别因素的正当理由而设置的专业。除了本法规定外，其他的一些规范性文件也对此作了规定。例如，教育部发布的《2022年普通高等学校招生工作规定》中规定，“除军事、国防和公共安全等部分特殊院校（专业）外，高校不得规定男女生录取比例，不得对报考非外国语言文学类专业的考生作统考外语语种限制，不得在国家招生政策规定外作其他限制。除国家规定的情形外，高校不得提前组织考生面试、测试，并作为录取依据。”此外，本次妇女权益保障法修订在“特殊专业”前增加“国家规定”的限制，明确将专业的性别限制决定权放在国家层面。

三、保障女性平等接受中高等教育

《中华人民共和国教育法》第十七条第一款规定：“国家实行学前教育、初等教育、中等教育、高等教育的学校教育制度。”其中，中等教育包括初中阶段教育（初级中等教育）和高中阶段教育（高级中等教育）。按照义务教育法的规定，初中阶段教育属于九年制义务教育的组成部分。目前我国绝大多数地方实行三年制初中阶段义务教育。高中阶段教育包括在普通高中和中等职业学校接受的教育。高中阶段教育是学生个性形成、自主发展的关键时期，对提高国民素质和培养创新人才具有特殊意义。

根据高等教育法的规定，高等教育是指在完成高级中等教育基础上实施的教育。高等教育承担着培养高级专门人才、发展科学技术文化、促进社会主义现代化建设的重要任务。《中华人民共和国高等教育法》第十六条规定：“高等学历教育分为专科教育、本科教育和研究生教育。高等学历教育应当符合下列学业标准：（一）专科教育应当使学生掌握本专业必备的基础理论、专门知识，具有从事本专业实际工作的基本技能和初步能力；（二）本科教育应当使学生比较系统地掌握本学科、专业必需的基础理论、基本知识，掌握本专业必要的基本技能、方法和相关知识，具有从事本专业实际工作和研究工作的初步能力；（三）硕士研究生教育应当使学生掌握本学科坚实的基础理论、系统的专业知识，掌握相应的技能、方法和相关知识，具有从事本专业实际工作和科学研究工作的能力。博士研究生教育应当使学生掌握本学科坚实宽广的基础理论、系统深入的专业知识、相应的技能和方法，具有独立从事本学科创造性科学研究工作和实际工作的能力。”

女性是推动经济社会发展的重要力量。女性接受中高等教育，对于提高女性知识水平、培养优秀的女性人才具有重要意义。因此，本次妇女权益保障法修订新增本条第三款，进一步明确各级人民政府应当采取措施，保障女性平等享有接受中高等教育的权利和机会。

第三十八条　各级人民政府应当依照规定把扫除妇女中的文盲、半文盲工作，纳入扫盲和扫盲后继续教育规划，采取符合妇女特点的组织形式和工作方法，组织、监督有关部门具体实施。

◆ **释义**

本条是关于扫除妇女文盲、半文盲的规定。

一、有关扫除文盲工作的规定

《中华人民共和国教育法》第二十四条规定：“各级人民政府、基层群众性自治组织和企业事业组织应当采取各种措施，开展扫除文盲的教育工作。按照国家规定具有接受扫除文盲教育能力的公民，应当接受扫除文盲的教育。”

1998 年，国务院制定了《扫除文盲工作条例》，并于 1993 年进行了修改。根据《扫除文盲工作条例》的规定，凡年满十五周岁以上的文盲、半文盲公民，除丧失学习能力的以外，不分性别、民族、种族，均有接受扫除文盲教育的权利和义务。地方各级人民政府应当加强对扫除文盲工作的领导，制订本地区的规划和措施，组织有关方面分工协作，具体实施，并按规划的要求完成扫除文盲任务。地方各级教育行政部门应当加强对扫除文盲工作的具体管理。城乡基层单位的扫除文盲工作，在当地人民政府的领导下，由单位行政领导负责。村民委员会、居民委员会应当积极协助组织扫除文盲工作。扫除文盲与普及初等义务教育应当统筹规划，同步实施。已经实现基本普及初等义务教育，尚未完成扫除文盲任务的地方，应在五年以内实现基本扫除文盲的目标。扫除文盲教育应当讲求实效，把学习文化同学习科学技术知识结合起来，在农村把学习文化同学习农业科学技术知识结合起来。

个人脱盲的标准是：农民识一千五百个汉字，企业和事业单位职工、城镇居民识二千个汉字；能够看懂浅显通俗的报刊、文章，能够记简单的帐目，能够书写简单的应用文。基本扫除文盲单位的标准是：其下属的每个单位一九四九年十月一日以后出生的年满十五周岁以上人口中的非文盲的人数，除丧失学习能力的以外，在农村达到95%以上，在城镇达到98%以上；复盲率低于5%。基本扫除文盲的单位应当普及初等义务教育。

扫除文盲实行验收制度。扫除文盲的学员由所在乡（镇）人民政府、城市街道办事处或同级企业、事业单位组织考核，对达到脱盲标准的，发给“脱盲证书”。基本扫除文盲的市、县（区），由省、自治区、直辖市人民政府验收；乡（镇）、城市的街道，由上一级人民政府验收；企业、事业单位，由所在地人民政府验收。对符合标准的，发给“基本扫除文盲单位证书”。

扫除文盲教育所需经费采取多渠道办法解决。除下列各项外，由地方各级人民政府给予必要的补助：（一）由乡（镇）人民政府、街道办事处组织村民委员会或有关单位自筹；（二）企业、事业单位的扫除文盲经费，在职工教育经费中列支；（三）农村征收的教育事业费附加，应当安排一部分用于农村扫除文盲教育。各级教育行政部门在扫除文盲工作中，培训专职工作人员和教师，编写教材和读物，开展教研活动，以及交流经验和奖励先进等所需费用，在教育事业费中列支。鼓励社会力量和个人自愿资助扫除文盲教育。

扫除文盲工作实行行政领导责任制。扫盲任务应当列为县、乡（镇）、城市街道和企业、事业单位行政负责人的职责，作为考核工作成绩的一项重要内容。对未按规划完成扫除文盲任务的单位，由地方各级人民政府处理。地方各级人民政府应定期向上一级人民政府报告扫除文盲工作的情况，接受检查、监督。地方各级人民政府应当制定措施，督促基本扫除文盲的单位制订规划，继续扫除剩余文盲。在农村，应当积极办好乡（镇）、村文化技术学校，采取农科教相结合等多种形式巩固扫盲成果。

二、我国妇女文盲的现状

文盲率反映一个国家人民受教育的程度，也是侧面衡量一个国家社会进步、经济发展和人民生活水平的重要指标。文盲与贫困密切相关，因贫困产生文盲，又由文盲再导致贫困。扫除文盲，不仅有利于提高文化素质，也有利于促进经济发展、提高人民生活质量和生活水平，意义深远。

中国曾经是文盲大国。新中国成立之初，我国社会主义建设中一个突出问题是广大人民群众的文化素质低，全国总人口中文盲人口占80%以上，成为当时国家建设和实现人民当家作主权利的一大障碍。在党中央和国务院的高度重视下，全国掀起了一场群众性的波澜壮阔、持续不断的扫盲运动，扫盲教育蓬勃开展。从1986年《中华人民共和国义务教育法》颁布实施，到2000年我国初步实现基本普及九年义务教育和基本扫除青壮年文盲的战略目标，再到2011年我国全面完成普及九年义务教育和扫除青壮年文盲的战略任务，我国实现了从一个文盲大国、人口大国向教育大国、人力资源大国的历史性跨越，为迈向教育强国、人力资源强国奠定了坚实基础。

2021 年 5 月发布的第七次全国人口普查数据显示，目前我国 15 岁及以上不识字的人口数量为 3775 万人，文盲率为 2.67%，这与 2010 年第六次人口普查文盲率 4.08%相比，已经降到了历史最低水平。其中，我国女性的文盲率为 4.10%，比 2010 年下降 2.1 个百分点，性别差距由 2010 年的女性比男性高 4.1 个百分点缩小为高 2.8 个百分点。可以看出，随着我国扫除文盲工作取得的重大成就，我国妇女文盲的状况也得到了很大的改善。

三、根据妇女的特点开展扫盲工作

第七次全国人口普查结果显示，我国女性人口为 68844 万人，占 48.76%，女性占全国人口将近一半。妇女素质的高低对整个社会的发展起着举足轻重的作用。辍学务工的女童的身心很难得到健康发展，文盲妇女很难掌握先进的生产技术，不识字的母亲也很难对其子女进行良好的教育。扫除妇女文盲，不仅是妇女教育问题的一个基本任务，也是我国扫盲工作的重要目标。

2021 年 9 月，国务院印发的《中国妇女发展纲要（2021—2030 年）》提出："持续巩固女性青壮年扫盲成果，加大普通话推广力度。完善扫盲工作机制，加强国家通用语言文字教育，消除女童辍学现象，杜绝产生女性青壮年新文盲。普通话培训及各类职业培训向欠发达地区妇女和残疾妇女等群体倾斜。深化扫盲后的继续教育。提高妇女平均受教育年限。"

本条规定了各级人民政府在扫除妇女文盲、半文盲工作中的职责，明确应当将扫除妇女文盲、半文盲工作纳入扫盲和扫盲后继续教育规划，并要求应当采取符合妇女特点的组织形式和工作方法，组织、监督同级人民政府的有关部门具体实施扫除妇女文盲、半文盲工作。根据法律法规和相关规范性文件的要求，针对妇女的扫盲工作应当着重于以下几个方面开展：一是重点推进欠发达地区、少数民族妇女的扫盲教育。通过设立民族扫盲项目和妇女扫盲项目等方式，重点扫除妇女文盲。二是各级人民政府和教育行政部门要动员全社会开展多种形式的经常性助学活动。充分发挥各类基金会和“希望工程”“春蕾计划”“山区女童助学计划”等社会公益项目在经常性助学活动中的作用。三是各级教育科研机构要重视和加强妇女扫盲工作的有效途径等方面的研究与探索。以科学的理论指导妇女扫盲教育，以科学的方法提高妇女扫盲工作的针对性和实用性。四是地方各级人民政府及有关部门应当对在扫除妇女文盲工作中成绩显著的单位或个人予以表彰和奖励。

第三十九条 国家健全全民终身学习体系，为妇女终身学习创造条件。

各级人民政府和有关部门应当采取措施，根据城镇和农村妇女的需要，组织妇女接受职业教育和实用技术培训。

◆ 释义

本条是关于组织妇女接受终身学习、职业教育和实用技术培训的规定。

一、为妇女终身学习创造条件

党的十九届四中全会审议通过的《中共中央关于坚持和完善中国特色社会主义制度 推进国家治理体系和治理能力现代化若干重大问题的决定》提出:“构建服务全民终身学习的教育体系。全面贯彻党的教育方针，坚持教育优先发展，聚焦办好人民满意的教育，完善立德树人体制机制，深化教育领域综合改革，加强师德师风建设，培养德智体美劳全面发展的社会主义建设者和接班人。推动城乡义务教育一体化发展，健全学前教育、特殊教育和普及高中阶段教育保障机制，完善职业技术教育、高等教育、继续教育统筹协调发展机制。支持和规范民办教育、合作办学。构建覆盖城乡的家庭教育指导服务体系。发挥网络教育和人工智能优势，创新教育和学习方式，加快发展面向每个人、适合每个人、更加开放灵活的教育体系，建设学习型社会。”

《中华人民共和国教育法》第十一条第一款规定：“国家适应社会主义市场经济发展和社会进步的需要，推进教育改革，推动各级各类教育协调发展、衔接融通，完善现代国民教育体系，健全终身教育体系，提高教育现代化水平。”其中，国民教育体系是指现代社会中，以现代教育理念为指导，由学校教育构成的国家基本教育制度和体系，一般包括学前教育、小学教育、初中教育、高中教育和高等教育等层级，类型分为普通教育和职业教育。而终身教育体系是以现代国民教育体系为基础，以多种形式的教育和培训为主要方式，满足全民学习、终身学习需求的教育制度和框架。

2019 年 2 月，中共中央、国务院印发的《中国教育现代化 2035》提出：“构建服务全民的终身学习体系。构建更加开放畅通的人才成长通道，完善招生入学、弹性学习及继续教育制度，畅通转换渠道。建立全民终身学习的制度环境，建立国家资历框架，建立跨部门跨行业的工作机制和专业化支持体系。建立健全国家学分银行制度和学习成果认证制度。强化职业学校和高等学校的继续教育与社会培训服务功能，开展多类型多形式的职工继续教育。扩大社区教育资源供给，加快发展城乡社区老年教育，推动各类学习型组织建设。”

2021 年 9 月，国务院印发的《中国妇女发展纲要（2021—2030 年）》提出：“为女性终身学习提供支持。建立完善更加开放灵活的终身学习体系，完善注册学习、弹性学习和继续教育制度，拓宽学历教育渠道，满足女性多样化学习需求，关注因生育中断学业和职业女性的发展需求。建立健全国家学分银行和学习成果认定制度。扩大教育资源供给，为女性提供便捷的社区和在线教育，为进城务工女性、女性新市民、待业女性等提供有针对性的职业技能培训。”

根据党中央、国务院有关文件精神以及教育法有关规定，本次妇女权益保障法修订在本条新增第一款，明确国家健全全民终身学习体系，为妇女终身学习创造条件，进一步保障妇女接受终身学习教育的权利。

二、组织妇女接受职业教育和实用技术培训

职业教育和实用技术培训是国家教育事业的重要组成部分，是促进经济、社会发展和劳动就业的重要途径。职业教育主要在城镇开展，实用技术培训主要在农村开展。《中华人民共和国教育法》第二十条第二款规定：“各级人民政府、有关行政部门和行业组织以及企业事业组织应当采取措施，发展并保障公民接受职业学校教育或者各种形式的职业培训。”

（一）职业教育

根据职业教育法的规定，职业教育是指为了培养高素质技术技能人才，使受教育者具备从事某种职业或者实现职业发展所需要的职业道德、科学文化与专业知识、技术技能等职业综合素质和行动能力而实施的教育，包括职业学校教育和职业培训。公民有依法接受职业教育的权利。职业教育是与普通教育具有同等重要地位的教育类型，是国民教育体系和人力资源开发的重要组成部分，是培养多样化人才、传承技术技能、促进就业创业的重要途径。国家大力发展职业教育，推进职业教育改革，提高职业教育质量，增强职业教育适应性，建立健全适应社会主义市场经济和社会发展需要、符合技术技能人才成长规律的职业教育制度体系，为全面建设社会主义现代化国家提供有力人才和技能支撑。

国家保障妇女平等接受职业教育的权利。各级人民政府应当将发展职业教育纳入国民经济和社会发展规划，与促进就业创业和推动发展方式转变、产业结构调整、技术优化升级等整体部署、统筹实施。国务院建立职业教育工作协调机制，统筹协调全国职业教育工作。国务院教育行政部门负责职业教育工作的统筹规划、综合协调、宏观管理。国务院教育行政部门、人力资源和社会保障行政部门和其他有关部门在国务院规定的职责范围内，分别负责有关的职业教育工作。省、自治区、直辖市人民政府应当加强对本行政区域内职业教育工作的领导，明确设区的市、县级人民政府职业教育具体工作职责，统筹协调职业教育发展，组织开展督导评估。县级以上地方人民政府有关部门应当加强沟通配合，共同推进职业教育工作。

2021 年 9 月，国务院印发的《中国妇女发展纲要（2021—2030 年）》提出："促进女性接受高质量职业教育。完善学历教育与培训并重的现代职业教育体系，优化专业设置，提供多种学习方式，支持女性获得职业技能等级证书，培养复合型技术技能女性人才和能工巧匠、大国工匠。鼓励职业院校面向高校女毕业生、女农民工、去产能分流女职工等重点人群开展就业创业和职业技能培训。"

（二）实用技术培训

农村实用技术培训是指对农民进行应用型现代科学方法和技能的教育活动。《中华人民共和国农业法》第五十六条规定："国家采取措施鼓励农民采用先进的农业技术，支持农民举办各种科技组织，开展农业实用技术培训、农民绿色证书培训和其他就业培训，提高农民的文化技术素质。”《中华人民共和国农业机械化促进法》第二十二条规定：“农业机械服务组织应当根据农民、农业生产经营组织的需求，提供农业机械示范推广、实用技术培训、维修、信息、中介等社会化服务。”

参加实用技术培训也是农村妇女接受职业教育的通常方式。2021年11月，中共中央办公厅、国务院办公厅印发的《关于推动现代职业教育高质量发展的意见》提出，“支持办好面向农村的职业教育，强化校地合作、育训结合，加快培养乡村振兴人才，鼓励更多农民、返乡农民工接受职业教育。支持行业企业开展技术技能人才培养培训，推行终身职业技能培训制度和在岗继续教育制度。”

经过多年的努力，我国妇女在接受职业教育和实用技术培训方面已取得了长足的进展。各级政府和有关部门应该继续根据本条第二款的规定，根据城镇和农村妇女的需要，保障妇女接受职业教育和实用技术培训的权利。

第四十条　国家机关、社会团体和企业事业单位应当执行国家有关规定，保障妇女从事科学、技术、文学、艺术和其他文化活动，享有与男子平等的权利。

◆ 释义

本条是关于保障妇女平等从事文化活动的规定。

一、公民的文化活动权

我国宪法对公民从事文化活动的权利作出了规定。《中华人民共和国宪法》第二十二条第一款规定：“国家发展为人民服务、为社会主义服务的文学艺术事业、新闻广播电视事业、出版发行事业、图书馆博物馆文化馆和其他文化事业，开展群众性的文化活动。”第四十七条规定：“中华人民共和国公民有进行科学研究、文学艺术创作和其他文化活动的自由。国家对于从事教育、科学、技术、文学、艺术和其他文化事业的公民的有益于人民的创造性工作，给以鼓励和帮助。”第四十八条第一款规定：“中华人民共和国妇女在政治的、经济的、文化的、社会的和家庭的生活等各方面享有同男子平等的权利。”

保障科学技术和文学艺术创作的自由和促进体育活动的开展是国家的一贯方针。科学研究是发展社会生产力、建设现代化国家的必要条件，文学艺术是我国社会主义现代化事业的重要组成部分。妇女在从事这些活动中享有与男子平等的权利，正是体现了宪法精神。

《经济、社会及文化权利国际公约》也对男女平等的文化权利作了规定，男子和妇女在本公约所载一切经济、社会及文化权利方面有平等的权利。缔约各国承认人人有权：参加文化生活；享受科学进步及其应用所产生的利益；对其本人的任何科学、文学或艺术作品所产生的精神上和物质上的利益，享受被保护之利。此外，《消除对妇女一切形式歧视公约》也提出，缔约各国应采取一切适当措施改变男女的社会和文化行为模式，以消除基于性别而分尊卑观念或基于男女定型任务的偏见、习俗和一切其他作法。

二、保障妇女平等从事文化活动

（一）妇女的科技、技术活动参与权

女性科学技术人员是科技人才队伍的重要组成部分，是我国科技事业十分重要的力量，撑起了我国科技事业半边天。近年来，我国女性科学技术人员队伍规模逐步扩大、结构不断优化、能力显著提升，在基础理论、应用技术、工程实践等各个方面作出杰出贡献，充分彰显出巾帼力量。一大批女性科学技术人员活跃在科技工作的各个领域，为我国科技进步与创新作出了重要贡献。但从总体上看，女性科学技术人员在科技创新中的作用尚未得到充分发挥。主要体现在几个方面：

一是高层次女性科学技术人员仍较为缺乏。目前，全国科技工作者中女性占比约 45.8%，但随着专业技术职务的提高，女性占比逐级减少，女性科技领军人才匮乏，“剪刀差”现象较为突出。2019 年，中国科学院院士、中国工程院院士中女性占比分别为 6%、5.3%。有关国家级人才计划入选专家学者中，女性占比仅为 10%左右。

二是女性科学技术人员在职业发展中仍面临瓶颈问题。在科研项目资助方面，国家自然科学基金委研究数据表明，随着项目层次与难度的升高，女性获得资助的比例明显降低。国家科技计划项目中，女性项目负责人和课题负责人占比也有较大提升空间。在科技决策方面，女性科学技术人员参与国家重大科技战略咨询、科技政策制定等活动较少，国家科技计划项目、国家科技奖励、国家人才计划等各类评审评估工作中，女性专家的比例还不高。在科研学术网络方面，面向女性科学技术人员的科研学术网络规模相对较小、资源相对不足，在科技领域全国性学会、协会、研究会等任职的女性比例较低。超过 30%的女性科学技术人员反映，因缺乏学术交流机会，自身能力建设需求得不到充分满足，影响科研表现和产出。

三是生育友好型科研环境有待提升。女性科学技术人员面临工作与家庭的双重压力，可支配科研工作时间无法保证、生育期和职业发展上升期时间重合等现实问题对女性科学技术人员职业发展造成较大影响。科研单位相关考核评价与岗位聘用缺乏对孕哺期女性科学技术人员的特殊政策支持，影响女性科学技术人员的职业发展延续性。弹性工作制、母婴室、儿童托管服务等支持孕哺期女性科学技术人员的配套措施有待进一步完善。

为解决以上问题，2021 年修订的《中华人民共和国科学技术进步法》第六十六条第一款和第三款作了明确规定，包括："青年科学技术人员、少数民族科学技术人员、女性科学技术人员等在竞聘专业技术职务、参与科学技术评价、承担科学技术研究开发项目、接受继续教育等方面享有平等权利。""各级人民政府和企业事业单位应当完善女性科学技术人员培养、评价和激励机制，关心孕哺期女性科学技术人员，鼓励和支持女性科学技术人员在科学技术进步中发挥更大作用。"

科学技术是先进生产力的集中体现和主要标志。当今世界，谁在科技、知识和才能上占优势，谁就能在竞争中取得更大的主动权。科学技术的发展还可以缩小乃至消除男女体力的差距，为改变不合理的社会分工、拓展妇女就业领域、提高妇女职业层次创造有利条件。为了在竞争中立于不败之地，妇女应该掌握科技、管理等方面的新知识和新技能，靠实力和作为赢得社会的尊重。

（二）妇女的文学、艺术活动参与权

文学和艺术是中国特色社会主义文化的重要组成部分。习近平总书记指出："我们要坚持道路自信、理论自信、制度自信，最根本的还有一个文化自信"。文化自信是一个民族、一个国家以及一个政党对自身文化价值的充分肯定和积极践行，并对其文化的生命力持有的坚定信心。党的二十大报告提出，"繁荣发展文化事业和文化产业。坚持以人民为中心的创作导向，推出更多增强人民精神力量的优秀作品，培育造就大批德艺双馨的文学艺术家和规模宏大的文化文艺人才队伍。坚持把社会效益放在首位、社会效益和经济效益相统一，深化文化体制改革，完善文化经济政策。

实施国家文化数字化战略，健全现代公共文化服务体系，创新实施文化惠民工程。健全现代文化产业体系和市场体系，实施重大文化产业项目带动战略。”

2021 年 9 月，国务院印发的《中国妇女发展纲要（2021—2030 年）》提出，“丰富优质文化产品和公共文化服务供给，满足妇女精神文化需求。”“加强文化与传媒领域的性别平等培训、评估和监管。开展对文化传媒工作者和传媒相关专业学生的性别平等培训，提升文化与传媒领域性别平等传播能力。加强对公共文化产品和传媒涉及性别平等内容的监测和监管，吸纳性别专家参与相关评估，消除网络媒体、影视产品、公共出版物等中出现的歧视贬抑妇女、侮辱妇女人格尊严、物化妇女形象等不良现象，规范网络名人和公众账号传播行为。”

发展和繁荣中国优秀文化和艺术，需要社会上不同类别、不同层次的人参与进来，广开言路。国家机关、社会团体和企业事业单位的女性应当积极行动，做到妇女同样在文化、艺术方面“顶起半边天”，创造出更多更好的精神产品，为新时代中国特色社会主义文化建设作贡献。因此，国家机关、社会团体和企业事业单位应当从以下几个方面保障妇女从事文学、艺术活动：一是培养女性文学、艺术人才；二是为妇女文化、艺术创作提供良好的环境；三是保护妇女创作的文学、艺术作品的知识产权；四是举办特色的活动，丰富妇女的文学、艺术生活。

第五章　劳动和社会保障权益

第四十一条　国家保障妇女享有与男子平等的劳动权利和社会保障权利。

◆ **释义**

本条是关于劳动和社会保障权男女平等的规定。

一、平等的劳动权利

劳动权利，是宪法规定的公民基本权利之一，是指公民在劳动就业、劳动报酬、劳动保护、劳动保险等各方面的权利，其核心在于公民以自己合法劳动获得维持生存和发展的条件。《中华人民共和国宪法》第四十二条规定："中华人民共和国公民有劳动的权利和义务。国家通过各种途径，创造劳动就业条件，加强劳动保护，改善劳动条件，并在发展生产的基础上，提高劳动报酬和福利待遇。劳动是一切有劳动能力的公民的光荣职责。国有企业和城乡集体经济组织的劳动者都应当以国家主人翁的态度对待自己的劳动。国家提倡社会主义劳动竞赛，奖励劳动模范和先进工作者。国家提倡公民从事义务劳动。国家对就业前的公民进行必要的劳动就业训练。"第四十三条规定："中华人民共和国劳动者有休息的权利。国家发展劳动者休息和休养的设施，规定职工的工作时间和休假制度。"

虽然我国妇女劳动就业的范围，远远超过世界上许多国家，但就业中性别歧视的现象也屡见不鲜。一些单位在招工时，对男女均适宜的工作规定了不平等的性别比例，或者提高对妇女的录用标准，甚至明确拒绝招收女性。还有一些单位以女职工怀孕、生育和哺乳为由辞退女职工。包括现实中男女同工不同酬的现象依然存在，女性在工作职业和晋升机会上落后于男性等。这种种不尊重、不保护妇女劳动权利的现象严重侵害了妇女的生存和发展的权利。参加社会劳动不仅是妇女谋取个人生活经济来源的方式，也是妇女获得经济独立、提高社会地位的先决条件，是实现男女平等的经济支柱，是妇女实现其他权利的经济基础，因此保障妇女平等的劳动权利具有特别重要的意义，必须以立法的形式明确妇女享有与男子平等的劳动权利。

2021 年 9 月，国务院印发的《中国妇女发展纲要（2021—2030 年）》提出新阶段的妇女劳动权利的目标为“促进平等就业，消除就业性别歧视”“保障妇女获得公平的劳动报酬”“保障女性劳动者劳动安全和健康”，并提出“加大消除就业性别歧视工作力度。全面落实消除就业性别歧视的法律法规政策，创造性别平等的就业机制和市场环境。”“缩小男女两性收入差距。全面落实男女同工同酬，保障收入公平。”“保障女职工劳动权益。督促用人单位规范用工行为，依法与女职工签订劳动合同，推动签订女职工权益保护专项集体合同。加强劳动保障法律监督”等措施。

妇女平等的劳动权利具体内容包括：一是平等就业和选择职业的权利；二是获取劳动报酬的权利；三是休息休假的权利；四是获得劳动安全卫生保障的权利；五是接受职业技术培训的权利；六是享受社会保险和福利的权利；七是依法参加工会、组建工会、民主管理企业等权利；八是提请劳动争议处理以及寻求司法救济的权利；九是法律法规规定的其他劳动权利。因此，本条对保障妇女平等的劳动权利作了原则性规定，本章其他条文分别对各个方面保障妇女平等的劳动权利作了具体规定。

二、平等的社会保障权利

社会保障是国家的基本制度之一。《中华人民共和国宪法》第十四条第四款规定："国家建立健全同经济发展水平相适应的社会保障制度。"第四十五条第一款规定："中华人民共和国公民在年老、疾病或者丧失劳动能力的情况下，有从国家和社会获得物质帮助的权利。国家发展为公民享受这些权利所需要的社会保险、社会救济和医疗卫生事业。"

妇女平等享有社会保障权利的具体内容包括：一是社会保险体系，主要有生育保险、养老保险、医疗保险、失业保险、工伤保险等内容；二是社会救济和社会福利体系，主要有对无劳动能力又无生活来源的妇女发放最低生活标准费、对患病妇女提供基本医疗保障、对女童提供义务教育、对无劳动能力又无生活来源的残疾妇女提供救济和帮助等内容；三是社会优抚安置，如对服现役军人家属提供一定的基本生活物质保障。

2021 年 12 月，国家统计局发布的《中国妇女发展纲要（2011—2020 年）》终期统计监测报告显示，女性社会保障的情况得到了很大的改善，主要体现在以下几个方面：一是女性生育保险覆盖面明显扩大。覆盖全体妇女的生育保障制度体系逐步建立，生育保险和职工医疗保险合并实施全面推进，基金共济能力明显增强；未就业妇女生育医疗费用通过城乡居民医疗保险解决政策的实施，实现了生育医疗费用保障的全覆盖。2020 年末，女性参加生育保险的人数为 1.03 亿人，比 2010 年增加 4931 万人，是 2010 年的 1.9 倍。二是女性参加医疗保险的人数大幅增加。近年来，我国在城乡妇女基本医疗保障实现制度全覆盖的基础上，通过整合城乡居民医疗保险，完善城乡医疗救助和补充医疗保险制度，进一步完善多层次医疗保障体系，使更多女性享有更公平的医疗保障。

2020 年末，全国女性参加基本医疗保险的人数为 6. 5 亿人，是 2011 年末的 3. 4 倍；其中，参加职工基本医疗保险的人数为 1. 6 亿人，比 2010 年末增加 5801. 8 万人，增长 55. 1%；参加城乡居民基本医疗保险的人数为 4. 9 亿人，比 2011 年末增加 4. 1 亿人，是 2011 年末的 6. 5 倍。三是女性养老保障基本实现应保尽保。我国养老保险制度改革持续推进，建立了统一的城乡居民养老保险制度，覆盖到适龄未参加职工基本养老保险的城乡居民，凸显了制度的普惠性和兜底性。据不完全统计，2020 年末，参加基本养老保险的女性为 4. 7 亿人，比 2016 年末增加 1. 2 亿人；其中，参加城镇职工基本养老保险的人数为 2. 1 亿人，比 2010 年末增加 9655. 5 万人，增长 86. 2%；参加城乡居民基本养老保险的人数为 2. 6 亿人，比 2016 年末增加 9170. 1 万人，增长 53. 8%。四是女性参加失业保险、工伤保险的人数增长约八成。通过实行失业救济制度、国有企业待业保险制度、下岗职工基本生活保障制度和失业保险制度，妇女就业相关权益得到切实保障。2020 年末，女性参加失业保险的人数为 9207. 2 万人，比 2010 年末增加 4058. 2 万人，增长 78. 8%；女性参加工伤保险的人数为 1. 03 亿人，比 2010 年末增加 4570. 5 万人，增长 80. 2%。

2021 年 9 月，国务院印发的《中国妇女发展纲要（2021—2030 年）》提出新阶段的妇女社会保障权利的目标："妇女平等享有社会保障权益，保障水平不断提高"，并提出要"完善惠及妇女群体的社会保障体系。在制定修订社会救助、社会保险等相关法律法规以及健全覆盖全民的社会保障体系工作中，关切和保障妇女的特殊利益和需求。持续推动社会保险参保扩面，支持灵活就业女性参加相应社会保险，实现应保尽保，缩小社会保障的性别差距。建立国家级社会保险全民参保登记信息库，加强社会保障分性别统计、信息动态监测和管理。"

保障妇女平等的劳动权利和社会保障权利的享有和行使是国家的责任。首先，国家通过立法和制定政策，对妇女平等地享有和行使劳动权利和社会保障权利作出一般性的规定，以法律和规范性文件的形式将相应的基本原则和基本规则确定下来。其次，国家通过具体的执法机关贯彻和实施既定的保障规则，制定保护的具体制度和实施步骤，对违反规定的行为运用行政权力予以纠正和制裁，维护劳动权利和社会保障权利受到侵害的妇女。再次，国家提供司法救济途径，由司法机关依法进行审判，以判决、裁定的形式追究侵权者的法律责任，包括民事责任、刑事责任等。最后，国家鼓励和支持社会组织维护妇女的劳动权利和社会保障权利，做好宣传和引导工作，在全社会营造保护妇女合法权益的良好氛围。

第四十二条 各级人民政府和有关部门应当完善就业保障政策措施，防止和纠正就业性别歧视，为妇女创造公平的就业创业环境，为就业困难的妇女提供必要的扶持和援助。

◆ **释义**

本条是关于防止和纠正就业性别歧视、促进妇女就业创业的规定。

一、为妇女创造公平就业环境

男女平等就业权是男女平等原则在劳动就业领域的具体体现，是指妇女以与男子平等的身份，在同等条件下，公平竞争就业，自主选择职业，获得同工同酬待遇和均等的职业发展机会。参加劳动就业不仅是妇女谋取个人生活经济来源的手段，而且是妇女获得经济独立、提高社会地位的先决条件，是实现男女平等的经济支柱，是妇女实现其他权利的经济基础。保障妇女平等就业权，既是营造公平就业环境的必然要求，也是衡量社会发展文明程度的重要标志。实践中，同等条件下，男女就业机会并不均等，妇女就业受到一定程度的限制，压低女性录用比例或提高女性录用标准，以录用为条件要求女性放弃某些正当权利，甚至拒绝录用女性等现象还存在。妇女若在劳动就业方面受歧视，会导致其就业率低，经济收入不高，使其在经济上过于依赖男子，社会地位难以达到平等。消除对妇女的就业性别歧视，就是要在就业机会、同工同酬、职业发展等方面保障妇女享有与男子平等的就业权益，同时，注意男女在身体结构、生理机能等方面的差异，对妇女采取特殊劳动安全卫生保护措施，以实现妇女就业权的实质平等。

二、消除就业性别歧视

党和国家历来高度重视维护女性平等就业权益，在劳动法、就业促进法、妇女权益保障法、女职工劳动保护特别规定等法律法规中明确规定女职工享有平等的就业权，并对保障女性劳动权益作出规定。近年来，就业市场中针对女性的就业性别歧视现象仍时有发生，对妇女就业带来不利影响。国家有关部门建立多种机制，持续探索促进性别平等、消除性别歧视的机制和措施，如人力资源和社会保障部等九部门于 2019 年 2 月印发了《关于进一步规范招聘行为促进妇女就业的通知》，最高人民法院于 2018 年底增加了“平等就业权纠纷”案由，最高人民检察院探索针对就业性别歧视提起检察公益诉讼等。全国总工会和全国妇联通过编制《促进工作场所性别平等指导手册》《消除工作场所性骚扰指导手册》《创建家庭友好型工作场所指导手册》《防治职场性骚扰指导手册》等积极宣传倡导监督工作中的性别平等。

全国总工会女职工委员会曾于2018年围绕就业性别歧视在全国范围组织开展专项问卷调查，结果显示：就业性别歧视形式多样，在劳动者求职应聘和职业发展不同阶段表现各异。如，分别有17.53%的劳动者和13.76%的用人单位报告最近3年单位存在“同等条件下男性收入比女性高”问题，另有10.82%的劳动者报告单位存在“同等条件下男性福利待遇比女性好”的问题。有1/10到1/4的劳动者在职业发展中面临多种就业性别歧视，1/4左右的劳动者和单位负责人报告存在“同等条件下男性晋升比女性快”问题。分别有7.02%和3.92%的劳动者报告所在单位最近3年存在禁止或限制女职工生育，如有的在劳动合同或工作守则中规定“三年内不得生育”“生育需提前申请”“排队生育”，有的解除怀孕、哺乳期女职工的劳动合同。用人单位负责人报告存在上述问题的占6%。调查显示，偏见和对男女职业能力的刻板认识是产生就业性别歧视最重要的主观原因。生育是造成就业性别歧视最重要的客观原因。分别有46.81%的劳动者和68.83%的用人单位认为女性劳动者生育期间（从备孕到孩子婴幼儿阶段）对工作影响较大，会增加单位用工成本。从各方面反映的情况看，我国目前的就业性别歧视问题一定程度上依然存在，需要高度重视和有效解决。

三、完善就业保障政策措施

党和国家历来高度重视维护女性平等就业权益和消除就业性别歧视，为此，积极完善相关就业保障政策措施：一是在劳动法、就业促进法、妇女权益保障法、女职工劳动保护特别规定等法律法规中明确规定女职工享有平等的就业权，并对保障女性劳动权益作出规定。二是为了防止和消除就业性别歧视，为妇女创造公平的就业创业环境，促进妇女就业创业，国家相继出台了很多政策措施。十八届三中全会《中共中央关于全面深化改革若干重大问题的决定》、2019 年政府工作报告、《中国妇女发展纲要（2021—2030 年）》、《中华人民共和国国民经济和社会发展第十四个五年规划和 2035 年远景目标纲要》等都对此作出了要求。习近平总书记在党的二十大报告中进一步提出，“实施就业优先战略”、“强化就业优先政策”、“健全就业公共服务体系”、“加强困难群体就业兜底帮扶”、“消除影响平等就业的不合理限制和就业歧视”、“使人人都有通过勤奋劳动实现自身发展的机会”，这为保障妇女公平就业创业、消除就业性别歧视提供了根本遵循。为了使人民群众获得感、幸福感、安全感更加充实、更有保障、更可持续，共同富裕取得新成效，应当抓住就业这一基本民生，实施就业优先战略，强化就业优先政策，健全就业促进机制，促进高质量充分就业；健全就业公共服务体系，完善重点群体就业支持体系，加强对妇女等困难群体就业兜底帮扶；统筹城乡就业政策体系，破除妨碍劳动力、人才流动的体制和政策弊端，消除影响平等就业的不合理限制和就业歧视，使人人都有通过勤奋劳动实现自身发展的机会；健全终身职业技能培训制度，推动解决结构性就业矛盾；完善促进创业带动就业的保障制度，支持和规范发展新就业形态；健全劳动法律法规，完善劳动关系协商协调机制，完善劳动者权益保障制度，加强灵活就业和新就业形态劳动者权益保障。因此本条规定，各级人民政府和有关部门应当完善就业保障政策措施，防止和纠正就业性别歧视，为妇女创造公平的就业创业环境，为就业困难的妇女提供必要的扶持和援助。三是本次妇女权益保障法修改，对切实防止和纠正就业性别歧视，作了系统性的安排，包括：1. 严格禁止用人单位在招聘过程中的性别歧视行为或者倾向；2. 禁止签订劳动合同环节的性别歧视；3. 禁止在就业各个环节的性别歧视；4. 明确将就业性别歧视纳入劳动保障监察范围；5. 明确了对就业歧视的救济和惩处。四是政府有关部门积极采取措施加以保障。各级人民政府和有关部门高度重视妇女就业工作，在推动经济高质量发展的过程中，通过不断完善法律法规、出台政策措施、提供优质服务、加大执法力度，促进妇女多渠道就业，保障妇女平等就业创业，消除就业性别歧视。第一，着力完善妇女就业支持政策。落实就业优先政策，加大支持妇女就业政策落实力度，促进妇女多渠道就业创业，为妇女充分参与高质量发展创造有利条件。鼓励外出务工妇女返乡创业，支持有意愿的妇女下乡创业。扶持民族传统手工艺品产业发展，提高组织化程度，促进各族妇女就地就近就业。支持脱贫妇女通过就业帮扶稳定增加收入。支持女性高校毕业生就业。第二，着力加强妇女职业技能培训。完善终身职业技能培训制度，大力培育知识型、技能型、创业型女性劳动者。在“十四五”期间还将继续开展大规模的职业培训。其中，人社部将开展适合妇女特点的新业态从业人员技能培训，加强对女性专业技术和技能人才的专业知识、科研能力、创新创业等培训，提升妇女就业创业能力。第三，着力健全妇女就业服务体系。进一步加大招聘服务活动力度，深入开展已经有的一些招聘品牌活动，集中为妇女提供精准的人岗对接服务。进一步加大帮扶力度，多渠道帮助就业困难妇女实现就业，突出做好女性脱贫人口的就业帮扶，兜牢就业底线。第四，着力维护女性劳动保障权益。加强用工指导，督促用人单位规范用工行为，依法签订劳动合同，推动签订女职工权益保护专项集体合同。加大人力资源市场的监管和劳动监察执法，坚决纠正查处发布含有性别歧视内容招聘信息的行为，切实保障妇女平等就业权益。

需要说明的是，强调对妇女平等就业权的保护并非否认用人单位的用工自主权。为平衡好二者之间的关系，在进行顶层制度和政策设计时，既要防止用人单位盲目追求效率和利益最大化，对妇女采取就业性别歧视或者漠视女职工特殊保护需求，侵害妇女的平等就业权，也要防止片面强调对妇女就业权保护，过度干预用人单位的用工自主权，加重用工成本，导致用人单位雇佣女性员工的意愿降低，最终损害妇女的就业权益。

第四十三条　用人单位在招录（聘）过程中，除国家另有规定外，不得实施下列行为：

（一）限定为男性或者规定男性优先；

（二）除个人基本信息外，进一步询问或者调查女性求职者的婚育情况；

（三）将妊娠测试作为入职体检项目；

（四）将限制结婚、生育或者婚姻、生育状况作为录（聘）用条件；

（五）其他以性别为由拒绝录（聘）用妇女或者差别化地提高对妇女录（聘）用标准的行为。

◆ 释义

本条是关于禁止招录环节性别歧视的规定。

一、招录人员不得性别歧视

我国 1980 年批准了联合国《消除对妇女一切形式歧视公约》，根据公约第十一条第一款规定，缔约各国应采取一切适当措施，消除在就业方面对妇女的歧视，以保证她们在男女平等的基础上享有相同权利，特别是：(1) 人人有不可剥夺的工作权利；(2) 享有相同就业机会的权利，包括在就业方面相同的甄选标准；(3) 享有自由选择专业和职业，升级和工作保障，一切工作福利和服务条件，接受职业训练和再训练，包括实习训练、高等职业训练和经常训练的权利；（4）同样价值的工作享有同等报酬（包括福利）、平等待遇的权利，在评定工作的表现方面，享有平等待遇的权利；（5）享有社会保障的权利，特别是在退休、失业、疾病、残废和老年或其他丧失工作能力的情况下，以及享有带薪假的权利；（6）在工作条件中享有健康和安全保障，包括保障生育机能的权利。

我国目前的就业性别歧视问题还是比较严重的，亟需法律规制。因此，本条对不同就业环节可能存在不同形式就业性别歧视予以规制，与上述公约的精神一致。

二、禁止招录环节性别歧视行为

本条主要是对招聘环节的就业性别歧视予以禁止，并针对实践中常见的一些性别歧视行为进行了列举。为解决招聘环节就业性别歧视问题，人力资源和社会保障部会同教育部等九部门于2019年2月出台了《关于进一步规范招聘行为促进妇女就业的通知》，进一步细化招聘环节就业性别歧视的具体表现形式，明确提出了用人单位和人力资源服务机构在拟定招聘计划、发布招聘信息、招用人员过程中的“六个不得”，即不得限定性别或性别优先，不得以性别为由限制妇女求职就业、拒绝录用妇女，不得询问妇女婚育情况，不得将妊娠测试作为入职体检项目，不得将限制生育作为录用条件，不得差别化提高妇女录用标准。

2021年的《中共中央　国务院关于优化生育政策促进人口长期均衡发展的决定》提出，要规范机关、企事业等用人单位招录、招聘行为，促进妇女平等就业，保障女性就业合法权益。为了贯彻实施党中央上述决策部署，解决突出问题，回应各方关切，将就业性别歧视中各方共识度高、判定难度较低的求职招聘环节就业性别歧视行为作为规范重点，参考了上述九部门的通知，同时经过广泛听取劳动者、用人单位、专家学者和“两会”代表委员和各方面意见建议，本法对禁止性招聘性别歧视行为予以明确列举，特别考虑了可能存在的限制生育的因素，使就业性别歧视的判定更具可操作性。

这里的“国家另有规定”，主要是指劳动法律法规针对女职工的特殊生理特点和特定劳动条件对女职工身体健康的特殊影响而采取的劳动保护措施。妇女在怀孕、生育和哺乳婴幼儿期间，由于生理机能的变化，往往对有毒有害因素更加敏感，如果在劳动时受到伤害，不仅会损害母亲的健康，而且会直接影响胎儿或者婴儿的正常发育和健康，因此，对妇女进行特殊劳动保护，不安排其从事某些可能有损于其身心健康的劳动，不仅是保护妇女自身健康的需要，也是保护子孙后代健康、提高人口素质的需要。基于此，本法允许在这种情况下，不在这些岗位上安排女性就业。

这里的“国家有关规定”主要包括劳动法和国务院2012年公布的《女职工劳动保护特别规定》等法律、行政法规中有关对女性在怀孕、生育和哺乳期间的特殊劳动保护的规定。主要包括：

1.《中华人民共和国劳动法》。第五十九条规定：“禁止安排女职工从事矿山井下、国家规定的第四级体力劳动强度的劳动和其他禁忌从事的劳动。”第六十条规定：“不得安排女职工在经期从事高处、低温、冷水作业和国家规定的第三级体力劳动强度的劳动。”第六十一条规定：“不得安排女职工在怀孕期间从事国家规定的第三级体力劳动强度的劳动和孕期禁忌从事的劳动。对怀孕七个月以上的女职工，不得安排其延长工作时间和夜班劳动。”第六十三条规定：“不得安排女职工在哺乳未满一周岁的婴儿期间从事国家规定的第三级体力劳动强度的劳动和哺乳期禁忌从事的其他劳动，不得安排其延长工作时间和夜班劳动。”

2.《女职工劳动保护特别规定》。（1）规定为孕期或者哺乳期女职工安排适当的劳动。女职工在孕期不能适应原劳动的，用人单位应当根据医疗机构的证明，予以减轻劳动量或者安排其他能够适应的劳动。对怀孕 7 个月以上的女职工，用人单位不得延长劳动时间或者安排夜班劳动，并应当在劳动时间内安排一定的休息时间。对哺乳未满 1 周岁婴儿的女职工，用人单位不得延长劳动时间或者安排夜班劳动。（2）规定用人单位应当遵守女职工禁忌从事的劳动范围的规定。用人单位应当将本单位属于女职工禁忌从事的劳动范围的岗位书面告知女职工。（3）明确列举女职工禁忌从事的劳动范围，女职工在经期、孕期、哺乳期禁忌从事的劳动范围。

第四十四条 用人单位在录（聘）用女职工时，应当依法与其签订劳动（聘用）合同或者服务协议，劳动（聘用）合同或者服务协议中应当具备女职工特殊保护条款，并不得规定限制女职工结婚、生育等内容。

职工一方与用人单位订立的集体合同中应当包含男女平等和女职工权益保护相关内容，也可以就相关内容制定专章、附件或者单独订立女职工权益保护专项集体合同。

◆ 释义

本条是关于劳动合同和集体合同女职工特殊保护的规定。

一、劳动合同对女职工的特殊保护

《中华人民共和国劳动法》第十六条规定：“劳动合同是劳动者与用人单位确立劳动关系、明确双方权利和义务的协议。建立劳动关系应当订立劳动合同。”《中华人民共和国劳动合同法》第十条规定：“建立劳动关系，应当订立书面劳动合同。已建立劳动关系，未同时订立书面劳动合同的，应当自用工之日起一个月内订立书面劳动合同。用人单位与劳动者在用工前订立劳动合同的，劳动关系自用工之日起建立。”因此，根据劳动法和劳动合同法的规定，用人单位在录（聘）用劳动者时，必须与劳动者签订劳动（聘用）合同或者服务协议，以确立双方之间的劳动关系、明确双方权利义务内容，以具体化、书面化的合法劳动合同约束处于强势地位的用人单位，要求用人单位必须履行劳动合同约定的义务，不得随意解除劳动合同，从而保护处于弱势地位的劳动者。

本条第一款强调用人单位负有与女职工签订劳动合同或服务协议的强制性义务，是妇女劳动权利的具体保护内容，防止用人单位利用妇女求职心切的心理及其缺乏话语权的弱势地位，而不与妇女签订劳动合同或服务协议。还应当注意的是，用人单位与女职工签订劳动合同或服务协议时，应当遵守合法原则及平等自愿、协商一致的原则，劳动合同订立的主体、程序、形式和内容必须符合我国法律法规的规定。在订立劳动合同过程中，双方法律地位平等，不存在命令与服从的关系，劳动合同的内容，完全基于当事人自己真实意思的表示，经过双方当事人充分协商一致而达成，绝不允许用人单位以自己的利益和意志强迫女职工签订有损于妇女正当权益的合同内容。

此外，本条第一款还规定，用人单位与女职工签订的劳动（聘用）合同或者服务协议中应当具备女职工特殊保护条款，并不得规定限制女职工结婚、生育等内容，这体现了劳动合同对女职工的特殊保护。其中，关于“劳动（聘用）合同或者服务协议中不得规定限制女职工结婚、生育等内容”的规定，其他相关法律法规也有类似规定。例如，《中华人民共和国就业促进法》第二十七条第三款规定：“用人单位录用女职工，不得在劳动合同中规定限制女职工结婚、生育的内容。”“劳动（聘用）合同或者服务协议中应当具备女职工特殊保护条款”的规定，是本次法律修改新增内容。主要考虑是《中华人民共和国劳动法》第十九条和《中华人民共和国劳动合同法》第十七条都规定了劳动合同应当包括劳动保护条款，并且《中华人民共和国劳动法》第五十八条第一款还规定了国家对女职工实行特殊劳动保护。因此，本次妇女权益保障法修订明确应当将女职工特殊保护条款写入劳动（聘用）合同或者服务协议中，进一步增强对女职工的劳动保护。

二、集体合同对女职工的特殊保护

集体合同，是指用人单位与本单位职工根据法律、法规、规章的规定，就劳动报酬、工作时间、休息休假、劳动安全卫生、职业培训、保险福利等事项，通过集体协商签订的书面协议。专项集体合同，是指用人单位与本单位职工根据法律、法规、规章的规定，就集体协商的某项内容签订的专项书面协议。集体合同由工会代表企业职工一方与用人单位订立；尚未建立工会的用人单位，由上级工会指导劳动者推举的代表与用人单位订立。集体合同草案应当提交职工代表大会或者全体职工讨论通过。集体合同订立后，应当报送劳动行政部门；劳动行政部门自收到集体合同文本之日起十五日内未提出异议的，集体合同即行生效。依法订立的集体合同对用人单位和劳动者具有约束力。

《中华人民共和国劳动合同法》第五十二条规定：“企业职工一方与用人单位可以订立劳动安全卫生、女职工权益保护、工资调整机制等专项集体合同。”其中，女职工权益保护专项集体合同，是用人单位与本单位女职工根据法律法规的规定，就女职工合法权益和特殊利益方面的内容通过集体协商签订的专项协议，对用人单位和本单位的全体女职工具有法律约束力。结合用人单位的工作实际情况制定的女职工特殊权益保护专项集体合同，往往具有较强的针对性、实效性和可操作性，是切实维护女职工合法权益和特殊利益的重要机制和手段。

女职工权益保护专项集体合同的主要内容应包括：一是女职工的劳动权利。包括劳动就业、同工同酬、休息休假、保险福利待遇等。二是女职工的特殊利益。包括女职工禁忌劳动保护、“四期”保护、妇科疾病普查、生育待遇等。三是女职工的政治、文化、教育、发展权利。包括职业教育、技术培训、晋职晋级、参与企业民主管理等。四是双方认为应当协商的其他内容。例如，女职工权益保护专项集体合同中可以规定进修、培训、出国考察、挂职锻炼时企业必须安排一定比例的女职工参加等，切实维护和保障女职工的合法权益。

目前，已有一些地方在地方性法规中规定了女职工特殊保护专项集体合同的相关内容。例如，《黑龙江省女职工劳动保护条例》第八条第一款中规定：“订立的集体合同或者女职工权益保护专项集体合同应当明确女职工劳动保护内容。”《河北省企业集体协商条例》第二十二条规定：“职工方和企业应当就下列事项进行集体协商，签订女职工权益保护专项集体合同：（一）女职工禁忌从事的劳动；（二）女职工的教育和培训；（三）女职工的经期、孕期、产期、哺乳期的工资、福利待遇和劳动保护；（四）女职工定期健康检查和妇科病普查；（五）女职工享受计划生育方面的待遇；（六）双方需要协商的其他事项。”因此，本次妇女权益保障法新增本条第二款规定，一方面要求用人单位与劳动者订立的集体合同中写明包含男女平等和女职工权益保护相关内容，另一方面鼓励用人单位与女职工就相关内容制定集体合同的专章、附件或者单独订立女职工权益保护专项集体合同。

第四十五条 实行男女同工同酬。妇女在享受福利待遇方面享有与男子平等的权利。

◆ **释义**

本条是关于男女同工同酬原则的规定。

一、男女同工同酬原则

同工同酬是男女平等原则在经济上的具体体现，也是按劳分配原则的基本要求之一。男女同工同酬是指从事同等数量和同等质量劳动的男女，有权获得同等的报酬。男女同工同酬是我国宪法规定的公民基本权利之一。《中华人民共和国宪法》第四十八条第二款规定，国家保护妇女的权利和利益，实行男女同工同酬，培养和选拔妇女干部。《中国妇女发展纲要（2021—2030 年）》也明确要求，全面落实男女同工同酬，保障收入公平。

同工同酬既是妇女在政治、经济、文化、社会和家庭生活等各方面享有同男子平等权利的体现，又是各尽所能、按劳分配原则的体现。《中华人民共和国劳动法》第四十六条规定，工资分配应当遵循按劳分配原则，实行同工同酬。计量劳动的标准是劳动的数量和质量及劳动所体现出来的价值，因此，支付劳动报酬，不分民族、性别、年龄，一律以劳动的数量、质量和价值计酬，劳动的数量、质量相同，价值相当，就应给付同等的报酬。男女同工同酬的内涵在于报酬标准的订立不得有性别上的歧视，同等价值的工作享有同等报酬（包括福利）、平等待遇的权利，在评定工作的表现方面享有平等待遇的权利，不仅包括从事同种工作付出的同等数量和质量的劳动，也包括不同行业间付出的同等价值的劳动获得大体相等的报酬和待遇。

男女同工同酬原则也是国际通行的原则。1919 年成立的国际劳工组织在其章程中明确，男子与女子应对同值的工作领取同等的报酬。国际劳工组织1951年第三十四届大会通过《男女工人同工同酬公约》，该公约规定："凡会员国，应通过与现行决定报酬率的方法相适应的各种手段，促使并在与这种方法相一致的条件下保证男女工人同工同酬原则适用于全体工人。"1990年第七届全国人民代表大会常务委员会第十五次会议决定批准该公约。1979年，联合国大会通过《消除对妇女一切形式歧视公约》，该公约规定："缔约各国应采取一切适当措施，消除在就业方面对妇女的歧视，以保证她们在男女平等的基础上享有相同的权利，特别是：……（d）同样价值的工作享有同等报酬包括福利和享有平等待遇的权利，在评定工作的表现方面，享有平等待遇的权利。……"1980年第五届全国人民代表大会常务委员会第十六次会议决定批准该公约。

二、贯彻男女同工同酬原则的要求

在我国，男女同工同酬原则是建立在禁止性别歧视的基础上的，但这并不等于一律取消性别特征的要求。不同的工作性质、工作环境和技术条件等，对劳动者体质等方面的要求也不同。由于生理方面的一些特点，妇女并不适合在任何生理时期从事所有性质的工作，即使是在相同或相似的工作岗位上，妇女也需要一定的特殊保护。因此，男女同工同酬必须以劳动力价值平等、正确对待男女差异、坚持男女权利平等为基础。

贯彻男女同工同酬原则具体有以下三个方面的要求：第一，任何企事业单位、国家机关、社会组织等的任何工作岗位，不论男女，只要付出了同等价值的劳动，就应当领取同等的报酬。第二，不得因女职工怀孕、生育、哺乳等而降低其工资待遇，也不得因为妇女提供特殊的劳动保护而降低工资标准或减少其劳动报酬。第三，按照男女同工同酬的原则，妇女在享受福利待遇等方面也应当与男子享有平等的权利。生活福利待遇，是为保障劳动者正常生产工作和生活所提供的必要的生活设施和福利性待遇，包括住房补贴、食堂、浴室、幼儿园、班车和其他生活补贴等，福利待遇对于增进劳动者的身心健康，解除劳动者后顾之忧以及调动劳动者积极性都有重要作用，妇女和男子应当平等享有相应的生活福利待遇。

第四十六条 在晋职、晋级、评聘专业技术职称和职务、培训等方面，应当坚持男女平等的原则，不得歧视妇女。

◆ **释义**

本条是关于妇女晋升和培训机会均等的规定。

一、晋升和培训方面男女平等

男女晋升和培训机会均等，是指为妇女提供与男子平等竞争职务、级别、职称和培训的机会。晋职、晋级是对劳动者的工作能力和工作成绩，通过晋升职务、提升级别等方式予以肯定和奖励。职称是专业技术人才学术技术水平和专业能力的主要标志，由职称评审委员会按照一定的标准和程序，对专业技术人才品德、能力、业绩予以评议和认定。评定专业技术职务是对专业技术人员专业知识技术水平的确认，对达到法定专业技术水平的专业技术人员，授予一定的职务。晋职、晋级、评聘专业技术职称和职务，是对劳动者工作能力和成果的认可，公平合理的职务、职级、职称的晋升，能够增强劳动者的主人翁责任感，鼓励其积极性和创造性，维护正常的生产和工作秩序，提高劳动效率和工作效率，促进社会主义市场经济的发展和现代化事业的建设。

参加各类职业培训，能够开发劳动者的职业技能，提高劳动者素质，增强劳动者的就业能力和工作能力。男女晋升机会平等，不只是在晋升环节为妇女提供与男子平等的机会，而且需要注重提升妇女平等竞争职务、职级和职称的能力，使妇女能够与男子具有同等的能力和条件参与竞争。只有通过教育和培训，提高广大妇女的科学文化水平和职业技能，才能增强她们的就业能力和适应职业变化的能力，同时培养和锻炼女性健康的竞争意识、独立品格、创新精神、平等理念等，让她们在不带任何性别歧视的公平竞争中充分发挥潜能，实现自身的价值。实践中，有的用人单位还存在优先为男子提供培训机会的情况，再加上妇女因生育、哺乳、承担较多家务等影响，客观上会失去部分参加培训的机会。因此，有必要对妇女平等参加培训的机会予以特别强调。

晋职、晋级、评聘专业技术职称和职务、培训，都应当坚持男女平等原则，不得歧视妇女，不得限制妇女的成长和发展，这是宪法确立的男女平等原则的直接体现，也是不断提升妇女经济地位、社会地位，实现独立自主、更好地维护自身合法权益的现实要求，因此本条予以明确规定，有针对性地强调了妇女在晋升和培训机会方面平等的权利。当妇女通过自身努力而具备相应的能力时，完全应当同男子一样，在晋职晋级、评聘专业技术职称职务和培训方面享受平等竞争的权利，不得因性别差异而限制妇女进入高层次就业领域和决策机构。全社会应当尊重、关心女性职工，珍惜妇女人才，帮助、支持妇女的成长，努力改善女性职工的工作条件、生活条件和各方面的待遇，全面保障妇女的合法权益。

二、确保晋升和培训方面男女平等的措施

针对实践中仍然存在的妨碍妇女平等晋升和培训的情况，应当继续完善以下两方面工作：

第一，在晋职、晋级、评聘专业技术职称和职务等具体方面，应当坚持同一标准，杜绝性别歧视，平等地晋升男女职工的职务和级别，不因性别差异而排斥女职工的晋升，在女性相对集中的用人单位，应当与性别结构比例相适应地晋升女职工的职务；凡达到一定专业技术水平的女职工都应享有与男职工平等的获得相应专业技术职称和职务机会的权利，不得因名额限制等原因减小符合条件的女职工评聘专业技术职称和职务的比例。

第二，大力发展教育和就业技能培训，促进女性群体发展能力与素质的提高，并且在对职工进行继续教育和在职培训方面，给予女职工与男职工平等的机会，不能剥夺、限制女职工接受教育和培训的机会和权利。《中国妇女发展纲要（2021—2030年）》规定，扩大教育资源供给，为女性提供便捷的社区和在线教育，为进城务工女性、女性新市民、待业女性等提供有针对性的职业技能培训；加强对女性专业技术和技能人才专业知识、科研管理、创新创业等的培训。需要注意的是，妇女与男子平等的培训机会，除了在选取参加培训人员时确保妇女机会均等外，还要注意弥补妇女因生育、哺乳等而错失的培训机会，使妇女能够在事实上享有与男子平等的培训机会。

第四十七条 用人单位应当根据妇女的特点，依法保护妇女在工作和劳动时的安全、健康以及休息的权利。

妇女在经期、孕期、产期、哺乳期受特殊保护。

◆ 释义

本条是关于妇女特殊劳动保护权利的规定。

一、对妇女实行特殊劳动保护

劳动保护是指在法律、技术、设备、设施、组织制度和教育等方面所采取的一系列措施，保障职工在生产、劳动过程中的安全和健康。除了这种普通的劳动保护之外，对女性职工还应当实行特殊的劳动保护，即根据妇女生理特点，对其在工作、劳动中采取有别于男子的特殊的保护措施。对妇女实行特殊劳动保护主要是由妇女特殊的身体结构和生理机能所决定的：第一，在身体结构上，女性平均身长、体重、骨骼宽度密度、上下肢长、足长、肌肉分布等均小于男性，而臀宽、腿围则大于男性，特别是皮下脂肪的分布远大于男性，使得女性在体力、耐力、爆发力、肌力、握力等方面均低于男性，而女性血液循环较慢、肺活量较小，肌体的负担又大于男性，因此，女性在工作种类、工作强度、休息时间等方面应当有特别的保护措施。第二，在生理机能方面，女性有月经、妊娠、分娩、哺乳和绝经等不同于男性的特殊生理期间，在生理上会出现一系列变化，对作业能力会产生一定的影响，不能从事过重的体力劳动、强度过大的劳动或者在恶劣的环境中工作；而且由于生理机能的变化，女性在特殊生理期间对工业有毒有害物质更为敏感，在某些情况下会促进肌体对有毒物质的吸收，从而加重损害身体健康。第三，妇女不仅创造着社会财富，而且还担负着人类自身繁衍的重要职责，是双重意义上的生产者，妇女的健康状况不仅关系到妇女自身及其家庭，更关乎下一代的健康和整个民族的未来，因此妇女的特殊劳动保护尤为重要；同时，妇女在怀孕期间应注意营养和休息，如果孕妇过度劳累、高度紧张或从事有毒有害作业，将直接损害胎儿的生长和发育，甚至导致畸形、流产、死胎等恶果，也会影响哺乳期妇女的乳源，损害婴儿的健康。

用人单位应当根据不同工作的性质为女职工提供符合安全标

准的工作设施，创造良好的工作环境，提供相关的符合要求的劳动保护设施和条件，并保障女职工与男职工平等地享有劳动保护条件和待遇，不得对女职工实行性别歧视。同时，单位应为女职工建立专门的劳动保护设施，女职工较多的单位，应当按照国家有关规定，建立女职工卫生室、孕妇休息室、哺乳室等设施，妥善解决女职工在生理卫生、哺乳方面的困难。女职工在孕期、产期、哺乳期内的，用人单位解除劳动合同受到限制，根据《中华人民共和国劳动合同法》第四十二条规定，女职工在孕期、产期、哺乳期的，用人单位不得依照劳动合同法第四十条、第四十一条的规定解除劳动合同，即无过失性辞退和经济性裁员。

二、妇女特殊生理期间的特殊保护

妇女在经期、孕期、产期、哺乳期等特殊生理期间，在劳动中会面临因生理特点造成的特殊困难，因此，需要对其可以从事的劳动范围进行限制，采取有针对性的保护措施。国务院《女职工劳动保护特别规定》和原卫生部、原劳动部、原人事部、全国总工会、全国妇联出台的《女职工保健工作规定》等对女职工特殊生理期间禁忌从事的劳动范围等进行了明确规定。

（一）经期特殊保护

女职工在经期禁忌从事一定范围的劳动，具体包括：一是，冷水作业分级标准中规定的第二级、第三级、第四级冷水作业；二是，低温作业分级标准中规定的第二级、第三级、第四级低温作业；三是，体力劳动强度分级标准中规定的第三级、第四级体力劳动强度的作业；四是，高处作业分级标准中规定的第三级、第四级高处作业。同时，用人单位应当开展月经期卫生知识的宣传普及工作，并配备相关卫生设施，对患有重度痛经及月经过多的女职工给予特殊照顾，经医疗机构或妇幼保健机构确诊后，可以给予月经期间的妇女 1 至 2 天的休假。

（二）孕期特殊保护

女职工在孕期禁忌从事一定范围的劳动，具体包括：一是，作业场所空气中铅及其化合物、汞及其化合物、苯、镉、铍、砷、氰化物、氮氧化物、一氧化碳、二硫化碳、氯、已内酰胺、氯丁二烯、氯乙烯、环氧乙烷、苯胺、甲醛等有毒物质浓度超过国家职业卫生标准的作业；二是，从事抗癌药物、已烯雌酚生产，接触麻醉剂气体等的作业；三是，非密封源放射性物质的操作，核事故与放射事故的应急处置；四是，高处作业分级标准中规定的高处作业；五是，冷水作业分级标准中规定的冷水作业；六是，低温作业分级标准中规定的低温作业；七是，高温作业分级标准中规定的第三级、第四级的作业；八是，噪声作业分级标准中规定的第三级、第四级的作业；九是，体力劳动强度分级标准中规定的第三级、第四级体力劳动强度的作业；十是，在密闭空间、高压室作业或者潜水作业，伴有强烈振动的作业，或者需要频繁弯腰、攀高、下蹲的作业。

女职工较多的单位应当建立孕妇休息室，从事立位作业的女职工，其工作场所应设立工作休息座位。女职工在孕期不能适应原劳动的，用人单位应当根据医疗机构的证明，予以减轻劳动量或者安排其他能够适应的劳动。对怀孕 7 个月以上的女职工，用人单位不得延长劳动时间或者安排夜班劳动，并应当在劳动时间内安排一定的休息时间。怀孕女职工在劳动时间内进行产前检查，所需时间计入劳动时间。

（三）产期特殊保护

根据《女职工劳动保护特别规定》的规定，女职工生育享受 98 天产假，其中产前可以休假 15 天；难产的，增加产假 15 天；生育多胞胎的，每多生育 1 个婴儿，增加产假 15 天。女职工怀孕未满 4 个月流产的，享受 15 天产假；怀孕满 4 个月流产的，享受 42 天产假。实践中，有的地方在此基础上还规定了更长时间的产假。女职工产假期间的生育津贴，对已经参加生育保险的，按照用人单位上年度职工月平均工资的标准由生育保险基金支付；对未参加生育保险的，按照女职工产假前工资的标准由用人单位支付。女职工生育或者流产的医疗费用，按照生育保险规定的项目和标准，对已经参加生育保险的，由生育保险基金支付；对未参加生育保险的，由用人单位支付。产假期满恢复工作时，应允许有一至二周逐渐恢复原定额工作量。

（四）哺乳期特殊保护

哺乳期通常是指婴儿从出生到 1 周岁之间的期间。女职工在哺乳期禁忌从事一定范围的劳动，具体包括：一是，作业场所空气中铅及其化合物、汞及其化合物、苯、镉、铍、砷、氰化物、氮氧化物、一氧化碳、二硫化碳、氯、己内酰胺、氯丁二烯、氯乙烯、环氧乙烷、苯胺、甲醛等有毒物质浓度超过国家职业卫生标准的作业；二是，非密封源放射性物质的操作，核事故与放射事故的应急处置；三是，体力劳动强度分级标准中规定的第三级、第四级体力劳动强度的作业；四是，作业场所空气中锰、氟、溴、甲醇、有机磷化合物、有机氯化合物等有毒物质浓度超过国家职业卫生标准的作业。对哺乳未满 1 周岁婴儿的女职工，用人单位不得延长劳动时间或者安排夜班劳动。用人单位应当在每天的劳动时间内为哺乳期女职工安排 1 小时哺乳时间；女职工生育多胞胎的，每多哺乳 1 个婴儿每天增加 1 小时哺乳时间。

第四十八条 用人单位不得因结婚、怀孕、产假、哺乳等情形，降低女职工的工资和福利待遇，限制女职工晋职、晋级、评聘专业技术职称和职务，辞退女职工，单方解除劳动（聘用）合同或者服务协议。

女职工在怀孕以及依法享受产假期间，劳动（聘用）合同或者服务协议期满的，劳动（聘用）合同或者服务协议期限自动延续至产假结束。但是，用人单位依法解除、终止劳动（聘用）合同、服务协议，或者女职工依法要求解除、终止劳动（聘用）合同、服务协议的除外。

用人单位在执行国家退休制度时，不得以性别为由歧视妇女。

◆ 释义

本条是关于禁止因结婚、怀孕、产假、哺乳等情形或者在执行退休制度时歧视女职工的规定。

一、不得因结婚、生育歧视女职工

结婚、生育是妇女的基本权利，是维持人类自身延续与发展的重要的社会活动，不仅是某个妇女或者家庭的责任，更是国家、社会的责任。用人单位在妇女结婚、生育阶段保护好妇女的劳动权利和获得劳动报酬的权利是其应该承担的社会责任。联合国《消除对妇女一切形式歧视公约》第十一条第二款规定：“缔约各国为使妇女不致因为结婚或生育而受歧视，又为保障其有效的工作权利起见，应采取适当措施：（1）禁止以怀孕或产假为理由予以解雇，以及以婚姻状况为理由予以解雇的歧视，违反规定者得受处分；（2）实施带薪产假或具有同等社会福利的产假，不丧失原有工作、年资或社会津贴；（3）鼓励提供必要的辅助性社会服务，特别是通过促进建立和发展托儿设施系统，使父母得以兼顾家庭义务和工作责任并参与公共事务；（4）对于怀孕期间从事确实有害于健康的工作的妇女，给予特别保护。”我国立法也一向重视对结婚、生育阶段妇女劳动权利和获得劳动报酬权利的保护，建立完善的女职工劳动特殊保护制度。如，《中华人民共和国劳动法》和国务院的《女职工劳动保护特别规定》等法律、行政法规规定了对孕产期女职工的一系列特殊保护措施。《中华人民共和国劳动法》《中华人民共和国劳动合同法》《中华人民共和国公务员法》等还明确规定女职工或者女性公务员在孕期、产期、哺乳期内的，用人单位不得解除劳动合同或者予以辞退。

实践中，女职工比较容易因为结婚和生育等因素，在就业过程中遭受歧视待遇。而对于女职工法定生育权的限制，更是为我国法律所不允许。本条第一款明确规定，用人单位不得因结婚、怀孕、产假、哺乳等情形，降低女职工的工资和福利待遇，限制女职工晋职、晋级、评聘专业技术职称和职务，辞退女职工，单方解除劳动（聘用）合同或者服务协议。违反上述规定的，将依据本法第八十三条承担相应的法律责任。

二、生育期间劳动（聘用）合同处理

原妇女权益保障法只规定了不得因结婚、怀孕、产假、哺乳等情形单方解除劳动（聘用）合同或者服务协议，但是对于女职工在怀孕、产假期间劳动合同或者服务协议期满的，未作规定。由于此时女职工受自身身体状况、照顾婴儿等条件限制，另寻其他工作相对困难，为更充分保护女职工权益，河北、江苏、浙江、广东、重庆、四川、湖南、河南、陕西等地均在地方性法规中对产假期内劳动合同或者服务协议期满如何处理作出相应规定。因此本条第二款在总结地方立法经验的基础上，作了完善性修改，规定“女职工在怀孕以及依法享受产假期间，劳动（聘用）合同或者服务协议期满的，劳动（聘用）合同或者服务协议期限自动延续至产假结束。”此外，参考《中华人民共和国劳动合同法》，规定了可以解除劳动（聘用）合同或者服务协议的情形，规定“用人单位依法解除、终止劳动（聘用）合同、服务协议，或者女职工依法要求解除、终止劳动（聘用）合同、服务协议的除外。”本款规定主要目的是保护结婚、怀孕阶段的女职工的权利，限制用人单位。如果女职工自愿辞职或者单方面终止劳动合同的，无论是否以结婚、怀孕、生育、哺乳为由，不受本款规定的限制。

所谓劳动（聘用）合同，是指劳动者与用人单位确立劳动关系，明确双方权利义务的协议。按照劳动合同法的规定，我国境内的企业、个体经济组织、社会服务机构等组织或者机构（简称用人单位）与劳动者建立劳动关系，应当依照劳动合同法订立、履行、变更、解除或者终止劳动合同。国家机关、事业单位、社会团体和与其建立劳动关系的劳动者（主要是指从事后勤保障的工勤人员）也应当依照劳动合同法订立、履行、变更、解除或者终止劳动合同。

实践中，事业单位与其工作人员一般签订聘用合同，用以确定事业单位及其聘用的工作人员之间的人事关系，明确双方权利义务。《事业单位人事管理条例》规定事业单位与工作人员订立聘用合同。按照《中华人民共和国劳动合同法》第九十六条的规定，事业单位与实行聘用制的工作人员订立、履行、变更、解除或者终止劳动合同，法律、行政法规或者国务院另有规定的，依照其规定；未作规定的，依照该法有关规定执行。

在劳动就业领域，服务协议的适用非常慎重。依据劳动合同法和《事业单位人事管理条例》的规定，用人单位招用或者聘用职工，建立劳动关系或者人事关系，应当订立劳动合同或者聘用合同，不允许以签订服务协议代替签订劳动合同或者聘用合同。同时，为了防止用人单位滥用服务协议限制职工的合法权益，劳动合同法只规定了专项培训服务期协议和保密竞业限制协议，并规定了严格的适用条件。目前，用人单位与女性签订服务协议的情形主要有两种：一是超过法定退休年龄的妇女再就业的；一是妇女灵活就业的。

实践中，对结婚、生育阶段女职工的劳动权利、劳动报酬权利的侵害主要表现为降低工资和单方解除劳动（聘用）合同或者服务协议。对此，本条予以了明确的禁止。另外，有的单位对结婚、生育阶段的女职工行使劳动权利设置了其他种种障碍，如停止发放工资，延期调整女职工的工资和职务，减少或降低女职工的福利待遇，将其转为待聘、编余人员等，对这些严重侵害结婚、生育阶段妇女劳动权利和获取劳动报酬权利的行为，依照本法的精神，应当予以制止并追究有关责任人员相应的法律责任。

另外，本条规定不是指在结婚、怀孕、产假、哺乳期间，用人单位一律不得辞退女职工、单方解除合同，而是说不得因结婚、怀孕、产假、哺乳等情形辞退女职工、单方解除合同。根据劳动合同法和原劳动部有关答复，结婚、怀孕、产假、哺乳期间的女职工在合同规定的试用期内发现不符合录用条件的，或者违纪的，可以辞退，但不得以女职工怀孕、休产假、哺乳为由辞退。

三、执行退休制度不得歧视妇女

我国目前的正常退休年龄仍执行的是经全国人大常委会批准的《国务院关于安置老弱病残干部的暂行办法》和《国务院关于工人退休、退职的暂行办法》。而后在实际执行中，不断出台一些政策文件加以补充完善。

按照《国务院关于完善企业职工基本养老保险制度的决定》

（国发〔2005〕38号）规定，《国务院关于建立统一的企业职工基本养老保险制度的决定》（国发〔1997〕26号）实施后参加工作、缴费年限（含视同缴费年限，下同）累计满15年的人员，退休后按月发给基本养老金。2011年的《中华人民共和国社会保险法》第十三条规定，国有企业、事业单位职工参加基本养老保险前，视同缴费年限期间应当缴纳的基本养老保险费由政府承担；第十六条规定，参加基本养老保险的个人，达到法定退休年龄时累计缴费满十五年的，按月领取基本养老金。劳动和社会保障部《关于完善城镇职工基本养老保险政策有关问题的通知》（劳社部发〔2001〕20号）第三条规定：城镇个体工商户等自谋职业者以及采取各种灵活方式就业的人员，在其参加养老保险后，在男年满60周岁、女年满55周岁时，累计缴费年限满15年的，可按规定领取基本养老金。

本条第三款规定在实际执行中应当注意两点：第一，在执行国家有关退休年龄的规定时，用人单位不得任意要求女职工提前退休；第二，女职工应享有与男职工同等的福利待遇，不能因为男女退休年龄的不一致而使得女职工的福利待遇低于男职工。

2021年公布的第七次人口普查数据显示，我国60岁及以上人口约有2.64亿，占总人口的18.7%；65岁以上人口约有1.9亿，占总人口的13.5%，社会老龄化已成为迫在眉睫的问题。而延迟退休，是应对人口老龄化的一项重要举措，为目前的发达国家普遍采用。2022年2月，《国务院关于印发“十四五”国家老龄事业发展和养老服务体系规划的通知》提出，实施渐进式延迟法定退休年龄。目前，有关部门正在组织专家研究出台渐进式延迟退休方案，届时，我国的法定退休年龄将会有所调整。

第四十九条 人力资源和社会保障部门应当将招聘、录取、晋职、晋级、评聘专业技术职称和职务、培训、辞退等过程中的性别歧视行为纳入劳动保障监察范围。

◆ **释义**

本条是关于将就业性别歧视纳入劳动保障监察范围的规定。

一、我国劳动保障监察有关规定

劳动保障监察是劳动保障行政机关依法对用人单位遵守劳动保障法律、法规、规章的情况进行监督检查，发现和纠正违法行为，并对违法行为依法进行行政处理或行政处罚的行政执法活动。

在国际劳工组织和世界多数国家，劳动保障监察又称为劳动监察或劳工监察，涉及劳动安全卫生、就业、工时、工资报酬和劳动关系调整等领域，是政府依法调整劳动关系的一项强制性手段。国际劳工组织先后通过了多项有关劳动监察方面的公约及建议书，如《劳动监察（卫生机构）建议书》《劳动监察建议书》《工商业劳动监察公约》《劳动监察（农业）公约》和《劳动监察公约（81号）议定书》等，将保护范围扩大到工业、商业、农业、教、科、文、卫等各个领域。国际劳工组织认为，劳动监察是一项公共职能，一项政府责任，要作为一种制度加以建立并纳入国家行政体系中，目的是管理社会和劳动政策并监督其实施，使之符合立法和标准。20世纪50年代以来，劳动监察制度在世界上很多国家和地区普遍得到建立，劳动监察成为各国政府规范劳动力市场、调整劳动关系的一项重要社会政策措施。

我国劳动监察制度始建于新中国成立之初，随着改革开放的深入和经济社会的发展，劳动监察制度逐步完善。1982年国务院发布了《锅炉压力容器安全监察暂行条例》和《矿山安全监察条例》。1993 年原劳动部发布了《劳动监察规定》，对劳动监察一般规则作了规定。1994 年的《中华人民共和国劳动法》对县级以上各级人民政府劳动行政部门和其他有关职能部门依法对用人单位遵守劳动法律、法规的情况进行监督检查作出规定。此后，各级劳动行政部门相继建立了专门的劳动监察机构和队伍。1999 年的《社会保险费征缴暂行条例》将劳动监察的范围从劳动领域扩大到社会保险领域。2004 年，国务院专门出台《劳动保障监察条例》，明确了劳动保障监察实施主体、对象、职责、项目、程序等，为劳动保障监察提供了更具可操作性的法规依据，规定劳动保障行政部门实施劳动保障监察的事项包括：（1）用人单位制定内部劳动保障规章制度的情况；（2）用人单位与劳动者订立劳动合同的情况；（3）用人单位遵守禁止使用童工规定的情况；（4）用人单位遵守女职工和未成年工特殊劳动保护规定的情况；（5）用人单位遵守工作时间和休息休假规定的情况；（6）用人单位支付劳动者工资和执行最低工资标准的情况；（7）用人单位参加各项社会保险和缴纳社会保险费的情况；（8）职业介绍机构、职业技能培训机构和职业技能考核鉴定机构遵守国家有关职业介绍、职业技能培训和职业技能考核鉴定的规定的情况；（9）法律、法规规定的其他劳动保障监察事项。其后，劳动保障行政部门发布了一系列配套规章。2007 年的《中华人民共和国劳动合同法》进一步明确了劳动保障监察的法律地位，强化监察职责，同时要求县级以上地方人民政府劳动行政部门依法对用人单位与劳动者订立和解除劳动合同的情况，劳务派遣单位和用工单位遵守劳务派遣有关规定的情况以及法律、法规规定的其他劳动监察事项实施监督检查。至此，我国建立了比较完善的劳动保障监察制度体系。

二、将就业性别歧视明确纳入劳动保障监察范围

在本法的立法过程中，一些意见提出，由于《劳动保障监察

条例》未将就业歧视明确纳入劳动保障监察事项范围，导致实践中有关行政机关针对就业歧视实施劳动保障监察、作出行政处罚的依据不充分；同时，司法救济途径成本又太高，即便法院有就业歧视纠纷的案由，也很少有人愿意提起诉讼，导致就业性别歧视违法成本低，屡禁不止。

《中华人民共和国劳动法》和《中华人民共和国就业促进法》明确规定，劳动者就业，不因民族、种族、性别、宗教信仰不同而受歧视。因此，政府有关部门和社会都应当积极采取适当措施创造公平的就业环境保障劳动者免受就业歧视。2019 年，人力资源和社会保障部、教育部、全国妇联等九部门联合印发《关于进一步规范招聘行为促进妇女就业的通知》，要求以规范招聘行为为重点，加强监管执法，切实保障妇女平等就业权利，依法禁止招聘环节中的就业性别歧视，强化人力资源市场监管，建立联合约谈机制，健全司法救济机制等。人力资源和社会保障部门要会同有关部门加强对招用工行为的监察执法，引导合法合理招聘。为了进一步创造公平的就业环境，本条明确将涉及就业全过程各个环节的性别歧视纳入劳动保障监察事项范围。同时本法第七十四条规定，用人单位侵害妇女劳动和社会保障权益的，人力资源和社会保障部门可以联合工会、妇女联合会约谈用人单位，依法进行监督并要求其限期纠正；第八十三条规定，用人单位违反本法第四十三条和第四十八条规定的，由人力资源和社会保障部门责令改正；拒不改正或者情节严重的，处一万元以上五万元以下罚款。

根据《劳动保障监察条例》，劳动保障监察遵循公正、公开、高效、便民的原则。实施劳动保障监察，坚持教育与处罚相结合，接受社会监督。任何组织或者个人对违反劳动保障法律、法规或者规章的行为，有权向劳动保障行政部门举报。女职工认为用人单位对其实施就业性别歧视的，有权向劳动保障行政部门投诉。劳动保障行政部门应当依据《劳动保障监察条例》规定的监察期限和程序实施劳动保障监察，对违反本法和其他劳动保障法律、法规或者规章的行为，根据调查、检查的结果，依法作出处理：(1) 对依法应当受到行政处罚的，依法作出行政处罚决定；(2) 对应当改正未改正的，依法责令改正或者作出相应的行政处理决定；(3) 对情节轻微且已改正的，撤销立案。发现违法案件不属于劳动保障监察事项的，应当及时移送有关部门处理；涉嫌犯罪的，应当依法移送司法机关。劳动保障行政部门对违反劳动保障法律、法规或者规章的行为作出行政处罚或者行政处理决定前，应当听取用人单位的陈述、申辩；作出行政处罚或者行政处理决定，应当告知用人单位依法享有申请行政复议或者提起行政诉讼的权利。违反劳动保障法律、法规或者规章的行为在2年内未被劳动保障行政部门发现，也未被举报、投诉的，劳动保障行政部门不再查处。

第五十条　国家发展社会保障事业，保障妇女享有社会保险、社会救助和社会福利等权益。

国家提倡和鼓励为帮助妇女而开展的社会公益活动。

◆ 释义

本条是关于妇女依法享有社会保障和开展帮助妇女的社会公益活动的规定。

一、国家保障妇女享有社会保险、社会救助和社会福利等权益

社会保险是指国家强制实行，由劳动者、用人单位和国家共同筹资，建立保险基金，保障公民在年老、疾病、工伤、失业、生育等情况下依法从国家和社会获得物质帮助的权利。国家建立基本养老保险、基本医疗保险、工伤保险、失业保险、生育保险等社会保险制度。基本养老保险制度，是指缴费达到法定期限并且个人达到法定退休年龄后，国家和社会提供物质帮助以保证年老者稳定、可靠的生活来源的社会保险制度。基本医疗保险制度，是指按照国家规定缴纳一定比例的医疗保险费，在参保人因患病和意外伤害而发生医疗费用后，由医疗保险基金支付其医疗保险待遇的社会保险制度。工伤保险制度，是指由用人单位缴纳工伤保险费，对劳动者因工作原因遭受意外伤害或者职业病，从而造成死亡、暂时或者永久丧失劳动能力时，给予职工及其相关人员工伤保险待遇的一项社会保险制度。失业保险制度，是指国家为失业而暂时失去工资收入的社会成员提供物质帮助，以保障失业人员的基本生活，维持劳动力的再生产，为失业人员重新就业创造条件的一项社会保险制度。生育保险制度，是指由用人单位缴纳保险费，其职工或者职工未就业配偶按照国家规定享受生育保险待遇的一项社会保险制度。

社会救助是国家通过国民收入再分配，对因个人、家庭、自然、社会或者其他原因而无法维持最低生活水平的社会成员给予必要的帮助，以维持其基本生活需求的一种社会保障制度。社会救助的目标是帮助社会弱势群体摆脱生活困难，维护社会秩序的稳定，是保民生、促公平的托底性、基础性制度安排，包括最低生活保障、特困人员供养、受灾人员救助、医疗救助、教育救助、住房救助、就业救助和临时救助等内容。社会救助是对生活困难妇女的兜底性保障。

社会福利是指国家为了提高公民的生活质量，依法为其提供物质和服务的社会保障制度，其目的在于提高公民的物质和精神生活水平，使公民得到更多享受。社会福利对象为全体社会成员或者是具备国家规定的资格的任何公民，以提高人民的生活水平和生活质量为目的，有一定的“享受性”功能，是较高层次的保障。比如，我国已经开展的困境儿童生活保障、经济困难高龄失能老年人补贴、残疾人补贴等都是其中的重要内容。

妇女享有与男子平等的社会保障权益，同时还应关切和保障妇女的特殊利益和需求。《中国妇女发展纲要（2021—2030 年）》提出，要完善惠及妇女群体的社会保障体系，完善覆盖城乡妇女的生育保障制度，不断提高妇女医疗保障水平，促进妇女享有可持续多层次养老保险，保障女性失业保险权益，扩大妇女工伤保险覆盖面，强化社会救助对生活困难妇女的兜底保障，更好满足妇女群体的社会福利需求，保障妇女享有基本养老服务，探索建立多层次长期照护保障制度，提高对妇女的关爱服务水平。

二、国家提倡和鼓励为帮助妇女而开展的社会公益活动

维护妇女权益、促进妇女全面发展是需要长期投入和付出的事业。保障妇女权益是国家的责任，同时也需要社会力量共同参与，通过多种途径和方式，在更大范围和更深层次上帮助妇女。多年来，众多社会组织、企业等开展了多种形式的公益活动，在改善特殊困难妇女生存状况、提高妇女健康水平、提供妇女就业创业机会、提升妇女社会地位等方面发挥了重要作用。比如，为改善贫困地区缺医少药状况，维护妇女健康权益，由全国妇联、国务院妇儿工委办共同主办，中国妇女发展基金会承办“母亲健康快车”项目，通过募集善款，购置医疗救护车，免费捐赠给贫困、边远、少数民族地区的县级妇幼保健院；为帮助饮水困难地区妇女及家庭解决饮用水困难，全国妇联、北京市人民政府、中央电视台联合发起，中国妇女发展基金会组织实施了“母亲水窖”项目；为改善贫困家庭女童受教育状况，中国儿童少年基金会发起实施“春蕾计划”，围绕女童教育、女童安全、女童健康等开展多种形式的关爱帮扶工作，帮助女童求学圆梦、成长成才；中国妇女发展基金会发起“母亲邮包”项目，主要选取贫困母亲日常生活必需品，发动社会各界通过“一对一”的捐助模式，将主要由生活必需品组成的“母亲邮包”准确递送至贫困母亲手中，帮助贫困母亲解决生活中的一些实际困难。

国家一直提倡和鼓励为帮助妇女而开展的社会公益活动，通过各种措施为有关社会组织和企业等开展的社会公益活动提供支持和帮助。比如，2005年，“母亲健康快车”项目获国家税务总局和财政部特批免征车辆购置税，是我国继消防、森林防火获特批的第三个项目；“母亲邮包”项目以中国邮政开启的邮政绿色通道为服务支撑。

第五十一条 国家实行生育保险制度，建立健全婴幼儿托育服务等与生育相关的其他保障制度。

国家建立健全职工生育休假制度，保障孕产期女职工依法享有休息休假权益。

地方各级人民政府和有关部门应当按照国家有关规定，为符合条件的困难妇女提供必要的生育救助。

◆ 释义

本条是关于建立健全生育保障、生育休假等制度的规定。

一、关于生育保险和其他生育保障制度

（一）实行生育保险制度

生育保险是国家通过立法，对职工生育给予生活保障和物质帮助的一项强制性保险制度。长期以来，党和政府十分重视女职工生育期间的保障问题，新中国成立后相继颁布劳动保险条例、女职工劳动保护规定、妇女权益保障法、劳动法等一系列保障妇女权益的法律法规，为生育女职工提供基本生活保障和医疗服务，解除了她们的后顾之忧。1988 年我国部分地区开始进行生育保险制度改革的尝试，将原有单位负担和管理的生育保障方式，逐步转变为实行社会统筹的保险方式。1994 年当时的劳动部颁布《企业职工生育保险试行办法》，有力地推动了生育保险制度的改革。

2010 年 10 月，十一届全国人大常委会第十七次会议审议通过社会保险法，对生育保险的参保范围、缴费主体和保险待遇等作出明确规定。其中，关于参保范围和缴费主体，社会保险法规定，职工应当参加生育保险，由用人单位按照国家规定缴纳生育保险费，职工不缴纳生育保险费。关于生育保险待遇，社会保险法规定，用人单位已经缴纳生育保险费的，其职工享受生育保险待遇；职工未就业配偶按照国家规定享受生育医疗费用待遇，所需资金从生育保险基金中支付。生育保险待遇包括生育医疗费用和生育津贴。同时，社会保险法对生育医疗费用的范围和享受生育津贴的情形作了明确规定。生育医疗费用包括下列各项：（1）生育的医疗费用；（2）计划生育的医疗费用；（3）法律、法规规定的其他项目费用。职工有下列情形之一的，可以按照国家规定享受生育津贴：（1）女职工生育享受产假；（2）享受计划生育手术休假；（3）法律、法规规定的其他情形。生育津贴按照职工所在用人单位上年度职工月平均工资计发。作为生育保障制度核心的生育保险制度，自正式施行以来，对维护职工生育保障权益、促进妇女公平就业、均衡用人单位负担、保障职业妇女生育期间基本生活和身体健康发挥了十分重要的作用。因此，本条第一款再次对国家实行生育保险制度的责任予以了明确。

（二）建立健全婴幼儿托育服务等与生育相关的其他保障制度

随着经济社会不断发展，我国除实行针对职工的生育保险制度外，还根据保障对象和保障内容的不同，实行多种与生育相关的其他保障制度，以期形成较为完善的保障体系，更好地保障妇女生育权益。现阶段，国家应当进一步建立健全其他生育相关保障制度，比如针对生育保险覆盖面有限，国家应当进一步健全城乡居民医疗保险制度，为城乡居民医保参保人生育医疗费用提供保障；针对部分困难妇女，国家应当进一步健全生育救助制度；针对部分有未成年子女的住房困难群体，国家应当加快完善住房保障体系；等等。

为促进人口均衡发展，积极应对人口老龄化，2021 年 8 月十三届全国人大常委会第三十次会议审议通过了关于修改人口与计划生育法的决定。修改后的人口与计划生育法规定，国家提倡适龄婚育、优生优育，一对夫妻可以生育三个子女。由此我国的人口生育政策从 2015 年开始的“全面二孩”生育政策进一步调整为“三孩”生育政策。生育政策的调整是我国完善人口发展战略的重要举措，但同时对我国的生育保障制度提出了更高要求。婴幼儿无人照料是当前困扰许多家庭的难题，托育服务供给与家庭需求间存在缺口、祖辈照料负担过重、女性职业发展受阻等成为制约家庭再生育的重要因素。因此，在需要建立健全的其他生育保障制度中，婴幼儿照护服务制度机制的建立和完善是重中之重。党中央、国务院高度重视托育服务发展，党的十九大提出在幼有所育上不断取得新进展。2019 年、2020 年，国务院办公厅先后印发《关于促进 3 岁以下婴幼儿照护服务发展的指导意见》和《关于促进养老托育服务健康发展的意见》，为我国托育服务事业发展指明了方向。党的十九届五中全会作出“实施积极应对人口老龄化国家战略”的重大部署，提出发展普惠托育服务体系。《“十四五”公共服务规划》将“每千人口拥有3岁以下婴幼儿托位数”列为社会发展与公共服务主要指标之一，明确2025年达到4.5个的目标，为发展托育服务提供支持和保障。中共中央、国务院印发《关于优化生育政策促进人口长期均衡发展的决定》明确了发展普惠托育服务体系的实现路径。在常委会审议妇女权益保障法修订草案过程中，有的意见提出，应适应新的生育政策，切实解除妇女生育的后顾之忧，建议在“与生育相关的其他保障制度”中着重强调“婴幼儿托育服务”。经研究，妇女权益保障法吸收该条意见，将修订草案中的“建立健全与生育相关的其他保障制度”明确为“建立健全婴幼儿托育服务等与生育相关的其他保障制度”。

二、关于生育休假制度和孕产期女职工休息休假权益

（一）建立健全生育休假制度

生育休假制度作为对女职工进行特殊劳动保护的措施之一，相关法律、行政法规对此作了明确规定。其中，劳动法规定，女职工生育享受不少于90天的产假。2012年4月国务院发布《女职工劳动保护特别规定》，在劳动法规定基础上进一步对产假制度作出规定：女职工生育享受98天产假，其中产前可以休假15天；难产的，增加产假15天；生育多胞胎的，每多生育1个婴儿，增加产假15天。女职工怀孕未满4个月流产的，享受15天产假；怀孕满4个月流产的，享受42天产假。此外，人口与计划生育法规定，符合法律、法规规定生育子女的夫妻，可以获得延长生育假的奖励或者其他福利待遇。

新的生育政策出台后，国家和地方采取了一系列生育支持措施，其中包括延长生育假、设立育儿假。中共中央、国务院印发的《关于优化生育政策促进人口长期均衡发展的决定》提出，严格落实产假、哺乳假等制度；支持有条件的地方开展父母育儿假试点，健全假期用工成本分担机制。人口与计划生育法新增规定，

国家支持有条件的地方设立父母育儿假。此外，北京、上海、浙江等多地修订人口与计划生育条例，对延长生育假、设立育儿假等作了相关规定。例如《北京市人口与计划生育条例》第十九条规定，按规定生育子女的夫妻，女方除享受国家规定的产假外，享受延长生育假六十日，男方享受陪产假十五日。女方经所在机关、企业事业单位、社会团体和其他组织同意，可以再增加假期一至三个月。按规定生育子女的夫妻，在子女满三周岁前，每人每年享受五个工作日的育儿假，每年按照子女满周岁计算。夫妻双方经所在机关、企业事业单位、社会团体和其他组织同意，可以调整延长生育假、育儿假的假期分配。女方自愿减少延长生育假的，男方享受的陪产假可以增加相应天数；夫妻双方享受的育儿假合计不超过十个工作日。因此，本条第二款结合上述规定，强调国家建立健全职工生育休假制度。

（二）保障孕产期女职工休息休假权益

休息权是我国宪法明确规定的劳动者享有的权利，同时宪法还规定，国家发展劳动者休息和休养的设施，规定职工的工作时间和休假制度。由于身体原因，孕产期女职工通常不能承受强度大、时间长的劳动，为保护其身体健康，我国相关法律、行政法规在宪法规定的基础上，对孕产期女职工休息休假的权益作了专门规定和强调。劳动法规定，不得安排女职工在怀孕期间从事国家规定的第三级体力劳动强度的劳动和孕期禁忌从事的劳动，对怀孕7个月以上的女职工，不得安排其延长工作时间和夜班劳动；不得安排女职工在哺乳未满一周岁的婴儿期间从事国家规定的第三级体力劳动强度的劳动和哺乳期禁忌从事的其他劳动，不得安排其延长工作时间和夜班劳动。《女职工劳动保护特别规定》规定，怀孕女职工在劳动时间内进行产前检查，所需时间计入劳动时间；怀孕7个月以上的女职工，应当在劳动时间内安排一定的休息时间；应当在每天的劳动时间内为哺乳期女职工安排 1 小时哺乳时间，女职工生育多胞胎的，每多哺乳 1 个婴儿每天增加 1 小时哺乳时间。

三、关于生育救助

一般来说，社会救助是指国家和社会对遭受自然灾害、失去劳动能力或者由于其他原因而陷入生存困境的公民，给予财物接济和生活扶助，以保障其最低生活需要的制度。社会救助作为社会保障制度的重要组成部分，在调整资源配置，实现社会公平，维护社会稳定，构建社会主义和谐社会等方面发挥着重要的基础性和兜底性作用。2014 年 2 月国务院发布《社会救助暂行办法》，系统构建了我国的社会救助制度体系，主要包括最低生活保障、特困人员供养、受灾人员救助、医疗救助、教育救助、住房救助、就业救助、临时救助等制度安排，同时对各类制度安排的适用条件、待遇内容和申请程序等作了明确规定，这为我国社会救助事业的有序发展提供了法律依据。2020 年 8 月中共中央办公厅、国务院办公厅印发《关于改革完善社会救助制度的意见》提出，打造多层次救助体系，对不符合低保或特困供养条件的低收入家庭和刚性支出较大导致基本生活出现严重困难的家庭，根据实际需要给予相应的医疗、住房、教育、就业等专项社会救助或实施其他必要救助措施，鼓励各地根据城乡居民遇到的困难类型，适时给予相应救助帮扶等。因此，本条第三款结合上述规定，专门强调地方各级人民政府和有关部门应当为符合条件的困难妇女提供必要的生育救助。

第五十二条 各级人民政府和有关部门应当采取必要措施，加强贫困妇女、老龄妇女、残疾妇女等困难妇女的权益保障，按照有关规定为其提供生活帮扶、就业创业支持等关爱服务。

◆ **释义**

本条是关于加强困难妇女权益保障的规定。

一、加强困难妇女权益保障

我国宪法明确规定："中华人民共和国公民在年老、疾病或者丧失劳动能力的情况下，有从国家和社会获得物质帮助的权利。国家发展为公民享受这些权利所需要的社会保险、社会救济和医疗卫生事业。"上述规定明确了国家和社会为包括困难妇女在内的符合条件的公民提供物质帮助的义务和责任。贯彻落实宪法规定精神，我国老年人权益保障法、残疾人保障法、就业促进法、社会保险法、社会救助暂行办法等一系列法律法规，分别对加强老年人、残疾人、就业困难人员、生活困难人员等群体的权益保障等作出专门规定。由上可见，加强贫困妇女、老龄妇女、残疾妇女等困难妇女的权益保障，属于我国社会保障事业发展的应有之义。2018 年 11 月习近平总书记在同全国妇联新一届领导班子成员集体谈话时强调："要把握妇女对美好生活的向往，有针对性地做好联系妇女、服务妇女各项工作，把更多注意力放在最普通的妇女特别是困难妇女身上，格外关心贫困妇女、残疾妇女、留守妇女等困难妇女，为她们做好事、解难事、办实事。"2021 年 9 月国务院发布的《关于印发中国妇女发展纲要和中国儿童发展纲要的通知》提出，各级人民政府将实施纲要所需工作经费纳入财政预算，实现妇女事业和经济社会同步发展，重点支持革命老区、民族地区、边疆地区、欠发达地区妇女发展，支持特殊困难妇女群体发展。因此，为了贯彻习近平总书记的重要指示和中央文件的有关精神，本条首先对各级人民政府和有关部门采取措施加强贫困妇女、老龄妇女、残疾妇女等困难妇女权益保障的义务和责任作了规定。

二、为困难妇女提供生活帮扶、就业创业支持

生活困难和就业困难是困难妇女群体面临的最为突出和紧迫的问题，因此本条着重提出各级人民政府和有关部门要按照有关规定为困难妇女群体提供生活帮扶和就业创业支持等关爱服务。对于生活帮扶和就业创业支持措施，《关于印发中国妇女发展纲要和中国儿童发展纲要的通知》（以下简称《通知》）作了较为明确的规定：首先，关于生活帮扶。根据《通知》规定，一是要强化社会救助对生活困难妇女的兜底保障。推进法律实施，强化政策衔接，健全基本生活救助制度和医疗救助、教育救助、住房救助、就业救助、受灾人员救助等专项救助制度，健全临时救助政策措施，强化急难社会救助功能，积极发展服务类社会救助，推进政府购买社会救助服务，确保符合条件的妇女应救尽救。鼓励、支持慈善组织依法依规为生活困难妇女提供救助帮扶。二是要提高对妇女的关爱服务水平。开展农村留守妇女关爱行动。对农村留守妇女进行摸底排查，建立完善以县级为单位的信息台账。积极为农村留守妇女创业发展搭建平台、提供服务。支持农村留守妇女参与乡村振兴和家庭文明建设，在乡村治理、邻里互助、留守老人儿童关爱服务中发挥积极作用。完善特殊困难失能留守老年人探访关爱制度，不断拓展对妇女群体的关爱服务，支持社会力量参与，重点为生活困难、残疾、重病等妇女群体提供权益保护、生活帮扶、精神抚慰等关爱服务。三是要更好满足妇女群体的社会福利需求。完善经济困难高龄失能老年人补贴制度，落实各项补贴待遇，逐步提升老年妇女福利水平。完善残疾人补贴制度，动态调整、合理确定困难残疾人生活补贴和重度残疾人护理补贴标准，扩大适合残疾妇女特殊需求的公共服务供给。其次，关于就业创业支持。《通知》提出，要健全公共就业服务体系，深化就业服务专项活动，促进妇女就业的人岗对接。充分发挥现代服务业和新业态吸纳妇女就业的功能，支持妇女参与新业态新模式从业人员技能培训。加大帮扶力度，多渠道帮助就业困难妇女实现就业。扶持民族传统手工艺品产业发展，提高组织化程度，促进各族妇女就地就近就业。支持女性科技人才投身科技创业，发展农村电子商务，鼓励外出务工妇女返乡创业，支持有意愿的妇女下乡创业。创新金融、保险产品和服务模式，拓宽妇女创业融资渠道。

第六章　财产权益

第五十三条　国家保障妇女享有与男子平等的财产权利。

◆ **释义**

本条是关于国家保障妇女享有与男子平等的财产权利的总的规定。

一、妇女享有与男子平等的财产权利

国家保障妇女享有与男子平等的财产权利，既是男女平等原则的体现，也是保障实现男女平等原则的物质基础。我国一向重视对妇女平等财产权的保护，在已有的立法中，对妇女平等财产权的保护已经作出了相关规定。《中华人民共和国宪法》第四十八条规定，中华人民共和国妇女在政治的、经济的、文化的、社会的和家庭的生活等各方面享有同男子平等的权利。该条中经济的、家庭的生活方面的权利包括了财产权利。《中华人民共和国民法典》第一百一十三条规定，民事主体的财产权利受法律平等保护；第一千一百二十六条规定，继承权男女平等；第一千零六十二条规定，夫妻对共同财产，有平等的处理权。然而，实践中还存在征地拆迁不给妇女分补偿款、嫁出去的女儿不能继承家中财产等侵犯妇女平等财产权的情形。针对这些现实中的问题，本条明确规定国家保障妇女享有与男子平等的财产权利。

强调保障妇女享有与男子平等的财产权利的背景是，在现实生活中，男女两性的社会地位、家庭地位还存在一些差别，与男子相比，妇女还处于弱势地位，重男轻女的传统观念和习惯势力短期内不可能完全消除。经济能力是基础，只有保障妇女享有与男子平等的财产权利，才能提高妇女在社会和家庭中的地位，从而真正实现男女平等。第一，妇女只有享有与男子平等的财产权利，才可能以独立的身份参与国家和社会的政治生活，管理国家事务、经济和文化事务、社会事务等。第二，妇女只有享有与男子平等的财产权利，才能实现其接受文化教育的权利，提高文化水平，并积极投身于科学技术研究、文学艺术创作以及其他文化活动中。第三，妇女只有享有与男子平等的财产权利，才能为实现婚姻自由、一夫一妻、男女平等和保护妇女合法权益创造条件。第四，妇女只有享有与男子平等的财产权利，才能使妇女更为充分地实现劳动权利。

二、妇女享有的财产权利的范围

财产的范围很广，可以从不同角度对财产进行划分。从财产形态的角度，可以将财产划分为有形财产和无形财产，有形财产包括动产与不动产，无形财产包括著作权、专利权、商标权等。从财产的用途角度可以将财产划分为生活资料和生产资料两类。财产权利是相对于人身权利而言的，是民事主体所享有的一定物质内容并直接体现为经济利益的权利，包括所有权、用益物权、担保物权等。财产权是宪法赋予所有公民的一项十分重要的经济权利，是公民行使其他权利和自由的物质基础，也是国家发展社会主义市场经济的物质基础。《中华人民共和国宪法》第十三条规定，公民的合法的私有财产不受侵犯。国家依照法律规定保护公民的私有财产权和继承权。《中华人民共和国民法典》第三条也明确规定，民事主体的人身权利、财产权利以及其他合法权益受法律保护，任何组织或者个人不得侵犯。

妇女享有的财产权利可以基于与其他民事主体发生的民事活动而产生，也可以基于婚姻关系、家庭关系等身份关系而产生，常见的比如夫妻共同财产所有权，土地承包经营权，获得拆迁补偿的权利，父、母遗产继承权等，这也是实践中妇女较多被损害的财产权利。妇女享有与男子平等的财产权利，一方面，妇女在取得有关财产权利时，不因性别差异而不能取得或者少取得其应当取得的财产权利，任何组织和个人不得阻挠其取得应当取得的财产权利；另一方面，妇女在支配其财产时，可以凭借个人意愿，自主决定如何支配其所享有的财产权利，不受任何组织和个人的干涉。

需要说明的是，本条不是单纯地从保护妇女的财产权利层面规定的，本条的重点在于平等保护妇女的财产权利，这里的平等是相对于男子而言的。因此，诸如如何保护公民，包括妇女和男子的一些特殊财产权利等问题，并不是本条所要规范的内容。本条是对妇女财产权平等保护的总的规定，本章的其他条文中规定了保障妇女的家庭财产共有权、农村土地使用权及相关权利、继承权等，对这些权利的保护是目前在实践中比较突出的问题，除此之外，本法没有列举的财产权的平等保护可以适用本条的规定。

第五十四条 在夫妻共同财产、家庭共有财产关系中，不得侵害妇女依法享有的权益。

◆ 释义

本条是关于夫妻共同财产、家庭共有财产关系中，不得侵害妇女合法权益的规定。

一、夫妻共同财产和家庭共有财产

财产的所有形式可以分为单独所有和共有两种，单独所有是指财产所有权的主体是单一的，共有是指某项财产由两个或两个以上的权利主体共同享有所有权。共有包括按份共有和共同共有，按份共有人对共有的不动产或者动产按照其份额享有所有权，共同共有人对共有的不动产或者动产共同享有所有权。夫妻共有和家庭共有均属于共同共有，其特征是：第一，根据共同关系而产生，以共同关系的存在为前提，即夫妻关系、家庭关系；第二，在共同共有关系存续期间内，共有财产不分份额；第三，在共同共有中，各共有人平等地对共有物享受权利和承担义务。

我国的夫妻共同财产制采用的是婚后所得共同制，即在婚姻关系存续期间，除个人特有财产和夫妻另有约定外，夫妻双方或者一方所得的财产，均归夫妻共同所有，夫妻双方享有平等的占有、使用、收益和处分权的财产制度。根据《中华人民共和国民法典》第一千零六十二条的规定，夫妻共同财产的范围包括：(1) 工资、奖金、劳务报酬。即劳动者的劳动收入，既包括工资、奖金，也包括各种津贴、补贴等劳务报酬。(2) 生产、经营、投资的收益。这包括夫妻一方或者双方从事生产、经营所得的各种收入和投资所得的收入，如农村中的农业生产和城市里的工业生产以及第三产业等各行各业的生产经营投资收益，有劳动收入，也有资本收益，如股票债券收入、股份、股权等资本利得，亦是夫妻共同财产的一种形式。(3) 知识产权的收益。由知识产权取得的经济利益，属于夫妻共同财产，如因发表作品取得的稿费，因转让专利获得的转让费等，归夫妻共同所有。(4) 继承或者受赠的财产，但遗嘱或者赠与合同中确定只归一方的财产除外。夫妻任何一方继承或者受赠的财产属于夫妻共同财产，但如果遗嘱或者赠与合同中指明财产归夫妻一方所有的，是遗嘱人或者赠与人根据自己意愿处分财产的表现，基于意思自治，应当尊重其对财产的处分权，该财产归一方所有。（5）其他应当归共同所有的财产。除此之外，夫妻一方的婚前财产、一方因受到人身损害获得的赔偿或者补偿、遗嘱或者赠与合同中确定只归一方的财产、一方专用的生活用品等属于夫妻一方的个人财产。

家庭共有财产是指家庭成员在家庭共同生活关系存续期间，共同创造、共同所得的财产。例如，家庭成员交给家庭的财产，家庭成员共同受赠的财产以及在此基础上购置和积累起来的财产等。概言之，家庭共有财产是家庭成员的共同劳动收入和所得。对于几世同堂共同生活的传统家庭，家庭成员包括父母、子女、兄弟姐妹、祖父母与外祖父母、孙子女与外孙子女等，家庭共有财产一般包括所有家庭成员在共同生活期间的劳动收入、积蓄，购置和受赠的财产等；对于夫妻和未成年子女组成的小家庭，此时的家庭共有财产一般也就是夫妻共同财产。家庭共有财产和家庭财产的概念是不同的。家庭财产是指家庭成员共同所有和各自所有的财产的总和，包括家庭成员共同所有的财产、夫妻共有财产和夫妻个人财产、成年子女个人所有的财产、其他家庭成员各自所有的财产等。家庭共有财产则不包括家庭成员各自所有的财产。

共同共有财产的特点是所有共有人对共有财产都不分份额地平等地享有所有权，每个共有人的权利是没有大小、多少之分的。除非法律另有规定或者共有人之间另有约定的，对共同共有财产的使用、收益和处分，应该取得全体共有人的同意。夫妻共同财产、家庭共有财产的共有关系中，共有人不分性别，不论对婚姻、家庭财产贡献的大小，对全部财产不分份额地平等地享有财产的共有权，任何共有人都不能随意处分共有财产。对夫妻共同财产、家庭共有财产的使用、处分，除另有约定外，应当在取得配偶、其他家庭成员的同意后进行。

二、对妇女合法财产权益的保护

在夫妻共同财产、家庭共有财产关系中，妇女的合法权益表现为妇女对共有财产享有与男子同样的权利：男子在使用、收益和处分共有财产时，必须取得妇女的同意；在夫妻共同财产、家庭共有财产关系终止时，妇女享有与男子同等份额的财产权，男子不得隐匿共有财产。在实践中，相比于男子，夫妻共同财产、家庭共有财产关系中妇女的合法权益比较容易受到侵害。传统习惯中的“男主外、女主内”“重男轻女”等落后思想还没有完全失去影响。在社会生活中，有些妇女长期从事家务劳动、抚育子女，没有经济收入。在有些家庭中，尽管妇女也参加工作，有一定的收入，但其收入要明显少于男子的收入，很多男子是家庭的主要经济来源。

在传统思想和现实经济地位的影响下，主要有以下几种侵害妇女在夫妻共同财产、家庭共有财产中的合法权益的情形：第一，丈夫及其亲属或者男性家庭成员妨碍、干涉妻子或者女性家庭成员依法平等行使对夫妻共同财产和家庭共有财产的占有、使用、收益和处分的权利；第二，丈夫或者男性家庭成员未征得妻子或者女性家庭成员的同意，单方占有、使用、收益和处分夫妻共同财产和家庭共有财产；第三，在夫妻离婚处理夫妻共同财产时，侵害女方的共有财产权。比如男方利用经济优势地位，隐匿共有财产，少分或者不分给女方财产；第四，由于家庭共有财产属于共同共有，共有人都没有明确的份额，因此在分家析产时，容易发生不给或者减少女性家庭成员应得份额的情形；第五，在丈夫去世后处理遗产时，将夫妻共同财产作为被继承人的遗产进行分割，侵害被继承人妻子的财产所有权。

本条是对夫妻共同财产、家庭共有财产关系中妇女合法权益保护的正面表述，表明任何侵害夫妻共同财产、家庭共有财产关系中妇女合法权益的行为都是违法行为。针对实践中侵害妇女合法权益的突出问题，《中华人民共和国民法典》也作出了专门规定。比如，第一千零六十六条规定，婚姻关系存续期间存在法定情形的，夫妻一方可以向人民法院请求分割共同财产；第一千零九十二条规定，夫妻一方隐藏、转移、变卖、毁损、挥霍夫妻共同财产，或者伪造夫妻共同债务企图侵占另一方财产的，在离婚分割夫妻共同财产时，对该方可以少分或者不分。离婚后，另一方发现有上述行为的，可以向人民法院提起诉讼，请求再次分割夫妻共同财产。

第五十五条 妇女在农村集体经济组织成员身份确认、土地承包经营、集体经济组织收益分配、土地征收补偿安置或者征用补偿以及宅基地使用等方面，享有与男子平等的权利。

申请农村土地承包经营权、宅基地使用权等不动产登记，应当在不动产登记簿和权属证书上将享有权利的妇女等家庭成员全部列明。征收补偿安置或者征用补偿协议应当将享有相关权益的妇女列入，并记载权益内容。

◆ **释义**

本条是关于保护妇女在农村集体经济组织、农村土地等方面相关权益的规定。

一、妇女在农村集体经济组织、土地相关权益等方面享有与男子平等的权利

男女平等是我国的基本国策。本法第五十三条明确规定：“国家保障妇女享有与男子平等的财产权利。”对于农村妇女而言，土地承包经营权、宅基地使用权以及获得集体经济组织收益和土地征收、征用补偿收益是其重要的财产权益，有必要在财产权益一章作出专门规定，因此，2005 年修正的妇女权益保障法即明确规定：“妇女在农村土地承包经营、集体经济组织收益分配、土地征收或者征用补偿费使用以及宅基地使用等方面，享有与男子平等的权利。”实践中，该条规定对于维护农村妇女的财产权益起到了积极的作用，为解决农村集体经济组织、土地相关权益争议提供了法律依据。2021 年 9 月国务院发布《关于印发中国妇女发展纲要和中国儿童发展纲要的通知》进一步提出，要保障农村妇女平等享有土地承包经营权、宅基地使用权等权益，平等享有农村集体经济组织收益分配、土地征收或征用安置补偿权益。因此，本次修订的妇女权益保障法维持了 2005 年妇女权益保障法的上述规定，只是根据相关文件精神，将“土地征收或者征用补偿费使用”修改为“土地征收补偿安置或者征用补偿”。

集体组织成员身份的确认是保障农村妇女享有集体经济组织各项权益的前提和基础，但在部分地方，出现了将“外嫁女”排除在集体经济组织成员范围之外，或者将妇女折成 0.5 个人头股等情况，严重损害了农村妇女的合法权益。为有效确认集体经济组织成员身份，以推进农村集体产权制度改革，2016 年 12 月中共中央、国务院《关于稳步推进农村集体产权制度改革的意见》（以下简称《意见》）提出，我国农村集体产权制度改革的目标之一就是科学确认农村集体经济组织成员身份，明晰集体所有产权关系，发展新型集体经济。同时，就如何确认农村集体经济组织成员身份作了较为明确的要求：依据有关法律法规，按照尊重历史、兼顾现实、程序规范、群众认可的原则，统筹考虑户籍关系、农村土地承包关系、对集体积累的贡献等因素，协调平衡各方利益，做好农村集体经济组织成员身份确认工作，解决成员边界不清的问题。改革试点中，要探索在群众民主协商基础上确认农村集体经济组织成员的具体程序、标准和管理办法，建立健全农村集体经济组织成员登记备案机制。成员身份的确认既要得到多数人认可，又要防止多数人侵犯少数人权益，切实保护妇女合法权益。提倡农村集体经济组织成员家庭今后的新增人口，通过分享家庭内拥有的集体资产权益的办法，按章程获得集体资产份额和集体成员身份。《意见》出台后，各地按照《意见》提出的集体经济组织成员身份确认的基本原则，结合当地实际情况，陆续制定出台了本地关于集体经济组织成员身份认定的规范性文件等。为在推进农村产权制度改革过程中切实维护农村妇女的合法权益，2021 年 4 月中央农办、农业农村部会同有关部门出台的《关于扎实做好当前重点工作如期完成农村集体产权制度改革阶段性任务的通知》中提出，各地要充分认识农村集体产权制度改革中维护农村妇女合法权益的重要性，加强组织协调，采取有效措施，抓实抓牢农村妇女权益维护工作；深入排查成员身份确认中妇女在娘家婆家“两头空”“两头占”的问题，重点检查离婚、丧偶妇女等群体成员身份确认情况。因此，本次修订妇女权益保障法在现行法律规定的基础上，增加“妇女在农村集体经济组织成员身份确认”方面享有与男子平等的权利。

此外，对违反本条第一款规定侵害农村妇女合法权益行为的救济措施，本法第七十五条第一款作了规定：“妇女在农村集体经济组织成员身份确认等方面权益受到侵害的，可以申请乡镇人民政府等进行协调，或者向人民法院起诉。”

二、在登记证书和补偿协议中保障妇女的权益

基于不动产登记所具有的统一性、权威性和公开性等特征，在不动产登记证书或者相关权属证书上列明的权利主体，其权利具有了公示力和排他力，其利益能够获得长期和稳定的保障。长期以来，在实践中，地方人民政府登记机构颁发的土地承包经营权证等权属证书，一般只记载户主的名字，没有其他家庭成员的名字。承包期内因家庭成员变化，特别是农村妇女结婚、离婚、丧偶时，因为土地经营权证等权属证书并未记载全部家庭成员，经常发生土地承办经营权纠纷或者征收、征用承包地的补偿费分配争议而难以解决，损害了农村妇女的土地承包权益。对此，2015年1月农业部、中央农办等六部门发布《关于认真做好农村土地承包经营权确权登记颁证工作的意见》明确提出，承包经营权证书载明的户主或共有人，要体现男女平等的原则，切实保护妇女土地承包权益。2017年3月《农业部关于加快推进农村承包地确权登记颁证工作的通知》进一步强调，保护好妇女土地承包权益，真正做到登记簿和证书上有其名。在上述文件规定基础上，2018年修改后的农村土地承包法增加规定："土地承包经营权证或者林权证等证书应当将具有土地承包经营权的全部家庭成员列入。"2021年4月中央农办、农业农村部会同有关部门出台的《关于扎实做好当前重点工作如期完成农村集体产权制度改革阶段性任务的通知》再次提出，要规范农村集体经济组织成员（含份额、股份）证书内容，做到已确认为农村集体经济组织成员的妇女"证上有名、名下有权"。因此，结合上述规定，本条第二款进一步明确：申请农村土地承包经营权、宅基地使用权等不动产登记，应当在不动产登记簿和权属证书上将享有权利的妇女等家庭成员全部列明。同时，鉴于实践中由于权益主体不明，导致产生土地征收补偿安置和征用补偿争议，损害农村妇女合法权益的情况时有发生，第二款专门增加规定：征收补偿安置或者征用补偿协议应当将享有权益的妇女列入，并记载权益内容。

第五十六条 村民自治章程、村规民约，村民会议、村民代表会议的决定以及其他涉及村民利益事项的决定，不得以妇女未婚、结婚、离婚、丧偶、户无男性等为由，侵害妇女在农村集体经济组织中的各项权益。

因结婚男方到女方住所落户的，男方和子女享有与所在地农村集体经济组织成员平等的权益。

◆ 释义

本条是关于保护妇女在农村集体经济组织中权益的规定。

一、有关村务事项处理不得侵害妇女权益

农村妇女在农村集体经济组织中的各项合法权益受法律保护，任何组织和个人不得侵害妇女在农村集体经济组织中的合法权益。例如农村土地承包法明确规定："承包中应当保护妇女的合法权益，任何组织和个人不得剥夺、侵害妇女应当享有的土地承包经营权。"同时规定："承包期内，妇女结婚，在新居住地未取得承包地的，发包方不得收回其原承包地；妇女离婚或者丧偶，仍在原居住地生活或者不在原居住地生活但在新居住地未取得承包地的，发包方不得收回其原承包地。"

农村集体经济组织具有营利性，而村民委员会是村民自我管理、自我教育、自我服务的基层群众性自治组织，二者虽然在法律上属于不同的法人，但在绝大多数情况下村民同时又是农村集体经济组织成员，且根据民法典规定，未设立村集体经济组织的，村民委员会可以依法代行村集体经济组织的职能。因此，村民自治章程、村规民约以及村民会议或者村民代表会议的决定等对农村集体经济组织事项具有重要影响。村民委员会组织法对村民会议、村民代表会议的召开、审议内容、表决方式等作了明确规定，其中对必须经村民会议讨论决定的事项作了专门规定："涉及村民利益的下列事项，经村民会议讨论决定方可办理：（一）本村享受误工补贴的人员及补贴标准；（二）从村集体经济所得收益的使用；（三）本村公益事业的兴办和筹资筹劳方案及建设承包方案；（四）土地承包经营方案；（五）村集体经济项目的立项、承包方案；（六）宅基地的使用方案；（七）征地补偿费的使用、分配方案；（八）以借贷、租赁或者其他方式处分村集体财产；（九）村民会议认为应当由村民会议讨论决定的涉及村民利益的其他事项。"此外，村民委员会组织法还对村民自治章程、村规民约的制定、备案作出规定："村民会议可以制定和修改村民自治章程、村规民约，并报乡、民族乡、镇的人民政府备案。"

为了更好规范村民自治章程、村规民约以及村民会议或者村民代表会议的决定，村民委员会组织法对村民自治章程、村规民约以及村民会议或者村民代表会议的决定内容从反面作了禁止性规定："村民自治章程、村规民约以及村民会议或者村民代表会议的决定不得与宪法、法律、法规和国家的政策相抵触，不得有侵犯村民的人身权利、民主权利和合法财产权利的内容。"但在实践中，由于受传统观念的影响，部分农村还存在以妇女未婚、结婚、离婚、丧偶、户无男性等为理由，剥夺、侵害妇女合法权益的情况，例如一刀切地剥夺"外嫁女""离婚丧偶儿媳"集体经济组织成员资格的问题时有发生，而且这种侵害行为往往通过不平等的村民自治章程、村规民约以及村民会议或者村民代表会议的决定来实现。因此，结合地方实践中存在的问题和上述法律规定，本条第一款明确规定："村民自治章程、村规民约，村民会议、村民代表会议的决定以及其他涉及村民利益事项的决定，不得以妇女未婚、结婚、离婚、丧偶、户无男性等为由，侵害妇女在农村集体经济组织中的各项权益。"

此外，对违反本条第一款规定，侵害农村妇女合法权益行为的救济措施，本法第七十五条第二款作了规定：“乡镇人民政府应当对村民自治章程、村规民约，村民会议、村民代表会议的决定以及其他涉及村民利益事项的决定进行指导，对其中违反法律、法规和国家政策规定，侵害妇女合法权益的内容责令改正；受侵害妇女向农村土地承包仲裁机构申请仲裁或者向人民法院起诉的，农村土地承包仲裁机构和人民法院应当依法受理。”

二、因婚姻男子到女方落户的权益保障

在我国传统的婚姻制度下，一般是“男娶女嫁”，女方到男方家落户。如果是“女娶男嫁”，男方到女方家落户，俗称“入赘”。由于受到封建传统观念的影响，入赘的男方往往被看不起，特别是在农村地区，歧视入赘男子及其子女的情况时有发生，比如不给予其所在地农村集体经济组织成员的权益，或者分配权益时打折扣，等等。对此，原《中华人民共和国婚姻法》第九条、现《中华人民共和国民法典》第一千零五十条规定：“登记结婚后，按照男女双方约定，女方可以成为男方家庭的成员，男方可以成为女方家庭的成员。”该条规定体现了男女平等的原则，有利于破除封建思想和旧习俗，以消除歧视入赘男子及其子女的现象。针对部分农村不给予入赘男子及其子女集体经济组织成员身份或者不平等给予其集体经济组织权益的情况，2005 年修改后的妇女权益保障法增加规定：“因结婚男方到女方住所落户的，男方和子女享有与所在地农村集体经济组织成员平等的权益。”这一规定一方面有利于保护入赘男子及其子女的合法权益；另一方面对入赘男子及其子女的合法权益的保护也会直接影响到女方的合法权益和生活水平，这其实也是保护妇女权益的规定。法律实施后，该条规定在解决入赘男子及其子女集体经济组织成员资格问题，保护其集体经济组织权益等方面发挥了积极作用。因此，本条第二款维持了该规定。

第五十七条 国家保护妇女在城镇集体所有财产关系中的权益。妇女依照法律、法规的规定享有相关权益。

◆ 释义

本条是关于保护妇女在城镇集体所有财产关系中权益的规定。

一、保护妇女在城镇集体所有财产关系中的权益

（一）城镇集体所有财产的归属

劳动群众集体所有制和全民所有制是社会主义公有制的基本形式，劳动群众集体所有制经济又具体可分为城镇集体经济和农村集体经济。《中华人民共和国宪法》第八条第二款、第三款规定："城镇中的手工业、工业、建筑业、运输业、商业、服务业等行业的各种形式的合作经济，都是社会主义劳动群众集体所有制经济。国家保护城乡集体经济组织的合法的权利和利益，鼓励、指导和帮助集体经济的发展。"在我国社会主义经济长期发展中，城镇集体经济对于满足市场需求、解决就业等方面发挥了举足轻重的作用。城镇集体经济的主要形式就是城镇集体所有制企业，根据《城镇集体所有制企业条例》规定，城镇集体所有制企业是财产属于劳动群众集体所有、实行共同劳动、在分配方式上以按劳分配为主体的社会主义经济组织。上述规定明确了城镇集体财产归属于劳动群众集体所有，同时进一步规定，劳动群众集体所有应当符合下列中任一项的规定：（1）本集体企业的劳动群众集体所有；（2）集体企业的联合经济组织范围内的劳动群众集体所有；（3）投资主体为两个或者两个以上的集体企业。其中前两项劳动群众集体所有的财产应当占主导地位，本项所称主导地位是指劳动群众集体所有的财产占企业全部财产的比例，一般情况下应不低于51%，特殊情况经过原审批部门批准，可以适当降低。

同时，《城镇集体所有制企业条例》还规定，集体企业的公共积累，归本企业劳动群众集体所有；集体企业的联合经济组织的投资，归该联合经济组织范围内的劳动群众集体所有；职工股金，归职工个人所有。

（二）集体财产的范围

宪法及有关法律等对集体财产的范围和种类作了规定。集体所有的财产主要包括法律规定为集体所有的土地、森林、山岭、草原、荒地、滩涂等自然资源，以及各种流动资产、长期投资、固定资产、无形资产等。其中宪法规定，矿藏、水流、森林、山岭、草原、荒地、滩涂等自然资源，都属于国家所有，即全民所有；由法律规定属于集体所有的森林和山岭、草原、荒地、滩涂除外。农村和城市郊区的土地，除由法律规定属于国家所有的以外，属于集体所有。民法典对集体财产的范围作了进一步明确，规定："集体所有的不动产和动产包括：（一）法律规定属于集体所有的土地和森林、山岭、草原、荒地、滩涂；（二）集体所有的建筑物、生产设施、农田水利设施；（三）集体所有的教育、科学、文化、卫生、体育等设施；（四）集体所有的其他不动产和动产。"同时民法典还规定："集体所有的财产受法律保护，禁止任何组织或者个人侵占、哄抢、私分、破坏。"

（三）城镇集体财产所有权的行使

关于城镇集体财产权利的行使主体、对象和内容，民法典作了明确规定："城镇集体所有的不动产和动产，依照法律、行政法规的规定由本集体享有占有、使用、收益和处分的权利。"从上述规定可以看出：一是城镇集体财产权行使的主体是本集体而非本集体成员。集体所有、集体管理、集体经营是集体所有制的最重要特征，因此，行使城镇集体财产权的只能是该集体，不能由个别集体成员独断专行。二是城镇集体财产权的客体只能是属于该城镇集体所有的不动产和动产。如果城镇集体企业已经改制了，如成为有限责任公司或者股份有限公司、个人独资企业或者合伙企业的，就不适用本条，而分别适用公司法、个人独资企业法或者合伙企业法的有关规定。三是城镇集体财产权的内容包括占有、使用、收益和处分权利。本集体作为城镇集体财产所有权的行使主体，当然享有行使所有权包含的占有、使用、收益和处分的权能。

本次修订前的妇女权益保障法仅对农村集体经济组织中妇女权益保护问题作了规定，而未涉及城镇集体经济中妇女权益保护问题。近年来，城镇集体企业通过改制发生了很大变化，有的改制为股份有限公司，有的改制为职工全体持股，有的实际上已经成为私人企业，目前城镇集体企业改革还在继续深化。考虑到保护妇女在城镇集体经济中权益的实际需要和城镇集体经济的复杂情况，结合法律、行政法规相关规定，本条增加了国家保护妇女在城镇集体经济中权益的原则性规定。

二、妇女依照法律、法规的规定享有相关权益

除《中华人民共和国宪法》《中华人民共和国民法典》《城镇集体所有制企业条例》的上述规定外，还可能涉及妇女在城镇集体经济中相关权益的规定，主要包括：一是有关城镇集体企业经营、管理的规定。《城镇集体所有制企业条例》规定，集体企业的职工是企业的主人，依照法律、法规和集体企业章程行使管理企业的权力，集体企业依照法律规定实行民主管理，职工（代表）大会是集体企业的权力机构，由其选举和罢免企业管理人员，决定经营管理的重大问题。二是有关城镇集体企业收益、劳动报酬等分配的规定。《城镇集体所有制企业条例》规定，集体企业的收益分配，必须遵循兼顾国家、集体和个人三者利益的原则；集体企业的税后利润，由企业依法自主支配，企业应当按照国家规定确定公积金、公益金、劳动分红和股金分红的比例；集体企业职工的劳动报酬必须坚持按劳分配的原则，具体分配形式和办法由企业自行确定；集体企业的股金分红要同企业盈亏相结合，企业盈利，按股分红；企业亏损，在未弥补亏损之前，不得分红。三是有关城镇集体企业缴纳保险金责任的规定。《城镇集体所有制企业条例》规定，集体企业必须依照国家规定提取职工养老、待业等保险基金。此外，随着城镇集体企业改革的不断深入，在实践经验比较成熟时，相关法律、行政法规和地方性法规还会不断制定或者修改完善。因此，本条仅作衔接和指引性规定，规定妇女依照法律、法规的规定享有相关权益。

第五十八条 妇女享有与男子平等的继承权。妇女依法行使继承权，不受歧视。

丧偶妇女有权依法处分继承的财产，任何组织和个人不得干涉。

◆ 释义

本条是关于妇女享有与男子平等的财产继承权的规定。

一、妇女享有与男子平等的继承权

妇女享有与男子平等的继承权是男女平等原则在继承方面的体现。继承是自然人死亡后，按照法律规定或者遗嘱处理分配其所遗留的个人财产的制度。继承权是自然人依法享有继承被继承人死亡时遗留的财产的权利。继承权的具体内容包括：一是接受与放弃继承的权利。继承权作为一种财产性权利，继承人有权接受继承，也有权放弃继承。任何人不能强迫继承人接受、放弃继承。二是取得遗产的权利。继承人如果不放弃继承，即可依法取得被继承人所遗留的财产。至于继承人取得遗产的多少份额，则需要根据法律规定或者遗嘱内容判断。三是继承权受到侵害时获得救济的权利。继承权在受到不法侵害时，继承人可以要求法院确认自己依法享有继承权，并可以请求返还其依法应得的遗产。

继承权的取得不因自然人的性别不同而不同。妇女享有与男子平等的继承权，不因妇女的婚姻、工作状况而有所差别，主要体现在以下方面：第一，确定法定继承人的范围及继承顺序、继承份额不因自然人的性别不同而不同。法定继承是指继承人范围、继承顺序、继承份额等均由法律直接规定的继承方式。《中华人民共和国民法典》继承编规定的法定继承人范围中既有男性也有女性，继承顺序不因男女而有差别，在同一亲等内，适用于男性的继承顺序同样适用于女性。在继承份额上，如果没有法律规定的多分、少分或者不分遗产的情形，同一顺序的继承人继承遗产的份额一般应当均等，不能以性别不同作为划分遗产多少的依据。

第二，在遗嘱继承中，妇女享有由被继承人指定为继承人的权利。在遗嘱继承中，继承人是由被继承人指定的，这种指定是由被继承人在继承人中任意选定的，因此，妇女和男子并不必然同等继承被继承人的财产。在遗嘱继承中，妇女享有平等的继承权主要表现为两个方面：一是指定继承人时，既可以指定男性继承人，也可以指定女性继承人；二是在指定继承人为多人，且没有明确继承顺序和份额的情形下，根据男女平等的原则，妇女有取得与男子相同份额的遗产的权利。

第三，代位继承不因自然人的性别不同而不同。代位继承是指在继承顺位之中的继承人于被继承人死亡前死亡，而由其特定晚辈亲属代位继承。对于代位继承，凡适用于男性的继承，同样适用于女性；适用于父系的继承，也同样适用于母系。具体包括：一是被继承人的女儿的晚辈直系亲属可以成为代位继承人，如果被继承人还有儿子，那么被继承人的女儿和儿子的晚辈直系亲属享有同等的继承权；二是被继承人的子女的晚辈直系亲属既可以是男性，也可以是女性，如果既有男性又有女性的，那么女性享有与男性平等的继承权；三是被继承人的姐妹的子女与被继承人的兄弟的子女享有平等的继承权，被继承人兄弟姐妹的子、女享有平等的继承权。

第四，转继承不因自然人的性别不同而不同。转继承是指继承人本人在遗产分割前死亡，其应得的遗产份额转由其继承人继承。在转继承中，妇女享有平等的继承权体现为两个方面：一是继承人是妇女的，不影响转继承的成立；二是继承人的继承人既可以是男性，也可以是女性，女性与男性享有平等财产继承权。

第五，在夫妻财产继承中，夫妻继承地位平等，处分所继承的财产的权利平等。夫妻彼此是对方的第一顺位法定继承人。根据民法典继承编的规定，夫妻共同所有的财产，除有约定的外，遗产分割时，应当先将共同所有的财产的一半分出为配偶所有，其余的为被继承人的遗产。即在没有另外约定时，夫妻共同财产的一半为被继承人的遗产，不因性别不同而有所差异。夫妻一方死亡后另一方再婚的，有权处分所继承的财产，任何组织或者个人不得干涉。

第六，在适用其他继承规则时男女平等。比如，对生活有特殊困难又缺乏劳动能力的继承人，分配遗产时，应当予以照顾。对被继承人尽了主要扶养义务或者与被继承人共同生活的继承人，分配遗产时，可以多分。有扶养能力和有扶养条件的继承人，不尽扶养义务的，分配遗产时，应当不分或者少分。这里所讲的继承人是不分男女的，妇女享有与男子平等的财产继承权。

二、丧偶妇女有权依法处分继承的财产

妇女享有的与男子平等的继承权为法定权利，无论已婚还是未婚，无论是参加社会工作还是从事家务劳动，均不影响其享有与男子平等的继承权。任何组织和个人都不得侵害妇女的平等继承权，否则应当承担相应的法律责任。在实践中，受封建宗法思想的影响，还有一些侵害妇女享有与男子平等的继承权的现象。尤其是对于丧偶妇女的继承权，在有的地方“寡妇带产改嫁”仍受到一定的限制。因此，本条明确规定了对丧偶妇女继承权的保护。

根据本条规定，丧偶妇女有权依法处分继承的财产，任何组织和个人不得干涉。一是，丧偶妇女有再婚的权利。自然人死亡的，其民事主体资格消灭，其他人与其的身份关系也告终止。因此，夫妻关系随着一方的死亡也就消灭了，在世一方有权再婚，与其他人缔结新的婚姻关系。这种婚姻自主权是受到法律保护的。二是，无论是否再婚，丧偶妇女都有权处分其继承的财产。不论被继承人生前与继承人是何种法律关系，在被继承人死亡后，被继承人的民事权利能力消灭，民事主体资格丧失，其与继承人的法律关系即告消灭。在遗产分割之后，继承人之间对遗产的共有关系发生变化，丧偶妇女通过遗产分割取得的遗产属于个人财产，作为个人所有的财产，其对此当然依法享有处分权，这种处分权不因其后续的婚姻状态而有任何区别，即便再婚，也可以自由处分自己所继承的财产。丧偶妇女对所继承财产的处分，既可以是转移占有、抛弃，也可以是赠与、出售，甚至销毁，即当事人可以按照自己的意志自由处分。三是，任何组织或者个人都不得干涉丧偶妇女依法处分继承的财产。不论是再婚者的子女、公婆或者岳父母、兄弟姐妹，还是妯娌或者其他姻亲、血亲，以及其他家族人员等，都不得阻止、破坏、阻挠妇女对所继承财产的处分。

第五十九条 丧偶儿媳对公婆尽了主要赡养义务的，作为第一顺序继承人，其继承权不受子女代位继承的影响。

◆ **释义**

本条是关于丧偶妇女作为第一顺序法定继承人的规定。

一、丧偶儿媳尽义务可以作为第一顺序继承人

我国民法典规定子女对父母有赡养扶助的义务，有负担能力的孙子女、外孙子女对于子女已经死亡或子女无力赡养的祖父母、外祖父母有赡养的义务，但没有规定儿媳对公婆有赡养的义务，无论其是否丧偶。在现实中，即使没有对公婆的法律上的赡养义务，有些儿媳不仅在丧偶前与配偶共同赡养公婆，而且在丧偶后甚至是再婚后仍然关心照料公婆，对公婆尽了主要的赡养义务，使失去子女的老年人得到较好的生活照料和精神抚慰。为肯定和鼓励这种美德，民法典和本法一直明确规定，对公婆尽了主要赡养义务的丧偶妇女为第一顺序法定继承人。

在编纂民法典的过程中，围绕这一规定产生过一些争议，但是将尽了主要赡养义务的丧偶儿媳确定为第一顺序继承人参与继承，符合社会主义核心价值观，符合中华民族传统家庭美德和公序良俗，有利于弘扬优良家风，促进家庭内部互助有爱、团结和睦，使老年人能够老有所养。同时，这一规定也充分符合权利义务相一致的原则，基层群众普遍认为这一规定在实践中效果很好。因此，《中华人民共和国民法典》第一千一百二十九条规定，丧偶儿媳对公婆，丧偶女婿对岳父母，尽了主要赡养义务的，作为第一顺序继承人。本法与民法典的规定继续保持一致。

丧偶儿媳是否对公婆尽了主要赡养义务，需要结合相关因素判断：一是在时间上，要对公婆有长期性、经常性的赡养，直至其身故；二是在程度上，这种赡养是公婆的主要生活支柱。《最高人民法院关于适用〈中华人民共和国民法典〉继承编的解释（一）》第十九条规定，对被继承人生活提供了主要经济来源，或者在劳务等方面给予了主要扶助的，应当认定其尽了主要赡养义务或主要扶养义务。丧偶儿媳对公婆的赡养一般有两种情况：一是为公婆的生活提供主要经济来源，给付了较多的赡养费，直至公婆死亡的；二是在生活上给予公婆必需的帮助和关心，在饮食起居、拆洗缝补、看病护理等方面付出较多的劳务，在精神上给公婆以较多的抚慰。只要以其中一种方式尽了主要赡养义务的，丧偶儿媳就可以作为第一顺序法定继承人。

二、丧偶儿媳的继承权不受子女代位继承的影响

代位继承是指具有继承权的人因主客观原因不能继承时，由其直系晚辈血亲按照该继承人的继承地位和顺序，继承被继承人遗产的制度。《中华人民共和国民法典》第一千一百二十八条第一款规定，被继承人的子女先于被继承人死亡的，由被继承人的子女的直系晚辈血亲代位继承。因此，丧偶妇女的子女作为代位继承人，有权继承祖父母的遗产。代位继承的份额一般是被代位继承人有权继承的遗产份额，也即其先亡的父亲有权继承的祖父母的遗产份额。如果丧偶儿媳因对公婆尽了主要赡养义务，成为第一顺序继承人，则同时存在丧偶儿媳对公婆遗产的继承权和丧偶儿媳的子女对祖父母遗产的代位继承权。

有意见认为，丧偶妇女的公婆死亡时，丧偶妇女的子女有权代替先亡的父亲代位继承祖父母的遗产，在这种情况下，就没有必要再允许丧偶妇女继承公婆的遗产了。事实上，丧偶妇女对公婆遗产的继承权与子女代位继承权是两个独立的继承权，相互不影响各自的成立。我国的继承法律制度除了高度重视法定继承人与被继承人之间的血亲、婚姻关系外，还高度重视扶养关系在继承中所起的作用。丧偶妇女对公婆遗产的继承权是建立在尽了主要赡养义务基础上的，而子女的代位继承权则是建立在血缘基础上的。

同时，丧偶儿媳对公婆的继承权与她们是否再婚没有关系，不能以丧偶儿媳再婚为由，排斥、否认她们的继承权。《最高人民法院关于适用〈中华人民共和国民法典〉继承编的解释（一）》第十八条规定，丧偶儿媳对公婆、丧偶女婿对岳父母，无论其是否再婚，依照民法典第一千一百二十九条规定作为第一顺序继承人时，不影响其子女代位继承。

第七章 婚姻家庭权益

第六十条 国家保障妇女享有与男子平等的婚姻家庭权利。

◆ **释义**

本条是关于国家保障妇女享有与男子平等的婚姻家庭权利的总的规定。

一、妇女与男子的婚姻家庭权利平等

婚姻家庭权利，是指民事主体基于婚姻家庭关系而享有的民事权利和利益。婚姻家庭权利包括依婚姻家庭关系而产生的人身方面的权利，如婚姻自主权、对未成年人的监护权等，还包括依婚姻家庭关系而产生的财产方面的权利，如对家庭财产的占有、使用、收益和处分，对家庭成员财产的继承权等。男女婚姻家庭权利平等是男女平等在婚姻家庭领域中的体现，是建立美满婚姻关系和发展和睦的家庭生活的重要保障。《中华人民共和国民法典》第一千零四十一条第二款、第三款规定，实行婚姻自由、一夫一妻、男女平等的婚姻制度。保护妇女、未成年人、老年人、残疾人的合法权益。第一千零五十五条规定，夫妻在婚姻家庭中地位平等。

值得一提的是，社会主义制度使妇女获得了同男子平等的权利，但重男轻女的旧习俗不可能在短时期内完全消除。因此，真正保障妇女享有与男子平等的婚姻家庭权利，不仅要在上述婚姻家庭权利方面做到真正平等享有，在某些特殊方面，还要对妇女给予特殊的保护。比如《中华人民共和国民法典》第一千零八十二条中规定，女方在怀孕期间、分娩后一年内或者终止妊娠后六个月内，男方不得提出离婚。第一千零八十七条第一款规定，离婚时，夫妻的共同财产由双方协议处理，协议不成的，由人民法院根据财产的具体情况，按照照顾子女、女方和无过错方权益的原则判决。这些特殊的保护表面上超出了平等的范畴，但能够更好地达到男女在婚姻家庭权利方面的实质平等，对于促进妇女的彻底解放，发挥她们在现代化建设中的“半边天”作用，有着重要意义。

二、妇女与男子的婚姻家庭权利平等的体现

妇女享有与男子平等的婚姻家庭权利主要体现在以下方面：

第一，在结婚和离婚方面，妇女的权利与男子平等。如结婚必须男女双方完全自愿，不允许男方对女方加以强迫或者第三者加以干涉；登记结婚后，根据双方的约定，女方可以成为男方家庭成员，男方可以成为女方家庭成员；男女双方都有依法提起离婚的权利；离婚时，男女双方都有分割共同财产、清偿共同债务的权利和义务等。

第二，在夫妻关系方面，妻子的权利与丈夫平等。如夫妻双方都有各自使用自己姓名的权利；都有参加生产、工作、学习和社会活动的自由，一方不得对另一方加以限制或者干涉；都有对未成年子女抚养、教育和保护的权利，共同承担对未成年子女抚养、教育和保护的义务；对共同财产有平等的所有权和处理权；有相互扶养的义务和相互继承遗产的权利等。

第三，在父母子女方面，母亲的权利与父亲平等，女儿的权利与儿子平等。如父亲和母亲都有教育、保护未成年子女的权利、义务，都有受子女赡养扶助的权利；子和女都有接受父母抚养教育的权利，都有赡养扶助父母的义务；父和母、子和女的继承权平等，等等。

第四，在祖孙、兄弟姐妹关系方面，妇女的权利与男子的权利平等。如祖父、外祖父和祖母、外祖母在一定条件下都有抚养孙子女、外孙子女的义务，都有受孙子女、外孙子女赡养的权利；孙、外孙和孙女、外孙女在一定条件下都有受祖父母、外祖父母抚养的权利，都有赡养祖父母、外祖父母的义务。兄和姐在一定条件下都有抚养弟和妹的义务，都有接受弟和妹赡养的权利；弟和妹在一定条件下都有接受兄、姐抚养的权利，都有赡养兄、姐的义务。孙、外孙和孙女、外孙女的继承权平等，兄和姐、弟和妹的继承权平等。

第六十一条 国家保护妇女的婚姻自主权。禁止干涉妇女的结婚、离婚自由。

◆ **释义**

本条是关于国家保护妇女婚姻自主权的规定。

一、国家保护妇女的婚姻自主权

婚姻是男女双方以永久生活为目的，以夫妻的权利义务为内容的结合。婚姻自主又称婚姻自由，是指婚姻当事人享有自主决定自己婚姻的权利。婚姻自由包括结婚自由和离婚自由两个方面。结婚自由，是指当事人依法缔结婚姻关系的自由，换言之，结婚必须是男女双方本人完全自愿，禁止任何一方对他方加以强迫，禁止任何组织和个人加以干涉。保障结婚自由，不仅是对妇女婚姻自主权的保护，而且也是为使男女双方能基于自己的意愿结成共同生活的伴侣，建立幸福美满的家庭。所谓离婚自由，是指当事人依法解除婚姻关系的自由，即婚姻双方都有权提出离婚，任何组织和个人都不得干涉。保障离婚自由，不仅是对妇女婚姻自主权的保护，而且也使无法维持的婚姻关系得以解除，免除双方婚姻名存实亡的痛苦。结婚自由和离婚自由是统一的，二者相互结合缺一不可。

婚姻自主权是男女双方都享有的权利，本条强调对妇女婚姻自主权的保护，禁止干涉妇女的婚姻自主权，是有一定的历史和现实原因的。在现实中，受到传统观念的影响，妇女的婚姻自主权较男子更容易受到侵害。虽然近年来，妇女，尤其是农村妇女的婚姻自主程度较以前有了显著提高，但侵犯妇女婚姻自主权的情况仍有发生。因此，本条仍然延续原法的规定，明确规定保护妇女的婚姻自主权，同时，不仅从正面规定了国家保护妇女的婚姻自主权，而且也从反面规定了禁止干涉妇女的结婚、离婚自由。

二、禁止干涉妇女的结婚、离婚自由

在很长一段历史时期内，妇女都没有享有完全的婚姻自主权。实践中曾经出现的干涉妇女婚姻自主权的情形大致有以下几类：第一，包办、买卖婚姻。包办婚姻是指第三人违反婚姻自主的原则，强制妇女结婚或者离婚的违法行为。买卖婚姻是指第三人以索取大量财物为目的，包办强迫妇女结婚的违法行为。包办、买卖婚姻都是违反婚姻自由原则、强迫他人婚姻的行为，与社会主义婚姻制度根本不相容，《中华人民共和国民法典》第一千零四十二条第一款中明确规定，禁止包办、买卖婚姻。第二，抱养“童养媳”。抱养“童养媳”是旧中国父母包办、买卖子女婚姻的一种形式，男方家庭以较低的代价领取一个未成年女子做“童养媳”，待其成年后，不论自愿与否，都要嫁给买方男子，所以抱养“童养媳”是一种严重侵犯妇女婚姻自主权的行为。第三，“换亲”“转亲”。“换亲”“转亲”都是以交换妇女为特征的互易婚姻，表现为父母以女儿换取儿媳或者男子以姐妹换取妻子。“换亲”是两家对换，“转亲”是三家以上对换。“换亲”“转亲”是包办买卖婚姻的一种特殊形式，在“换亲”“转亲”中妇女一般是没有自主选择权的，往往会成为交换的筹码，因此属于严重干涉妇女结婚自由的违法行为。第四，干涉丧偶或者离婚的妇女再婚。丧偶或者离婚的妇女依然享有再婚的自由，任何人阻挠丧偶或者离婚的妇女再婚，包括子女对中老年妇女再婚的干涉，都是对妇女结婚自主权的干涉，是违法行为。第五，任何强制、阻挠妇女离婚的行为，由于侵害了妇女的离婚自由，也是违法的。即使是子女，也应当尊重父母的婚姻权利。

随着妇女权益保障的不断加强，包办、买卖婚姻，抱养“童养媳”，“换亲”“转亲”等严重侵犯妇女婚姻自主权的行为已经很少发生，但受传统观念的影响，妇女离婚或者再婚自由仍有可能受到一定程度的外来干涉。根据本条规定，任何个人、组织等都不得干涉妇女的结婚、离婚自由，妇女可完全根据个人意志决定是否结婚或者离婚。《中华人民共和国民法典》第一千零六十九条中也专门规定，子女应当尊重父母的婚姻权利，不得干涉父母离婚、再婚以及婚后的生活。当然，对妇女婚姻自主权的保护，并不排斥妇女就个人婚事征求父母、亲友的意见，也不排斥妇女、亲友等第三人出于对当事人的关心和爱护，对她们的婚姻提出看法和建议。

第六十二条 国家鼓励男女双方在结婚登记前，共同进行医学检查或者相关健康体检。

◆ 释义

本条是关于鼓励婚前进行医学检查或者健康体检的规定。

一、我国的婚检制度

一般来说，婚检制度是指对准备结婚的男女双方可能患有影响结婚、生育的疾病进行医学检查的制度，以达到筛查疾病隐患，防止传染疾病和减少先天性疾病患儿出生的目的。随着经济社会的发展变化，我国的婚检制度也经历了从“强制婚检”到“自愿婚检”的重大调整。1994 年国务院发布《婚姻登记管理条例》规定，在实行婚前健康检查的地方，申请结婚登记的当事人，必须到指定的医疗保健机构进行婚前健康检查，向婚姻登记管理机关提交婚前健康检查证明。同年，八届全国人大常委会第十次会议审议通过的母婴保健法规定，男女双方在结婚登记时，应当持有婚前医学检查证明或者医学鉴定证明。2001 年婚姻法规定，患有医学上认为不应当结婚的疾病的，禁止结婚；婚前患有医学上认为不应当结婚的疾病，婚后尚未治愈的，婚姻无效。上述规定成为我国实行“强制婚检”的法律依据。

2003 年国务院出台《婚姻登记条例》，同时废止《婚姻登记管理条例》。按照《婚姻登记条例》的规定，办理结婚登记的内地居民应当出具的证明文件和证明材料，只包括本人的户口簿、身份证和本人无配偶、与对方当事人没有直系血亲和三代以内旁系血亲关系的签字声明，并不再要求必须出具婚检证明材料。从此，我国的婚检制度开始了从“强制婚检”向“自愿婚检”的转变。2020 年十三届全国人大第三次会议通过的民法典将“患有医学上认为不应当结婚的疾病的”从禁止结婚的规定中删除，并作出规定：“一方患有重大疾病的，应当在结婚登记前如实告知另一方；不如实告知的，另一方可以向人民法院请求撤销婚姻。”但同时，部分专家学者、社会公众从维护公共卫生利益的角度出发，以母婴保健法为依据，认为应当恢复强制婚检制度。在全国人大常委会审议和征求意见过程中，有些意见也提出应恢复强制婚检制度。但经研究认为，自 2003 年 10 月《婚姻登记条例》实施以来，婚前医学检查事实上已成为公民的自愿行为；2021 年 1 月实施的民法典规定了婚前重大疾病的告知义务，将一方隐瞒重大疾病作为另一方可以请求撤销婚姻的情形予以规定，没有再将“患有医学上认为不应当结婚的疾病”规定为禁止结婚的情形。因此，妇女权益保障法没有吸收上述意见。

二、国家鼓励婚前进行医学检查或者相关健康体检

婚前医学检查或者相关健康体检是婚前保健及生育全程服务的重要内容，对于预防出生缺陷、提高婚育质量和出生人口素质具有重要作用，通过婚前医学检查或者相关健康体检能及早发现影响婚育的疾病，维护男女双方健康权益，保障母婴健康，促进家庭幸福和谐。为促进婚前男女双方主动进行医学检查或者相关健康体检，国家采取了一系列措施。基本医疗卫生与健康促进法明确规定，国家采取措施，为公民提供婚前保健等服务，促进生殖健康，预防出生缺陷。《健康中国行动（2019—2030 年）》明确将“主动接受婚前医学检查”纳入评估指标体系，将健康教育、婚前医学检查等作为重点任务，列入妇幼健康促进及健康知识普及专项行动。2020 年 5 月国家卫生健康委、民政部、国务院妇儿工委办公室、共青团中央、全国妇联联合发布《关于加强婚前保健工作的通知》提出，各地各部门要结合自身职责，广泛开展宣传倡导和健康教育，丰富载体形式，普及健康知识技能，宣传健康惠民政策，倡导健康文明婚育观念和行为，引导群众树立“每个人是自己健康第一责任人”的理念，强化父母健康关乎后代健康的意识；卫生健康部门会同民政部门，结合实际在婚姻登记场所设立婚育健康宣传教育便民服务平台或婚姻家庭健康咨询室，向婚育人群开展针对性宣传教育和咨询指导，指导群众科学孕育健康新生命；婚前医学检查服务机构要向服务对象宣讲婚育相关法律法规及政策知识，告知孕前优生健康检查、生育登记服务等相关信息；探索利用“互联网+”服务平台，结合婚前医学检查在线预约、热线咨询、智能终端等服务，开展在线婚育健康宣传告知，推动宣传教育关口前移。2020 年 12 月国家卫生健康委办公厅发布《关于统筹推进婚前孕前保健工作的通知》进一步提出，要提高婚前保健和婚前医学检查可及性，要进一步完善政策措施，健全体系机制，加强统筹协调和部门协作，科学优化婚前医学检查场所布局及服务流程，因地制宜推进婚前医学检查场所与婚姻登记场所就近就便设置，积极推广婚姻登记、婚前医学检查、婚姻家庭辅导和优生咨询指导“一站式”服务；鼓励各地改革创新、借鉴经验，通过实施政府民生实事、纳入公共卫生服务项目等多种途径，推进免费婚检和政策普惠，不断提高婚检率和婚检人群受益面；学好用好《民法典》，引导准备结婚的男女双方在结婚登记前，主动接受婚前医学检查等婚前保健服务，积极履行健康状况告知义务，维护和保障婚姻当事人健康权益。因此，本条结合我国婚检制度的发展变化和上述规定内容，规定国家鼓励男女双方在结婚登记前，共同进行医学检查或者相关健康体检。

第六十三条　婚姻登记机关应当提供婚姻家庭辅导服务，引导当事人建立平等、和睦、文明的婚姻家庭关系。

◆ **释义**

本条是关于提供婚姻家庭辅导服务的规定。

一、婚姻登记机关提供婚姻家庭辅导服务

婚姻是家庭的纽带，家庭是社会的基本细胞。随着经济社会的快速发展，我国的婚姻家庭状况正在发生巨大变化，除传统家庭形态外，单亲家庭、流动家庭、留守家庭、丁克家庭等家庭形态已渐趋常态化，同时高离婚率、结婚率逐年降低等现象也反映出婚姻家庭面临诸多问题和挑战。为回应婚姻家庭的现实需要，2020 年 9 月民政部、全国妇联出台《关于加强新时代婚姻家庭辅导教育工作的指导意见》，提出婚姻登记机关要探索开展婚前辅导、深化婚姻家庭关系调适和离婚辅导等婚姻家庭辅导教育工作，主要包括：开发婚前辅导课程，编写教材，通过多种方式加强婚姻家庭等宣传，从源头上减少婚姻家庭纠纷的产生；县级以上婚姻登记机关要设置婚姻家庭辅导室（婚姻家庭纠纷调解室）和社会工作专业岗位，引入社会工作专业力量，为有需求的当事人提供情感沟通、心理疏导、关系修复、纠纷调解等服务；探索离婚冷静期内对当事人开展婚姻危机干预的有效方法和措施；支持开展婚姻家庭社会工作服务，面向社区积极开展亲子教育、防家暴教育、生活减压和社会支持等预防性专业服务；要积极应用“互联网+”服务模式，开展婚姻家庭“云辅导”，扩大服务范围，延伸辅导内容；要创新宣传引导方式方法，善于用身边人、身边事、身边榜样来净化社会风气、教育家庭，不断促进家庭和社会的和谐稳定。2021 年 5 月民政部、国家发展改革委印发的《“十四五”民政事业发展规划》明确提出，要强化婚姻家庭辅导教育，加强婚前指导、婚前保健、婚姻家庭关系调适和离婚辅导，减少婚姻家庭纠纷。因此，本条在上述文件规定的基础上，将提供婚姻家庭辅导服务明确为婚姻登记机关的法定义务。

婚姻家庭辅导服务涉及对象众多、面对的服务需求多样、专业化程度不断增强，单靠政府力量显然难以满足广大人民群众的需求，因此，婚姻家庭辅导服务工作的有效推进和开展，需要婚姻登记机关动员专业社会力量广泛参与。2015 年民政部印发《婚姻登记工作规范》规定，婚姻登记处可以设立婚姻家庭辅导室，通过政府购买服务或公开招募志愿者等方式聘用婚姻家庭辅导员，并在坚持群众自愿的前提下，开展婚姻家庭辅导服务；同时规定，婚姻家庭辅导员应当具备以下资格之一：（一）社会工作师；（二）心理咨询师；（三）律师；（四）其他相应专业资格。《关于加强新时代婚姻家庭辅导教育工作的指导意见》进一步提出，婚姻家庭辅导服务工作要构建社会多方协同推进的工作机制，广泛动员社会各方面力量，凝聚推进新时代婚姻家庭辅导教育工作合力，要统筹考虑群众基本服务需求和多样化服务需要，通过公益创投、政策扶持、经费补贴、政府购买服务等途径引导相关社会组织、基层群众自治组织和专业人才发挥积极作用。

二、引导当事人建立平等、和睦、文明的婚姻家庭关系

家庭关系是指基于婚姻、血缘或法律拟制而形成的一定范围的亲属之间的权利和义务关系。婚姻家庭关系是家庭关系的重要组成部分，平等、和睦、文明的婚姻家庭关系是家庭和谐、社会稳定的重要基石。《中华人民共和国民法典》第一千零四十三条第二款明确规定："夫妻应当互相忠实，互相尊重，互相关爱；家庭成员应当敬老爱幼，互相帮助，维护平等、和睦、文明的婚姻家庭关系。"现实中的婚姻家庭关系十分复杂，涉及保障自然人人身权和财产权、维护社会秩序等问题需要依靠法治的权威和强制性手段以规范人们的行为来解决，涉及思想品行、生活习俗等问题应当依靠道德的感召力和劝导力提高人们的思想认识和道德觉悟来解决。婚姻家庭辅导服务就是通过专业服务力量的介入，来帮助人们进行情感沟通、心理疏导、关系修复、纠纷调解等，最终目的是引导当事人建立平等、和睦、文明的婚姻家庭关系，从而维护社会的和谐稳定。

第六十四条　女方在怀孕期间、分娩后一年内或者终止妊娠后六个月内，男方不得提出离婚；但是，女方提出离婚或者人民法院认为确有必要受理男方离婚请求的除外。

◆ **释义**

本条是关于限制离婚请求权的规定。

一、限制男方离婚请求权的一般规定

离婚，是指夫妻依照法定的条件和程序解除婚姻关系的法律行为。在离婚问题上，我国民法典婚姻家庭编作了明确规定，既保障离婚自由，又防止轻率离婚。离婚自由是婚姻自由的主要内容之一，允许公民在夫妻感情确已破裂、夫妻关系无法维持时，解除这种痛苦的婚姻关系，不仅符合法律的本意，而且也符合婚姻家庭道德。根据民法典婚姻家庭编的规定，离婚有两种方式，一种是协议离婚，另一种是诉讼离婚。协议离婚，是指夫妻双方自愿签订书面离婚协议，并亲自到婚姻登记机关申请离婚登记的离婚方式。诉讼离婚，是指一方向法院提出离婚诉讼请求，由人民法院调解或裁判解除双方婚姻关系的离婚方式。

关于诉讼离婚的程序和条件，《中华人民共和国民法典》第一千零七十九条第一、二、三款规定："夫妻一方要求离婚的，可以由有关组织进行调解或者直接向人民法院提起离婚诉讼。人民法院审理离婚案件，应当进行调解；如果感情确已破裂，调解无效的，应当准予离婚。有下列情形之一，调解无效的，应当准予离婚：（一）重婚或者与他人同居；（二）实施家庭暴力或者虐待、遗弃家庭成员；（三）有赌博、吸毒等恶习屡教不改；（四）因感情不和分居满二年；（五）其他导致夫妻感情破裂的情形。”同时，为了保护妇女权益，《中华人民共和国民法典》第一千零八十二条对男方的离婚请求权作出一定的限制，在女方怀孕期间、分娩后一年内或者终止妊娠后六个月内，男方不得提出离婚，但是女方提出离婚或者人民法院认为确有必要受理男方离婚请求的除外。本条规定与民法典上述规定一致。需要注意的是，本条规定主要是针对诉讼离婚的情况，在协议离婚中，夫妻双方自愿离婚，女方也同意结束婚姻关系，并且双方就子女抚养、财产及债务处理等事项达成一致意见，不属于本条所讲的情形。

怀孕是指育龄妇女腹中怀有胎儿的情形。分娩是指胎儿脱离母体成为独立存在的个体。终止妊娠，即结束怀孕，包括妊娠早期的人工流产和妊娠中期的引产。从医学角度看，妇女在怀孕期间和分娩后一段时间内，身体和精神负担较平时重，保持心情舒畅，对孕产妇和胎儿、婴儿均有益；相反，孕产妇的惊吓、烦恼、忧虑、苦闷等情绪将损害孕产妇自身健康，并影响到胎儿、婴儿的发育和成长。终止妊娠尽管不是正常分娩，但对妇女的身体和精神仍有很大的影响，特别是妊娠三个月以上实施中期引产的，对妇女身体的损害较大，手术后也需要良好的休养。为体现对妇女在怀孕期间、分娩后一年内或者终止妊娠后六个月内的特殊照顾，保护妇女和胎儿、婴儿的身体健康，在此期间男方不得提出离婚请求。对男方在特定期间内离婚请求权的限制，不仅是合乎科学的，也是合乎道德的，体现了法律对妇女与胎儿、婴儿的特殊保护。对男方离婚请求权的限制，只是对男方离婚请求权暂时性的不受理，其性质是推迟了男方提出离婚的时间，并不涉及准予离婚或不准予离婚的实体性问题。

值得注意的是，本条规定是对男方在妇女怀孕期间、分娩后一年内或者终止妊娠六个月内的离婚请求权作出限制，而不是对女方离婚请求权的限制，女方在此期间可以提出离婚请求。这主要是考虑到，女方在怀孕期间、分娩后一年内或者终止妊娠六个月内提出离婚，往往是出于某些紧迫的原因，而且本人对离婚及其后果已有一定的思想准备，如果不及时受理女方提出的离婚请求，可能更加不利于保护孕产妇和胎儿、婴儿的生命安全和合法权益。

二、受理男方离婚请求的例外情况

为照顾到实践中的各种情况，法院还可以根据实际情况，在确有必要的情形下，例外地受理男方的离婚请求。所谓确有必要，是指存在比特别保护妇女利益更为重要的利益需要保护的情形。“确有必要”的具体情形由法院根据有关规定和司法解释等认定。实践中，人民法院认为确有必要受理男方离婚请求的案例非常少。例如：女方严重危及男方人身安全等双方不能继续共同生活的重大、紧迫的事由；女方婚后与人通奸以致怀孕，男方提出离婚时，如婚后通奸怀孕的事实为女方所承认或经查属实的。当然，本条只是对男方提出离婚请求的例外情形作了规定，至于法院受理后是否判决离婚，本条未作规定，由法院根据《中华人民共和国民法典》第一千零七十九条等规定以及夫妻感情是否破裂等事实作出判决。

第六十五条 禁止对妇女实施家庭暴力。

县级以上人民政府有关部门、司法机关、社会团体、企业事业单位、基层群众性自治组织以及其他组织，应当在各自的职责范围内预防和制止家庭暴力，依法为受害妇女提供救助。

◆ **释义**

本条是关于禁止对妇女实施家庭暴力的规定。

一、禁止对妇女实施家庭暴力

家庭和睦、幸福、温暖是社会安定、祥和、文明的基础，家庭暴力是人性之恶、家庭之痛，也是社会之患、文明之殇。家庭暴力对妇女的人身和精神造成极大的伤害，也严重影响子女身心的健康发展，破坏家庭和睦，家庭暴力已经成为离婚的主要原因之一。严重的家庭暴力还可能会导致女性受害者以暴抗暴，以犯罪手段进行报复，给家庭和社会造成进一步的伤害。家庭暴力与文明、和谐、友善等社会主义核心价值观背道而驰，必须坚决予以禁止。本条第一款通过禁止性规定，表明了我国对待家庭暴力问题的鲜明立场，具有极强的宣示意义。

在我国，对妇女被家暴问题的认识有个发展的过程。20 世纪 60 年代，人们开始讨论对妇女的暴力问题。20 世纪 70 年代，人们仍将关注的重点放在妇女被陌生人或熟人攻击、强奸等方面。很长一段时间，家庭暴力被认为是家庭的私事，而没有被认为是社会性的问题。20 世纪 70 年代末 80 年代初，开始出现了有关家庭暴力的统计数据，并开始研究、重视家庭内的暴力问题。随着社会文明的进步，家庭暴力问题越来越受到关注，报刊杂志、新闻媒体对于家庭暴力事件的报道日益频繁，预防和解决家庭暴力问题也有了长足发展。特别是反家庭暴力法自 2016 年 3 月 1 日起施行，为预防和制止家庭暴力提供了强有力的法律依据。根据 2021 年年底公布的第四期中国妇女社会地位调查主要数据，在婚姻生活中女性遭受过配偶身体暴力和精神暴力的比例为 8.6%，比 2010 年下降了 5.2 个百分点。

何谓家庭暴力？根据反家庭暴力法的规定，家庭暴力，是指家庭成员之间以殴打、捆绑、残害、限制人身自由以及经常性谩骂、恐吓等方式实施的身体、精神等侵害行为。一是，从表现形式上来看，家庭暴力主要包括身体暴力和精神暴力两种形式。身体暴力是最典型的家庭暴力形式，主要表现为殴打、捆绑、残害，限制人身自由，以饿冻、有病不给治疗等方式虐待、遗弃没有独立生活能力的儿童、老人、残疾人、重病患者，在家庭教育中以暴力方式管教儿童等。精神暴力主要表现为对受害人进行侮辱、谩骂、诽谤、宣扬隐私、无端指责、人格贬损、恐吓、威胁、跟踪、骚扰等。精神暴力通常会使受害人产生自卑、恐惧、焦虑、抑郁等心理、精神方面的伤害。二是，从人员范围上来看，家庭暴力，主要发生在家庭成员之间。这里的家庭成员包括但不限于近亲属，而且不以共同生活为必要条件。家庭成员既包括配偶、父母、子女、兄弟姐妹、祖父母、外祖父母、孙子女、外孙子女等近亲属，也包括其他具有亲密亲属关系的人，例如公婆与儿媳、岳父母与女婿、姑嫂等亲属。此外，家庭成员以外共同生活的人实施暴力行为，也要参照反家庭暴力法的规定执行。三是，从暴力程度上来看，只要存在相关暴力行为就构成家庭暴力，不要求相关行为造成伤害后果。如果造成伤害后果的，还要根据治安管理处罚法、刑法等承担相应法律责任，受到更为严厉的惩戒。

二、依法为受害妇女提供救助

解决家庭暴力问题，不仅仅是某一个部门的职责，还是一个系统工程，需要各有关部门通力合作，在预防、制止、救助三个环节，国家机关与社会团体、企事业单位、基层群众性自治组织等相互配合，形成全社会的合力。

一是，预防对妇女实施家庭暴力。反家庭暴力工作以预防为主，强调未雨绸缪，防患于未然。有关单位要根据自身职责开展保障妇女权益、反家庭暴力等方面法律法规、男女平等基本国策以及家庭美德的宣传教育活动，普及反家庭暴力知识，增强公民反家庭暴力意识，弘扬健康文明的家庭风尚，树立正确的家庭伦理道德观念。有关单位依法调解家庭纠纷，避免矛盾进一步激化，预防和减少家庭暴力的发生。用人单位发现本单位人员有家庭暴力情况的，应当给予批评教育，并做好家庭矛盾的调解、化解工作。还要对家庭暴力行为依法进行揭露、批评，形成禁止对妇女实施家庭暴力的良好氛围。

二是，制止对妇女实施家庭暴力。制止是解决家庭暴力的最直接的方法，制止包括责令施暴者放弃暴力行为和给予制裁。如果对正在发生的家庭暴力持放任、漠视的态度，不及时制止，将会使家庭暴力升级，造成严重后果；如果不依法对施暴者予以制裁，就是对家庭暴力的纵容。公安机关在处理家庭暴力方面负有重要职责，在接到家庭暴力报案后应当及时出警，制止家庭暴力，按照有关规定调查取证，协助受害人就医、鉴定伤情，并根据不同情况进行处理。对家庭暴力情节较轻，依法不给予治安管理处罚的，既要维护受害人的合法权益，又要维护家庭团结，由公安机关对加害人给予批评教育或者出具告诫书。公安机关应当将告诫书送交加害人、受害人，并通知居民委员会、村民委员会。居民委员会、村民委员会、公安派出所应当对收到告诫书的加害人、受害人进行查访，监督加害人不再实施家庭暴力。对违反治安管理规定的，依据治安管理处罚法予以处罚。对构成犯罪的，依法立案侦查，做好调查取证工作，追究其刑事责任。对属于告诉才处理的虐待案件和受害人有证据证明的轻伤害案件，应当告知受害人或其法定代理人、近亲属直接向人民法院起诉，并及时将案件材料和有关证据移送有管辖权的人民法院。人民检察院对公安机关提请批准逮捕或者移送审查起诉的家庭暴力犯罪案件，应当及时审查，区分不同情况依法作出处理。

三是，依法为受害妇女提供救助。救助是解决家庭暴力的保障，能够为受害妇女出谋划策，使其暂时摆脱暴力的阴影。县级或者设区的市级人民政府可以单独或者依托救助管理机构设立临时庇护场所，为受害妇女提供临时生活帮助。法律援助机构依照法律援助法等规定为受害妇女主张权益提供法律援助，无偿提供法律咨询、代理、刑事辩护等法律服务。人民法院依法对受害妇女缓收、减收或者免收诉讼费用。工会、共产主义青年团、妇女联合会、残疾人联合会、居民委员会、村民委员会等对实施家庭暴力的加害人进行法治教育，必要时对加害人、受害人进行心理辅导。

第六十六条 妇女对夫妻共同财产享有与其配偶平等的占有、使用、收益和处分的权利，不受双方收入状况等情形的影响。

对夫妻共同所有的不动产以及可以联名登记的动产，女方有权要求在权属证书上记载其姓名；认为记载的权利人、标的物、权利比例等事项有错误的，有权依法申请更正登记或者异议登记，有关机构应当按照其申请依法办理相应登记手续。

◆ 释义

本条是关于妇女对夫妻共同财产享有的平等权利和对有关财产的权属登记权利的规定。

一、妇女对夫妻共同财产享有与配偶平等的权利

夫妻关系在家庭关系中占有重要地位，是家庭关系的基础，没有夫妻关系就不会产生家庭关系。家庭稳定又是社会稳定的基础。家庭不和睦、子女教育出现问题，都会带来社会问题。因此，处理好夫妻关系对于家庭的和睦美满和社会的稳定与健康发展，具有重要意义。夫妻关系的内容十分广泛，但依其性质，可以分为夫妻人身关系与夫妻财产关系两个方面。夫妻人身关系，是指夫妻之间基于人格和婚姻身份形成的无直接物质利益因素的权利义务关系。夫妻财产关系，是指夫妻之间基于物质利益而形成的权利义务关系。比如，《中华人民共和国民法典》第一千零六十二条、第一千零六十三条规定的夫妻共同财产和个人财产等。虽然夫妻财产关系是基于夫妻人身关系而产生，从属于夫妻人身关系，但却是整个家庭的物质基础，处理好夫妻关系就必须处理好夫妻之间的财产关系。

处理夫妻之间的财产关系必须遵循夫妻双方地位平等原则。夫妻地位平等，是男女平等原则在婚姻家庭中的集中体现，是社会主义夫妻关系的根本要求和主要特征。我国自 1950 年的婚姻法至现行民法典婚姻家庭编均特别规定夫妻地位平等这一原则，之所以强调这一原则是因为我国的婚姻家庭虽然已从封建的婚姻家庭中解脱出来，但实践中还有不少夫妻地位不平等的现象存在，例如一些地区因经济不够发达、观念闭塞，男尊女卑的观念还很有市场，如妇女在家庭中没有财产地位等。夫妻在婚姻家庭中地位平等是处理夫妻关系的指导原则，是确定夫妻之间各项权利义务的基础。夫妻地位平等意味着夫妻在共同生活中平等地行使法律规定的权利，平等地履行法律规定的义务，共同承担对婚姻、家庭和社会的责任。基于此，针对现实生活中妇女在家庭中的财产地位相对处于弱势的问题，本条第一款规定，妇女对夫妻共同财产享有与其配偶平等的占有、使用、收益和处分的权利，不受双方收入状况等情形的影响。本条第一款规定有三层含义：

一是妇女对“夫妻共同财产”享有平等的权利。根据民法典婚姻家庭编的规定，我国实行的是以法定财产制为主，约定财产制为辅的夫妻财产制度，其中以婚后所得共同财产制为法定财产制。这主要是从我国现实国情考虑的。在现实社会中，男女两性的经济地位事实上仍存在着很大差距，女性的受教育程度、就业机会和经济收入大多不如男子；在有的家庭里，一些妇女没有参加就业或因养育子女、照顾家庭放弃了原有的职业，做全职主妇，这些女性基本没有独立的经济收入，在这种情况下实行分别财产制，往往会形成事实上的夫妻不平等。而共同财产制有利于保障夫妻中经济能力较弱一方的权益，有利于实现真正的夫妻地位平等。同时，这也符合我国文化传统和当前绝大多数人对夫妻财产制的要求。共同财产制虽然在尊重个人意愿、保护个人权利上显得不足，但更符合夫妻作为生活共同体的要求，有利于维系更加平等、和睦的家庭关系。《中华人民共和国民法典》第一千零六十二条第一款规定：“夫妻在婚姻关系存续期间所得的下列财产，为夫妻的共同财产，归夫妻共同所有：（一）工资、奖金、劳务报酬；（二）生产、经营、投资的收益；（三）知识产权的收益；（四）继承或者受赠的财产，但是本法第一千零六十三条第三项规定的除外；（五）其他应当归共同所有的财产。”但是，需要注意的是，如果夫妻双方约定婚前和婚后所得的财产均归各自所有的，则由各自行使管理、使用、收益和处分的权利，不适用本款规定。约定财产制是法律对婚姻关系双方当事人就双方之间的财产关系进行约定的意思自治的尊重，具有优先于法定财产制适用的效力，只有在没有约定或者约定无效时才适用法定财产制，才适用本款的规定。本款规定也不适用于夫妻个人财产。所谓夫妻个人财产，又称夫妻特有财产、夫妻保留财产，是指夫妻在实行共同财产制的同时，依照法律规定或者夫妻约定，夫妻各自保留的一定范围的个人所有财产。《中华人民共和国民法典》第一千零六十三条规定："下列财产为夫妻一方的个人财产：（一）一方的婚前财产；（二）一方因受到人身损害获得的赔偿或者补偿；（三）遗嘱或者赠与合同中确定只归一方的财产；（四）一方专用的生活用品；（五）其他应当归一方的财产。"

二是妇女对夫妻共同财产享有与配偶"平等的处理权"。如前所述，夫妻共同财产的性质是共同共有，不是按份共有，因此夫妻对全部共同财产，应当不分份额地享有同等的权利，承担同等的义务。不能根据夫妻双方经济收入的多少来确定其享有共同财产所有权的多少。夫妻双方对共同财产享有平等的占有、使用、收益和处分的权利。夫妻一方对共同财产的使用、处分，除另有约定外，应当在取得对方的同意之后进行。尤其是重大财产问题，未经对方同意，任何一方不得擅自处分。夫妻一方在处分共同财产时，另一方明知其行为而不作否认表示的，视为同意，事后不得以自己未参加处分为由否认处分的法律效力。夫妻一方未经对方同意擅自处分共同财产的，对方有权请求宣告该处分行为无效，但不得对抗善意第三人，即如果第三人不知道也无从知道夫妻一方的行为属于擅自处分行为的，该处分行为有效，以保护第三人的利益，维护交易安全。

三是妇女对夫妻共同财产所享有的平等权，不受双方收入状况等情形的影响。与原法相比，本款在"双方收入状况"后增加了“等情形”，主要是考虑到除收入差异外，妇女对夫妻共同财产享有的平等权还可能由于夫妻双方社会地位悬殊、财产来源不同等受到影响。

二、妇女对有关财产进行权属登记的权利

随着社会主义市场经济的发展，老百姓拥有的财产种类越来越丰富，金额也越来越巨大。这反映在一个家庭里就是夫妻双方所有的共同财产种类也越来越多。从法理上讲，对于这些共同财产，夫妻双方享有共同占有、使用、收益和处分的权利，对需要通过登记来彰显权利归属的财产，原则上也应当登记在夫妻双方的名下。但是，在实践中，因登记制度不完善、夫妻基于信任或者夫妻一方家庭地位强势等原因，夫妻双方共同所有的不动产或者可以联名登记的动产常常登记在夫妻一方的名下，且主要是登记在丈夫一方的名下。这就很容易导致不动产或者可以联名登记的动产的记载权利人，擅自处分该财产，损害另一方的权益。在现实中，不少妇女因丈夫擅自处分登记的不动产或者动产，财产权益受到了极大损害。为了充分保障妇女在婚姻关系中的财产权益，本法参考了《中华人民共和国民法典》第二百二十条的规定，借鉴北京、山东等地方的做法，增加了联名登记的规定，推动相关登记公示制度更加规范完善。

根据本条第二款的规定，对夫妻共同所有的不动产以及可以联名登记的动产，女方有权要求在权属证书上记载其姓名。只要女方能够证明该不动产或者动产是属于夫妻双方在婚姻关系存续期间所取得的，有关登记机构就应当按照其申请办理相关登记手续，在权属证书上记载其姓名，除非男方能够证明该不动产或者动产属于其个人财产或者属于其他人的合法财产。本款还规定，女方认为夫妻双方共同所有的不动产以及可以联名登记的动产登记簿或者权属证书上记载的权利人、标的物、权利比例等事项有错误的，有权依法申请更正登记或者异议登记，登记机构也应当按照其申请依法办理相应的登记手续。这里规定的“更正登记”目的是保护事实上的权利人的物权，许可真正的权利人或者利害关系人依据真正的权利状态对财产登记簿记载的内容进行更正。但是，更正的程序可能较为费时，有时申请更正的权利人与登记簿上记载的权利人之间的争议一时难以化解，法律有必要建立异议登记制度，作为一种对真正权利人利益的临时性保护措施。这里规定的“异议登记”，就是将事实上的权利人以及利害关系人对不动产登记簿记载的权利所提出的异议记入登记簿，异议登记的法律效力是，登记簿上所记载权利失去正确性推定的效力，第三人也不得主张依照登记的公信力而受到保护。登记机构根据女方的申请进行更正登记和异议登记时应当满足一定的条件并遵循一定的程序。根据《中华人民共和国民法典》第二百二十条的规定，权利人、利害关系人认为不动产登记簿记载的事项错误的，可以申请更正登记。不动产登记簿记载的权利人书面同意更正或者有证据证明登记确有错误的，登记机构应当予以更正。不动产登记簿记载的权利人不同意更正的，利害关系人可以申请异议登记。登记机构予以异议登记，申请人自异议登记之日起十五日内不提起诉讼的，异议登记失效。异议登记不当，造成权利人损害的，权利人可以向申请人请求损害赔偿。

第六十七条　离婚诉讼期间，夫妻一方申请查询登记在对方名下财产状况且确因客观原因不能自行收集的，人民法院应当进行调查取证，有关部门和单位应当予以协助。

离婚诉讼期间，夫妻双方均有向人民法院申报全部夫妻共同财产的义务。一方隐藏、转移、变卖、损毁、挥霍夫妻共同财产，或者伪造夫妻共同债务企图侵占另一方财产的，在离婚分割夫妻共同财产时，对该方可以少分或者不分财产。

◆ **释义**

本条对离婚诉讼中人民法院的调查取证义务以及一方擅自处分共同财产问题作了规定。

一、离婚诉讼中人民法院的调查取证

根据我国民事诉讼法的规定，在民事诉讼中，遵循“谁主张，谁举证”的基本原则。也就是说，任何一方当事人提出诉求的，原则上应当自己提供证据证明该诉求的存在。但是，在离婚诉讼案件中，由于夫妻双方矛盾一般已经较为尖锐，对一方提出的诉求，另一方一般都不会主动认可或者配合调查。特别是在涉及财产的情况时，一方（常常是女方）往往不掌握对方财产的详细情况，到银行、证券公司等单位查询，又因不是本人或者无法取得另一方的授权同意书，一般都会被拒绝查询相关信息。这导致离婚诉讼中的一方当事人，特别是女方当事人，常常因无法举证另一方的财产状况，而在财产分割中利益受到损害。为了解决这一问题，更好地保护离婚诉讼中女方的财产权益，本条第一款规定，离婚诉讼期间，夫妻一方申请查询登记在对方名下财产状况且确因客观原因不能自行收集的，人民法院应当进行调查取证，有关部门和单位应当予以协助。本规定是民事诉讼法相关规定在妇女权益保障领域的具体化。根据《中华人民共和国民事诉讼法》第六十七条第二款的规定，当事人及其诉讼代理人因客观原因不能自行收集的证据，人民法院应当调查收集。

适用本条第一款规定的前提条件是夫妻一方申请查询登记在对方名下财产状况且确因客观原因不能自行收集。如果夫妻一方能够自行收集对方名下的财产信息的，不适用本款规定。例如，根据《中华人民共和国民法典》第二百一十八条的规定，权利人、利害关系人可以申请查询、复制不动产登记资料，登记机构应当提供。在离婚诉讼中，夫妻双方互为对方的利害关系人，夫妻一方想查询登记在另一方名下的不动产情况的，其可以依法查询，没有法律障碍。所以，在这种情况下原则上不适用本款规定，除非该方当事人的人身自由被另一方当事人控制或者受到另一方的威胁，致使其无法自行收集。本款规定中的“客观原因”是指申请当事人自身之外的非主观原因，例如现行法律法规不允许个人查询他人名下财产状况，申请查询方的人身自由受到限制，等等。

理解本款规定，还需要注意两点：一是在离婚诉讼期间，夫妻一方申请人民法院调查取证的，并不是不承担任何举证义务，其应当向人民法院提供另一方财产状况的基本线索，否则人民法院很难进行调查取证。二是人民法院根据当事人的申请进行调查取证的，有关部门和单位应当予以协助。例如，在满足本款规定条件的情况下，人民法院根据夫妻一方当事人的请求向商业银行调查另一方当事人名下的财产状况时，该商业银行应当予以协助。如果相关部门和单位拒绝予以协助的，根据《中华人民共和国民事诉讼法》第一百一十七条的规定，人民法院除责令其履行协助义务外，并可以予以罚款；人民法院还可以对其主要负责人或者直接责任人员予以罚款；对仍不履行协助义务的，可以予以拘留；并可以向监察机关或者有关机关提出予以纪律处分的司法建议。

二、离婚诉讼期间共同财产申报以及一方擅自处分共同财产的法律后果

（一）离婚诉讼期间夫妻双方对共同财产的申报义务

根据民法典婚姻家庭编的规定，在夫妻双方没有约定财产分别所有的情况下，婚姻关系存续期间双方所获得的财产均为夫妻共同财产。但是，我国还没有建立夫妻全部共同财产的登记制度，仅有不动产以及汽车等特殊动产建立了登记制度，其他夫妻共同财产一般都是由夫妻双方分别持有，如果在夫妻双方互不信任或者一方故意隐瞒的情况下，双方可能都很难知道夫妻共同财产的实际数额，这可能给一方转移财产提供便利；当然更严重的是在离婚诉讼期间，由于不清楚双方的共同财产的实际数额，导致一方当事人，特别是女方当事人，在离婚财产分割时利益受到较大损害。为了夫妻双方，特别是保护女方当事人在离婚诉讼中的财产权益，本条第二款明确规定了夫妻双方在离婚诉讼期间均有向人民法院申报全部夫妻共同财产的义务。根据该规定，夫妻双方均应当如实履行申报的义务，违反该义务的，将承担一定的法律后果，例如一方未如实履行申报义务的，在分割夫妻共同财产时可以少分或者不分。

（二）一方擅自处分共同财产的法律后果

实践中，夫妻一方实施侵害夫妻共同财产或者侵占另一方财产的违法行为时有发生，严重损害了另一方的财产权益，对于这些违法行为，必须加以禁止。基于此，本条在民法典相关规定的基础上对其法律后果作了明确规定。根据本条规定，夫妻一方实施的违法行为主要是两类：

一是侵害夫妻共同财产。夫妻共同财产主要指夫妻双方在婚姻关系存续期间归双方共同所有的财产。夫妻共同财产从性质上说，属于共同共有。夫妻双方在婚姻关系存续期间，无论属于双方或一方的收入，无论各自收入的数量多少，也无论其中一方有

无收入，夫妻作为共同生活的伴侣，对共同财产享有平等的所有权。根据本法第六十六条的规定，对共同财产，夫妻双方均有依法占有、使用、收益和处分的权利。这种权利不受双方收入状况等因素的影响。在共有关系消灭之前，财产权利是一个整体，只有在离婚或者一方死亡导致婚姻关系消灭，或者双方有特别约定时，才能对共同财产进行分割。

夫妻双方对共有财产享有平等处理权，即夫妻在处分共同财产时，应当平等协商，取得一致意见，任何一方不得违背他方的意志，擅自处理。特别是对共有财产作较大的变动时，如出卖、赠与等，更应征得另一方的同意，否则就侵犯了另一方对共有财产的所有权。如果对其他共有人造成损失，由擅自处分共有财产的人赔偿。因此，隐藏、转移、变卖、毁损、挥霍夫妻共同财产的行为，是侵犯共同财产所有权的民事侵权行为。隐藏是指将财产藏匿起来，不让他人发现，使另一方无法获知财产的所在从而无法控制。转移是指私自将财产移往他处，或将资金取出移往其他账户，脱离另一方的掌握。变卖是指将财产折价卖给他人。毁损是指采用打碎、拆卸、涂抹等破坏性手段使物品失去原貌，失去或者部分失去原来具有的使用价值和价值。挥霍是指对夫妻共有的财产没有目的的、不符合常理的耗费致使其不存在或者价值减损。上述违法行为，在主观上只能是故意的，不包括过失行为，如因不慎将某些共同财产毁坏，只要没有故意，就不属于本条规定之列。夫妻一方如果实施了上述行为，就属于对夫妻共同财产的侵害。

二是伪造夫妻共同债务企图侵占另一方财产。另一方财产，主要是指在婚姻关系存续期间，归夫妻一方个人所有的财产。根据《中华人民共和国民法典》第一千零六十三条的规定，下列财产为夫妻一方的个人财产：（1）一方的婚前财产；（2）一方因受到人身损害获得的赔偿或者补偿；（3）遗嘱或者赠与合同中确定只归一方的财产；（4）一方专用的生活用品；（5）其他应当归一方的财产。根据《中华人民共和国民法典》第一千零六十五条第一款的规定，男女双方可以约定婚姻关系存续期间所得的财产以及婚前财产归各自所有或者部分各自所有。夫妻一方对属于自己的财产享有占有、使用、支配的权利。在不违背法律规定的情况下，可以依据自己的意愿处分自己的财产。但是根据《中华人民共和国民法典》第一千零八十九条的规定，离婚时，夫妻共同债务应当共同偿还。共同财产不足清偿或者财产归各自所有的，由双方协议清偿；协议不成的，由人民法院判决。这一规定，意味着夫妻在离婚时，如果共同财产不足以清偿共同债务时，有可能以夫妻一方的个人财产来承担夫妻共同债务，具体数额由人民法院判决确定。对此，夫妻一方就有可能利用这一法律规定，伪造夫妻共同债务，企图侵占另一方财产。伪造债务是指制造内容虚假的债务凭证，包括合同、欠条等。伪造债务是违法行为的客观表现。其在主观上是故意，不是过失，是以侵占夫妻另一方财产为目的。只要夫妻一方实施伪造夫妻共同债务的行为，就属于对另一方财产的侵害。

夫妻共同财产属于夫妻共同所有，依照民法共同所有的理论，原则上，在共同体解体时，对共同所有的财产应当均等分割。但是，由于夫妻中的一方存在以隐藏、转移、变卖、毁损、挥霍手段侵害夫妻共同财产的违法行为，存在伪造夫妻共同债务企图侵占另一方财产的违法行为，所以本条规定对实施上述违法行为的一方，在分割夫妻共同财产时，可以少分或不分。对他们少分或不分夫妻共同财产，是违法行为实施者理应承担的法律责任。需要说明的是，本条对少分的具体份额或比例以及在何种情况下可以不分、少分，没有作出明确规定，只是规定了“可以”少分或者不分。法院在审判实践中，应当根据违法行为的情节和案件的具体情况作出处理。该规定同民法典规定的在分割夫妻共同财产时按照照顾子女、女方和无过错方权益的原则判决不矛盾。照顾子女和女方权益原则的确定，是由我国目前广大女性的经济能力与男性仍有一定差距的国情决定的，同时也是宪法和本法关于保护妇女、儿童合法权益原则和我国社会主义制度优越性在民法典婚姻家庭编上的具体体现。在婚姻家庭生活中，无过错一方遵守法律规定，对另一方尊重、关爱、忠实，对家庭成员关心帮助，尊老爱幼，为维护平等、和睦、文明的婚姻家庭作出了自己的努力和贡献。对这种合法的民事法律行为的主体法律必须给予保护。当然，在现实生活中，也不排除有女方、无过错方实施本条所列举的违法行为的可能。如果出现，也应当依照民法典婚姻家庭编和本条的规定处理。所以，两者没有矛盾，并行不悖。

实践中，还存在一种情况，即离婚后，夫妻一方才发现另一方有隐藏、转移、变卖、损毁、挥霍夫妻共同财产，或者伪造夫妻共同债务企图侵占另一方财产的行为。对于这种情况应当如何处理，本条并未作规定。夫妻共同财产是共同共有财产，任何一方未经另一方同意而擅自予以隐藏、转移、变卖、毁损、挥霍，或通过伪造债务等非法手段据为己有的，都是对另一方财产所有权的侵害，是一种民事侵权行为。在离婚案件审理过程中，这部分共同财产由于被一方隐藏、转移、变卖、毁损、挥霍，或伪造债务所侵占而未能发现，因而法院也未能将其作为夫妻共同财产予以分割。从法理上讲，受损一方当事人可以再次请求人民法院进行救济，不受“一事不再理”的限制。基于此，《中华人民共和国民法典》第一千零九十二条规定，离婚后，另一方发现有上述行为，可以向人民法院提起诉讼，请求再次分割夫妻共同财产。也就是说，离婚案件已审理终结，离婚双方有关财产分割的调解书、判决书已发生法律效力后，又发现一方有隐藏、转移、变卖、毁损、挥霍夫妻共同财产或者伪造夫妻共同债务侵占另一方财产行为的，受损一方可以向人民法院提起诉讼，请求再次分割夫妻共同财产。在再次分割夫妻共同财产时，本条关于对违法一方可以少分或者不分的原则仍应适用。

第六十八条 夫妻双方应当共同负担家庭义务，共同照顾家庭生活。

女方因抚育子女、照料老人、协助男方工作等负担较多义务的，有权在离婚时要求男方予以补偿。补偿办法由双方协议确定；协议不成的，可以向人民法院提起诉讼。

◆ 释义

本条对夫妻双方共同负担家庭义务及离婚时家务劳动经济补偿问题作了规定。

一、夫妻双方共同负担家庭义务

家庭是社会的细胞，家庭和睦是社会安定的重要基础。对于夫妻而言，家庭是双方的命运共同体，这个命运共同体要持久，要和谐稳定，除了需要夫妻双方互相忠实、互相尊重、互相关爱外，还需要夫妻双方在家庭中共担责任。2013 年，习近平总书记在同全国妇联新一届领导班子集体谈话时的讲话特别指出：男同志在家庭中也要发挥作用，但女同志有自己的优势。男同志在家里不能当“大爷”，不能回到家里就衣来伸手、饭来张口。习近平总书记的讲话就是强调男同志应当在家庭中与妻子共同负担家庭义务，具有极强的针对性和指引性。基于此，本法增加规定，夫妻双方应当共同负担家庭义务，共同照顾家庭生活。这一规定，既是为了贯彻落实习近平总书记的讲话精神，也是夫妻双方在婚姻家庭中地位平等的具体体现。

本条规定的“共同负担家庭义务，共同照顾家庭生活”的内涵比较丰富，根据我国民法典婚姻家庭编的规定，至少应当包括以下内容：一是共同承担抚养、教育、保护未成年子女的义务。《中华人民共和国民法典》第一千零五十八条规定，夫妻双方平等享有对未成年子女抚养、教育和保护的权利，共同承担对未成年子女抚养、教育和保护的义务。根据该规定，抚养、教育和保护未成年子女既是父母应尽的义务，也是父母应有的权利，由父母双方平等享有、共同承担，而非一方的单方权利和义务，也不允许任何一方不履行这一义务。未成年子女造成他人损害的，父母均应当依法承担民事责任。二是共同承担赡养父母、照顾老人的义务。尊老敬老是中国的传统美德，也是成年子女对父母应尽的法定义务。《中华人民共和国宪法》第四十九条明确规定，成年子女有赡养扶助父母的义务。《中华人民共和国老年人权益保障法》第十三条进一步规定，老年人养老以居家为基础，家庭成员应当尊重、关心和照料老年人。子女作为赡养人，应当履行对老年人经济上供养、生活上照料和精神上慰藉的义务，照顾老年人的特殊需要。儿子和女儿都有义务赡养父母，已婚妇女也有赡养其父母的义务和权利。三是共同承担家庭劳动。在每一个家庭里，家庭劳动是必不可少的，有的家庭劳动还较为繁重。对这些家庭劳动不应当由一方单独承担，而应当由夫妻双方共同承担。当然，本条第一款规定强调“夫妻双方应当共同负担家庭义务，共同照顾家庭生活”并非让夫妻双方平均负担家庭义务，而是双方应当合理分配和承担家庭劳务。

二、女方负担较多家庭义务的，离婚时可以要求男方予以经济补偿

婚姻对于感情维系、人口繁衍、文明发展以及道德维护诸方

面所产生的重要作用，使婚姻和家庭关系成为法律调节和法律控制的一个重要对象，夫妻双方对家庭都作了不同但同样重要的贡献。家务劳动在商品交换社会中，对社会而言无经济价值，但对家庭而言是有经济价值的。做家务劳动的一方对维持婚姻所作的无形贡献是积累家庭财富的间接方式，对家庭财富积累的贡献与另一方是对等的，对家庭财产享有平等的所有权。家庭中的家务劳动者通过家务劳动、子女抚养而对婚姻的贡献，与另一方外出工作获取收入维持家计扶养家庭成员有同等的价值。在现实生活中，女方因抚养子女、照料老人、协助另一方工作等付出较多义务，并且因前述原因牺牲了自己的发展机会，导致自己在婚姻关系存续期间无经济收入，或者经济收入远低于另一方，当婚姻关系终结之时，不论夫妻财产是分别财产制，还是共同财产制，离婚分割财产时，如果她们的利益得不到有效的保障，将对子女的成长极为不利，对社会的稳定产生重大影响。对此，《中华人民共和国民法典》第一千零八十八条规定，夫妻一方因抚育子女、照料老年人、协助另一方工作等负担较多义务的，离婚时有权向另一方请求补偿，另一方应当给予补偿。具体办法由双方协议；协议不成的，由人民法院判决。本法在民法典规定的基础上，从保护女方权益的角度规定，女方因抚育子女、照料老人、协助男方工作等负担较多义务的，有权在离婚时要求男方予以补偿。补偿办法由双方协议确定，协议不成的，可以向人民法院提起诉讼。本条规定是遵循权利和义务对等的原则作出的，是对女性家庭劳动价值的认可。女方只有在为婚姻共同体尽了较多义务，如抚养子女、照料老人、协助另一方工作的情况下才可向对方请求补偿。夫妻离婚时，男方对承担较多家务劳动的女方给予经济补偿，首先应当由夫妻双方自行协商确定，这种协商可以在协议离婚时确定，也可以在诉讼离婚中确定。如果在协议离婚时双方达成了一致的协议，则可以向婚姻登记部门提交。婚姻登记部门查明确属自愿，且不违反法律规定的，给予离婚登记，双方应自觉履行协议。在诉讼离婚中，双方对离婚补偿达成一致意见，交由法院以调解书或者判决书的形式予以确认。如果双方达不成协议，人民法院则依据本条的规定进行判决确定。

根据原法的规定，离婚家务劳动经济补偿适用的前提条件是"夫妻书面约定婚姻关系存续期间所得的财产归各自所有"。这次修改删除了这一条件限制。也就是说，女方要求男方予以家务劳动经济补偿时不再受"夫妻书面约定婚姻关系存续期间所得的财产归各自所有"的条件限制，无论是在约定的分别财产制还是法定的共同财产制下，女方负担较多劳务的，就有权在离婚时要求男方予以补偿。这主要是基于以下考虑：在约定分别财产制的情形下，夫妻双方婚前和婚后所得财产归各自所有，并单独行使管理权、收益权及处分权；还有可能一方以契约形式将其财产的管理权交与另一方，或者双方拥有一部分共同财产。夫妻双方如果在真实意思支配下作出的夫妻财产归属的约定，符合民事法律行为的有效要件，则此种约定，法律不应干涉，当事人的意思自治应得到尊重。同时根据《中华人民共和国民法典》第一千零六十五条规定，约定财产制排除法定财产制优先适用。约定财产制保证了双方独立的财产权，但是由于妇女的就业机会和经济收入大多低于男性，并且在大多数情况下，为了家庭利益而牺牲自己发展机会的往往是女性，家务劳动又不计报酬，在离婚时如果不对这部分家务劳动给予补偿，会使经济弱势方的合法权益得不到保障，特别是对广大妇女的利益是不利的。所以，法律在尊重夫妻双方意思自治的前提下，也需要为保障妇女一方的权益，而对夫妻约定财产制进行必要的干预，这不是对约定财产的否定或者修改，而是法律根据权利义务对等的原则在个人权利和社会公平间取得的平衡。因为，对于一个家庭，承担家务劳动是夫妻共同的义务，当一方为了双方共同的利益而承担较多义务时，在婚姻关系终结时，有权请求另一方予以补偿，这是维护公平正义原则的需要，同时也是对传统家庭美德予以肯定，更是促进社会文明进步的需要。在法定共同财产制下，这一原则也同样应当适用。所以，这次修改扩大妇女离婚经济补偿的适用范围，进一步彰显了正义、维护了道德、发展了文明，也更有利于保护妇女权益。

第六十九条 离婚时，分割夫妻共有的房屋或者处理夫妻共同租住的房屋，由双方协议解决；协议不成的，可以向人民法院提起诉讼。

◆ **释义**

本条是对离婚时夫妻共有房屋或者共同租住的房屋如何分割的规定。

对夫妻共同财产进行分割是离婚所产生的法律后果之一。根据《中华人民共和国民法典》第一千零六十五条第一款的规定，夫妻可以对婚姻关系存续期间所得的财产以及婚前财产的归属作出约定——或为共同所有，或为分别所有，或部分共同所有，或部分各自所有。如果夫妻双方约定实行分别财产制，则财产归属较为明晰，发生纠纷时关键在于举证，当对财产属于个人财产还是夫妻共同财产难以确定时，主张权利的一方负有举证责任，当事人举不出有力证据，法院又无法查实的，一般按夫妻共同财产处理。如果夫妻双方未对婚姻关系存续期间所得的财产以及婚前财产作出约定，则除《中华人民共和国民法典》第一千零六十三条规定的夫妻一方的个人财产以外，均为夫妻共同财产，在离婚时需要进行分割。如果夫妻双方约定婚姻关系存续期间以及婚前财产均为夫妻共同财产，则离婚时可以分割的财产不仅包括婚后所得财产，还包括夫妻双方的个人婚前财产。如果夫妻双方对婚姻关系存续期间所得的财产以及婚前财产约定部分归各自所有部分归共同所有，在离婚分割财产时，首先要根据夫妻双方的约定界定个人财产和共同财产的范围，然后再对共同财产进行分割。在夫妻双方共有的所有财产中，房屋是大多数家庭价值较大的财产之一，如果房屋属于婚姻关系存续期间所得或者所租，除了夫妻双方对其作了属于某一方所有的特别约定，应认定为夫妻共同财产进行分割。房产的分割对双方的影响可能最大，特别是对家庭中一般处于弱势地位的女方影响更大，因为双方共有的房屋或者共同租住的房屋如何分割直接影响到其居住的权利。这也是离婚诉讼中比较突出的一个问题。针对这个问题，本条明确规定，离婚时，分割夫妻共有的房屋或者夫妻共同租住的房屋，由双方协议解决；协议不成的，可以向人民法院提起诉讼。

根据本条规定，离婚时，分割夫妻共有的房屋或者共同租住的房屋，首先由双方自行协商解决，充分尊重夫妻自己的意愿。对于共有的房屋，夫妻双方可以根据各自的实际情况以及承担抚养赡养家庭成员义务的情况，约定由一方享有房屋的所有权，另一方获得该房屋的部分现金价值；也可以约定将房屋赠与共同的子女；还可以约定将房屋转卖给第三人后，双方平均分配所卖价款；等等。对于共同租住的房屋，只要租赁期还未届满，双方可以约定在离婚后由双方继续租住；也可以约定由一方继续租住，另一方获得一定的现金补偿；还可以约定由处于弱势的女方或者抚养子女的一方免费租住，另一方承担租赁费；等等。只要不存在胁迫、违反法律法规强制性规定、违反公序良俗等导致该约定无效或者被撤销情况的，夫妻双方都应当按照约定分割共有的房屋或者共同租住的房屋。如果夫妻双方协议不成，根据本条规定，任何一方当事人都可以向人民法院提起诉讼，由人民法院通过判决的方式解决。根据民法典第一千零八十七条的规定，人民法院要根据财产的具体情况，按照照顾子女、女方和无过错方权益的原则，公平公正地分割夫妻共有房屋或者共同租住的房屋。司法实践中，多数女方权益与无过错方权益是一致的，但是也有不一致的情况，法官要具体问题具体分析判决。

本条只对夫妻共有的房屋或者共同租住的房屋如何分割的问题作了规定，对于其他共有财产在离婚时如何分割并未涉及。对于其他共有财产在离婚时如何分割的问题，民法典婚姻家庭编已作了规定。民法典第一千零八十七条规定，离婚时，夫妻的共同财产由双方协议处理；协议不成的，由人民法院根据财产的具体情况，按照照顾子女、女方和无过错方权益的原则判决。对夫或者妻在家庭土地承包经营中享有的权益等，应当依法予以保护。

第七十条 父母双方对未成年子女享有平等的监护权。

父亲死亡、无监护能力或者有其他情形不能担任未成年子女的监护人的，母亲的监护权任何组织和个人不得干涉。

◆ 释义

本条是关于父母对未成年子女享有平等监护权以及不得非法干涉母亲监护权的规定。

一、父母双方对未成年子女享有平等的监护权

父母对未成年子女负有抚养、教育和保护的义务，也是未成年人的监护人。根据《中华人民共和国民法典》第三十四条、第三十五条规定，监护人的职责是代理被监护人实施民事法律行为，保护被监护人的人身权利、财产权利以及其他合法权益等；监护人应当按照最有利于被监护人的原则履行监护职责，除为维护被监护人利益外，不得处分被监护人的财产；未成年人的监护人履行监护职责，在作出与被监护人利益有关的决定时，应当根据被监护人的年龄和智力状况，尊重被监护人的真实意愿。根据《中华人民共和国未成年人保护法》第十六条的规定，未成年人的父母或者其他监护人的具体监护职责包括：为未成年人提供生活、健康、安全等方面的保障；关注未成年人的生理、心理状况和情感需求；教育和引导未成年人遵纪守法、勤俭节约，养成良好的思想品德和行为习惯；对未成年人进行安全教育，提高未成年人的自我保护意识和能力；尊重未成年人受教育的权利，保障适龄未成年人依法接受并完成义务教育；保障未成年人休息、娱乐和体育锻炼的时间，引导未成年人进行有益身心健康的活动；妥善管理和保护未成年人的财产；依法代理未成年人实施民事法律行为；预防和制止未成年人的不良行为和违法犯罪行为，并进行合理管教；其他应当履行的监护职责。

父母不履行对未成年子女的监护职责或者侵害被监护子女合法权益的，应当承担法律责任。如果父母实施严重损害未成年子女身心健康的行为，怠于履行监护职责或无法履行监护职责且拒绝将监护职责部分或者全部委托给他人，导致未成年子女处于危困状态，或者实施严重侵害未成年子女合法权益的其他行为的，人民法院根据有关个人或者组织的申请，撤销其监护人资格，安排必要的临时监护措施，并按照最有利于被监护人的原则依法指定监护人。

父母双方对未成年子女享有平等的监护权，这是男女平等和夫妻家庭地位平等的体现，意味着父母双方平等地享有对未成年子女抚养、教育和保护的权利，不允许一方剥夺另一方的权利；同样也意味着承担同等的义务，不允许任何一方推卸责任，当未成年子女对国家、集体或者他人造成损害时，父母双方都要承担相应的民事责任。

二、不得非法干涉母亲的监护权

父母任何一方的监护权不受非法干涉。父母双方对未成年子女享有平等的监护权，这就意味着当父亲死亡、无监护能力或者有其他情形不能担任未成年子女监护人的，任何人不得非法干涉母亲的监护权。

根据民法典的规定，死亡既包括自然死亡，也包括宣告死亡。宣告死亡是指自然人下落不明满四年，或者因意外事件，下落不明满二年或经有关机关证明该自然人不可能生存的，经利害关系人申请，人民法院宣告该自然人死亡。被宣告死亡的人，人民法院宣告死亡的判决作出之日视为其死亡的日期；因意外事件下落不明宣告死亡的，意外事件发生之日视为其死亡的日期。

父亲无监护能力，主要是指父亲因先天、疾病等原因不能辨认或者不能完全辨认自己行为，例如患有智力障碍、精神障碍、阿尔茨海默病等。需要注意的是，如果父亲完全失去民事行为能力，成为无民事行为能力人，那么这时可以认为父亲不具有对未成年子女的监护能力；如果父亲为限制民事行为能力人时，是否具有监护能力，需要结合父亲的智力、精神健康状况等情况进行具体分析。

其他不能担任未成年子女监护人的情形，主要是指依照法律法规等规定，父亲不宜或者不能担任未成年子女监护人的情况，例如因不能正确履行其监护职责或者侵害未成年子女的合法权益，被人民法院依法撤销其监护人资格，或者父亲处于不能行使监护权的状态，如被依法监禁或被依法宣告失踪等。

父亲如果死亡、没有监护能力或者有其他情形不能担任未成年子女监护人的，母亲的监护权任何人不得干涉。在实践中，在孩子父亲如果死亡、失去监护能力或者有其他情形不能担任孩子监护人时，孩子的爷爷奶奶或者其他亲属害怕孩子的母亲离婚或者改嫁后带走孩子，因而对孩子母亲的监护权横加干涉，拒绝让孩子的母亲照料孩子，甚至不让母亲与孩子见面，或者在孩子的母亲再婚后，不让其把孩子带走，这些都是侵犯母亲对孩子监护权的违法行为，是为法律所严格禁止的。

第七十一条　女方丧失生育能力的，在离婚处理子女抚养问题时，应当在最有利于未成年子女的条件下，优先考虑女方的抚养要求。

◆ **释义**

本条是关于女方丧失生育能力的，离婚时如何处理子女抚养问题的规定。

一、最有利于未成年子女原则

离婚后的子女抚养问题，是离婚家庭面临的一个重要问题。父母离婚后，父母与子女的关系并不因为婚姻关系的终结而发生变化，父母仍然具有抚养未成年子女的义务，但具体抚养方式会发生变化，由父母双方共同抚养变为一方直接抚养。现实生活中，在父母离婚时，既存在双方就子女抚养问题达成一致意见的情况，也存在双方互相争夺或者推诿子女抚养权的情况。在父母双方存在不同意见时，首先应当遵循最有利于未成年子女原则。

最有利于未成年子女身心健康，保障其合法权益，实现儿童利益最大化，是处理离婚后子女直接抚养归属问题的出发点。在此前提下，结合父母的个人素质、对子女的责任感、家庭环境、父母与子女的感情等因素，以及双方的抚养能力和抚养条件等具体情况妥善解决。根据《中华人民共和国民法典》第一千零八十四条第三款规定，离婚后，不满两周岁的子女，以由母亲直接抚养为原则。已满两周岁的子女，父母双方对抚养问题协议不成的，由人民法院根据双方的具体情况，按照最有利于未成年子女的原则判决。子女已满八周岁的，应当尊重其真实意愿。

一是，不满两周岁的子女以由母亲直接抚养为原则。这是因为不满两周岁的子女多数还在母乳喂养期。用母乳哺养，对婴儿的生长发育最为有利。从婴儿的生长发育的利益考虑，夫妻离婚后，凡是正处于用母乳喂养阶段的子女，应由母亲直接抚养。现实生活中，也有一些孩子出生后，是不用母乳喂养的；还有一些孩子由于各种原因很早就断了母乳喂养。对于这样的情况，当夫妻离婚时，如何判定孩子的抚养归属，一般仍以两周岁为界限。两周岁以下的子女，一般裁决随母亲生活，由母亲直接抚养。因为两周岁以下的子女年纪太小，抚养起来较为复杂、麻烦，宜由细心、耐心的人直接抚养比较好；两周岁以下的子女表达能力很差，而孩子是从母亲体内生出，母亲与孩子有着一种天然的联系与感觉，此时期孩子由母亲直接抚养为宜。但这也不是一成不变的，例如母亲患有久治不愈的传染性疾病或其他严重疾病、不宜与子女共同生活，或者存在其他明显对抚养子女不利情形时，也可以由父亲抚养。

二是，对两周岁以上的未成年子女，由父亲还是母亲直接抚养，首先应由父母双方协议决定。当父母双方对由谁直接抚养未成年子女发生争议时，法院应当进行调解，尽可能争取当事人以协议方式解决。在当事人双方自愿、合法的前提下，协商决定未成年子女由父亲直接抚养，或者由母亲直接抚养，或者在有利于保护子女利益的前提下，由父母双方轮流抚养。对上述几种抚养方式，法院都是准许的。如果当事人双方因子女抚养问题达不成协议时，法院应结合父母双方的抚养能力和抚养条件等具体情况，按照最有利于未成年子女的原则和最有利于子女健康成长的原则妥善地作出裁决。

三是，子女已满八周岁的，应当尊重其真实意愿。《中华人民共和国未成年人保护法》第十九条规定，未成年人的父母或者其他监护人应当根据未成年人的年龄和智力发展状况，在作出与未成年人权益有关的决定前，听取未成年人的意见，充分考虑其真实意愿。未成年人抚养权的确定，与其自身权益密切相关，在实践中确定由谁来抚养子女，更应当尊重子女的真实意愿，以更有利于未成年人的健康成长。已满八周岁的子女属于限制民事行为能力人，已有一定的自主意识和认知能力，因此，《中华人民共和国民法典》第一千零八十四条中规定，子女已满八周岁的，应当尊重其真实意愿。在离婚时，不管是父母协商确定由谁抚养，还是人民法院判决决定，都要事先听取八周岁以上子女的意见，在子女提出自己的意见后，再根据其年龄、社会经验、认知能力和判断能力等，探求、尊重其真实的意愿。

二、优先考虑失去生育能力的女方的抚养要求

在离婚处理子女抚养问题时，在最有利于未成年子女的条件下，还应当优先考虑丧失生育能力的女方的抚养要求。生育能力是指能够生育活产婴儿的生理能力。女性生育能力主要是指女性产生卵母细胞、卵细胞并孕育胎儿的能力 。对于女方因绝育手术、疾病、年老等原因丧失生育能力，且有条件和能力抚养子女，并要求孩子由女方抚养随女方生活的情况，法院应当优先考虑女方的合理要求，判令孩子由母亲抚养、随母亲生活。这一规定，一是合乎情理，体现了对失去生育能力妇女的照顾和保护。对于希望生育、抚养子女的妇女来说，失去生育能力后，不可能再生育新的子女，因此会对直接抚养现有子女产生强烈的情感需求。在离婚处理子女抚养问题时优先考虑女方合理要求，体现了对母亲亲权的保护。二是实事求是，有利于保护未成年人利益。妇女失去生育能力后，不可能再生育其他子女，因而也有更多的时间和精力去关爱、照顾现有子女。因此，在这种情况下，优先考虑女方的抚养要求，也符合最有利于未成年子女原则。

第八章　救济措施

第七十二条　对侵害妇女合法权益的行为，任何组织和个人都有权予以劝阻、制止或者向有关部门提出控告或者检举。有关部门接到控告或者检举后，应当依法及时处理，并为控告人、检举人保密。

妇女的合法权益受到侵害的，有权要求有关部门依法处理，或者依法申请调解、仲裁，或者向人民法院起诉。

对符合条件的妇女，当地法律援助机构或者司法机关应当给予帮助，依法为其提供法律援助或者司法救助。

◆ 释义

本条是关于依法维护妇女合法权益以及提供法律援助或者司法救助的规定。

一、对侵害妇女合法权益的行为予以劝阻、制止或者控告、检举

本法第四条规定，保障妇女的合法权益是全社会的共同责任。国家机关、社会团体、企业事业单位、基层群众性自治组织以及其他组织和个人，应当依法保障妇女的权益。因此，对侵害妇女合法权益的行为，任何组织和个人都有权予以劝阻、制止或者向有关部门提出控告或者检举。劝阻和制止的主要目的是针对可能发生或者正在进行的侵害妇女权益的行为，使其停止下来，以免情势进一步发展恶化，避免或者减少对妇女合法权益的侵害。向有关部门提出控告或者检举，主要是向具有相应妇女权益保障职能的部门，例如公安、民政部门等，提出对违法侵害妇女权益行为的控告或者检举。这里的任何组织和个人既包括与权益受到或者即将受到侵害的妇女直接相关的组织或者人员，例如妇女本人及其近亲属、所在单位等，也包括无直接利害关系的组织和人员。

有关部门接到控告或者检举后，应当及时处理，对属于本部门职责范围内的事项，依法予以处理，例如制止违法行为、对违法行为人予以行政处罚、对受害妇女予以救助等；对不属于本部门职责范围内的事项，应当依法告知控告人、检举人或者转交有权部门处理。为防止对控告人、检举人进行打击报复或扰乱其正常生活，有关部门应当为控告人、检举人保密。

二、妇女合法权益受到侵害的，有权要求处理或者申请救济

本法第七条第一款规定："国家鼓励妇女自尊、自信、自立、自强，运用法律维护自身合法权益。"根据该款规定，妇女要有依法维护自身权利的意识，当自身的合法权益受到侵害时，要积极向有关部门投诉，要求有关部门依法处理，或者依法向仲裁机构申请仲裁，或者向人民法院起诉，以法律的武器维护自身的合法权益。

一是，要求有关部门处理。妇女合法权益受到侵害的，可以根据受害权益的情况和有关部门的职责分工，向具有相应监管职责的部门提出对有关问题进行处理的要求。例如，对于侵害妇女人身权利的，受侵害人可以向公安机关报案，要求依法予以处理；对于侵害妇女劳动和社会保障权益的，受侵害人可以向劳动和社会保障部门进行投诉，要求依法予以处理。

二是，申请调解、仲裁。妇女根据受侵害权益的具体情况以及争议类型，选择相应的调解或者仲裁渠道。第一，对于侵害妇女民事权益引起的民事纠纷，可以依照人民调解法，由人民调解委员会通过说服、疏导等方法，促使当事人在平等协商基础上自愿达成调解协议，解决民间纠纷；对平等主体的公民、法人和其他组织之间发生的合同纠纷和其他财产权益纠纷，还可以依照仲裁法申请仲裁。需要注意的是，采用仲裁方式解决纠纷，应当双方自愿，达成仲裁协议。没有仲裁协议，一方申请仲裁的，仲裁委员会不予受理。第二，对于劳动争议，例如用人单位违法解除劳动合同、不支付妇女工资报酬等侵犯妇女作为劳动者的合法权益引起的争议，妇女可以依照劳动争议调解仲裁法向调解组织申请调解；不愿调解、调解不成或者达成调解协议后不履行的，可以向劳动争议仲裁委员会申请仲裁。第三，对于农村土地承包经营纠纷，妇女可以依据农村土地承包经营纠纷调解仲裁法请求村民委员会、乡（镇）人民政府等调解；调解不成或者不愿和解、调解的，可以向农村土地承包仲裁委员会申请仲裁。第四，对于体育法规定的体育纠纷，可以依据修订后的体育法要求体育组织内部纠纷解决机制予以解决或者向体育仲裁委员会申请体育仲裁。

三是，向人民法院起诉。受害妇女依据受侵害权益的具体情况以及侵害行为的性质，直接向人民法院提起民事诉讼、行政诉讼或者刑事自诉。例如，对于侵害妇女人格权、财产权等违法行为，受害妇女可以依法提起民事诉讼，如违背妇女意愿，以言语、文字、图像、肢体行为等方式对妇女实施性骚扰的，受侵害人除了要求公安机关依法予以处罚外，还可以依据《中华人民共和国民法典》第一千零一十条第一款规定，依法向人民法院提起民事诉讼，要求行为人承担民事责任。对于侵害妇女劳动权益的劳动争议，受害人需要依据劳动争议仲裁调解法的规定，先向劳动争议仲裁委员会申请仲裁，对劳动争议仲裁委员会不予受理、逾期未作出决定或者对仲裁决定不服的，可以依法向人民法院提起诉讼。对于行政机关侵害妇女权益的行为，包括直接侵权的和间接以不作为的方式侵权的违法行为，受害妇女可以依法提起行政诉讼。对于刑事诉讼法及其司法解释中规定的自诉案件，如遭受侮辱、诽谤、暴力干涉婚姻、虐待以及重婚、遗弃等违法行为，受害妇女有权向人民法院直接起诉。

三、依法向符合条件的妇女提供法律援助或者司法救助

法律援助，是国家建立的为经济困难公民和符合法定条件的其他当事人无偿提供法律咨询、代理、刑事辩护等法律服务的制度，是公共法律服务体系的组成部分。2021 年 8 月，十三届全国人大常委会第三十次会议审议通过法律援助法，自 2022 年 1 月 1 日起施行。法律援助法对申请法律援助的范围、援助服务内容等作了明确规定。其中，第三十一条规定，下列事项的当事人，因经济困难没有委托代理人的，可以向法律援助机构申请法律援助：（1）依法请求国家赔偿；（2）请求给予社会保险待遇或者社会救助；（3）请求发给抚恤金；（4）请求给付赡养费、抚养费、扶养费；（5）请求确认劳动关系或者支付劳动报酬；（6）请求认定公民无民事行为能力或者限制民事行为能力；（7）请求工伤事故、交通事故、食品药品安全事故、医疗事故人身损害赔偿；（8）请求环境污染、生态破坏损害赔偿；（9）法律、法规、规章规定的其他情形。第三十二条规定，有下列情形之一，当事人申请法律援助的，不受经济困难条件的限制：（1）英雄烈士近亲属为维护英雄烈士的人格权益；（2）因见义勇为行为主张相关民事权益；（3）再审改判无罪请求国家赔偿；（4）遭受虐待、遗弃或者家庭暴力的受害人主张相关权益；（5）法律、法规、规章规定的其他情形。符合法律援助法上述规定条件的妇女可以依法申请获得相应的法律援助服务。法律援助服务的形式包括：（1）法律咨询；（2）代拟法律文书；（3）刑事辩护与代理；（4）民事案件、行政案件、国家赔偿案件的诉讼代理及非诉讼代理；（5）值班律师法律帮助；（6）劳动争议调解与仲裁代理；（7）法律、法规、规章规定的其他形式。

司法救助，是指在司法过程中对困难群众开展救助工作，有效维护当事人合法权益。2014 年中共中央政法委员会、财政部、最高人民法院、最高人民检察院、公安部、司法部印发《关于建立完善国家司法救助制度的意见（试行）》，2016 年最高人民检察院印发《人民检察院国家司法救助工作细则（试行）》，2019 年最高人民法院印发《人民法院国家司法救助案件办理程序规定（试行）》等，对国家司法救助制度进行规范。国家司法救助遵循辅助性救助、公正救助、及时救助、属地救助的原则，救助对象主要包括：（1）刑事案件被害人受到犯罪侵害，致使重伤或严重残疾，因案件无法侦破造成生活困难的；或者因加害人死亡或没有赔偿能力，无法经过诉讼获得赔偿，造成生活困难的。（2）刑事案件被害人受到犯罪侵害危及生命，急需救治，无力承担医疗救治费用的。（3）刑事案件被害人受到犯罪侵害而死亡，因案件无法侦破造成依靠其收入为主要生活来源的近亲属生活困难的；或者因加害人死亡或没有赔偿能力，依靠被害人收入为主要生活来源的近亲属无法经过诉讼获得赔偿，造成生活困难的。（4）刑事案件被害人受到犯罪侵害，致使财产遭受重大损失，因案件无法侦破造成生活困难的；或者因加害人死亡或没有赔偿能力，无法经过诉讼获得赔偿，造成生活困难的。（5）举报人、证人、鉴定人因举报、作证、鉴定受到打击报复，致使人身受到伤害或财产受到重大损失，无法经过诉讼获得赔偿，造成生活困难的。（6）追索赡养费、扶养费、抚育费等，因被执行人没有履行能力，造成申请执行人生活困难的。(7) 对于道路交通事故等民事侵权行为造成人身伤害，无法经过诉讼获得赔偿，造成生活困难的。(8) 党委政法委和政法各单位根据实际情况，认为需要救助的其他人员。符合上述条件的妇女，可以向人民法院、人民检察院、公安机关、司法行政机关提出司法救助申请。司法救助申请一般采取书面形式；确有困难，不能提供书面申请的，可以采用口头方式。申请人应当如实提供本人真实身份、实际损害后果、生活困难、是否获得其他赔偿等相关证明材料。

需要指出的是，本条中规定的为符合条件的妇女提供法律援助或者司法救助，是要依照相关的法律、法规及司法解释等进行，是包含在国家现行的法律援助和司法救助制度之内的，而不是脱离现行的这些制度，另搞一套专门针对妇女的制度。

第七十三条 妇女的合法权益受到侵害的，可以向妇女联合会等妇女组织求助。妇女联合会等妇女组织应当维护被侵害妇女的合法权益，有权要求并协助有关部门或者单位查处。有关部门或者单位应当依法查处，并予以答复；不予处理或者处理不当的，县级以上人民政府负责妇女儿童工作的机构、妇女联合会可以向其提出督促处理意见，必要时可以提请同级人民政府开展督查。

受害妇女进行诉讼需要帮助的，妇女联合会应当给予支持和帮助。

◆ **释义**

本条是关于妇联等妇女组织督促有关部门查处侵害妇女合法权益行为的规定。

一、妇女可以向妇女联合会等妇女组织求助

妇女联合会作为维护妇女权益的重要群团组织，“倾听妇女意见，反映妇女诉求，要求并协助有关部门或单位查处侵害妇女儿童权益的行为，为受侵害的妇女儿童提供帮助”是《中华全国妇女联合会章程》明确规定的各级妇女联合会的重要任务之一。除妇女联合会之外，妇女组织主要是指工会组织中女职工委员会，根据《中华人民共和国工会法》第十一条的规定，用人单位女职工人数较多的，可以建立工会女职工委员会，在同级工会领导下开展工作。女职工委员会是工会内部具有民主性、代表性的女职工组织，负有维护女职工权益的重要职责。此外，妇女组织还包括女科技工作者协会、女企业家协会、女医师协会、女法官协会、女检察官协会、女律师协会等社会组织，这些社会组织的重要工作内容之一就包括依法维护本协会会员的合法权益。因此，本条第一款规定，妇女的合法权益受到侵害的，可以向妇女联合会等妇女组织求助，妇女联合会等妇女组织应当维护被侵害妇女的合法权益。上述规定：一是明确了妇女在权益受到侵害时有向妇联等妇女组织求助的权利；二是强调了妇联等妇女组织负有维护妇女合法权益的义务。

二、妇女联合会等妇女组织有权要求有关部门或者单位查处

对于侵害妇女合法权益的行为，妇联等妇女组织维护妇女权益的方式包括两种形式：一种是妇女组织自身对妇女的维权，主要是利用自身的组织人员和专业力量等为受侵害妇女提供服务，包括接待受侵害妇女，为其提供法律、政策、心理等方面的咨询，协助其解决重大疑难问题，等等。另一种是妇女组织要求并协助有关部门或者单位对侵害妇女合法权益的行为进行查处。应当说，维护妇女权益的责任主要是由各级人民政府及其有关部门承担，对侵害妇女合法权益行为的查处也是其职责所在，妇联等妇女组

织作为群团组织和社会团体，主要是协助和配合政府及其有关部门工作。因此，结合《中华全国妇女联合会章程》规定和实际情况，本条第一款规定，妇女联合会等妇女组织有权要求并协助有关部门或者单位查处。根据上述规定妇联等妇女组织享有要求并协助有关部门或单位对侵害妇女权益行为进行查处的权利，但同时这也是对妇联等妇女组织负有协助查处义务的规定。

此外，本条第一款还规定，有关部门或者单位应当依法查处，并予以答复。根据该规定，对于妇联等妇女组织所反映的情况和予以查处的要求，有关部门或者单位应当认真对待，不仅要依法予以调查处理，还应就调查情况和处理结果等向妇联等妇女组织作出答复。

三、提出督促处理意见或者提请政府开展督查

为切实维护妇女权益，更好监督有关部门依法履行职责，对于侵害妇女权益的行为，本条第一款除规定“有关部门或者单位应当依法查处，并予以答复”外，进一步规定：“不予处理或者处理不当的，县级以上人民政府负责妇女儿童工作的机构、妇女联合会可以向其提出督促处理意见”。根据该规定，有关部门或者单位对于侵害妇女权益行为不能推诿、拖延、故意不予查处，也不能滥用职权、违反有关规定在处理时包庇、偏袒行为人。如果有关部门出现上述行为，县级以上人民政府负责妇女儿童工作的机构、妇女联合会有权向其提出督促处理意见，以督促其及时处理侵害妇女权益的行为，或者及时改正其不合适的处理意见。

政府督查属于行政监督范畴，是指县级以上人民政府在法定职权范围内根据工作需要组织开展的监督检查，以促进政府及其有关部门全面依法履职。根据 2020 年 12 月 26 日国务院发布的《政府督查工作条例》（以下简称《条例》）的规定，政府督查机构要根据本级人民政府的决定或者本级人民政府行政首长在职权范围内作出的指令，确定督查事项。这表明政府督查的启动需经本级人民政府或者本级人民政府行政首长的批准；未经批准，不得自行开展政府督查。同时，《条例》明确了政府督查的对象和内容，其中政府督查的对象包括：（1）本级人民政府所属部门；（2）下级人民政府及其所属部门；（3）法律、法规授权的具有管理公共事务职能的组织；（4）受行政机关委托管理公共事务的组织。政府督查的内容包括：（1）党中央、国务院重大决策部署落实情况；（2）上级和本级人民政府重要工作部署落实情况；（3）督查对象法定职责履行情况；（4）本级人民政府所属部门和下级人民政府的行政效能。

对侵害妇女合法权益的行为，有关部门不予处理或者处理不当，属于有关部门不履行或者不正确履行法定职责的情况，根据上述《条例》规定，同级人民政府有权决定开展政府督查。为切实保护妇女合法权益，本条除规定县级以上人民政府负责妇女儿童工作机构、妇女联合会可以直接向不履行或者不正确履行职责的有关部门或者单位提出督促处理意见外，还规定县级以上人民政府负责妇女儿童工作机构、妇女联合会在必要时，可以提请同级人民政府就有关部门职责履行情况开展督查。同级人民政府决定开展督查的，根据《条例》规定，可以组织开展综合督查、专项督查、事件调查、日常督办、线索核查等政府督查工作；可以采取的督查方式包括：（1）要求督查对象自查、说明情况；（2）听取督查对象汇报；（3）开展检查、访谈、暗访；（4）组织座谈、听证、统计、评估；（5）调阅、复制与督查事项有关的资料；（6）通过信函、电话、媒体等渠道收集线索；（7）约谈督查对象负责人或者相关责任人；（8）运用现代信息技术手段开展“互联网+督查”。此外，《条例》还规定，县级以上人民政府在政府督查工作结束后还应当作出督查结论。

四、妇女联合会支持和帮助受害妇女进行诉讼

《中华全国妇女联合会章程》明确规定，妇女联合会要为受侵害的妇女提供帮助。向人民法院提起诉讼，要求行为人承担法律责任，是受侵害妇女维护自身合法权益的重要手段。因此，支持和帮助受侵害妇女通过诉讼方式维护自身合法权益是妇联工作的重要内容之一。此外，《中华人民共和国法律援助法》第八条规定，国家鼓励和支持群团组织、事业单位、社会组织在司法行政部门指导下，依法提供法律援助。第六十八条规定，工会、共产主义青年团、妇女联合会、残疾人联合会等群团组织开展法律援助工作，参照适用本法的相关规定。法律援助法的相关规定，为妇女联合会依法面向妇女开展法律援助工作的形式、内容等提供了参照。实践中，妇联组织以其自身组织优势和特点，为支持和帮助受害妇女进行诉讼，开展了很多工作，发挥了十分重要的作用。例如，不少地方的妇联组织已与司法、民政、公安、人民检察院、人民法院以及高校等单位合作，成立法律援助工作站，支持受害妇女进行维权诉讼。针对家庭暴力案件的诉讼中，受害妇女需要作伤情鉴定的问题，不少地方的妇联组织与有关部门、单位合作，专门建立了家庭暴力伤情鉴定中心，为受害妇女提供专业的伤情鉴定，支持和帮助妇女进行诉讼。因此，本条第二款结合相关规定和实际情况，对妇女联合会支持和帮助受害妇女进行诉讼的义务作了规定。

第七十四条 用人单位侵害妇女劳动和社会保障权益的，人力资源和社会保障部门可以联合工会、妇女联合会约谈用人单位，依法进行监督并要求其限期纠正。

◆ **释义**

本条是新增条文，对联合约谈制度作了规定。

一、联合约谈制度的必要性

近年来，在妇女权益保障领域，特别是促进妇女平等就业方面，一些地方开始探索实践约谈制度。2017 年至 2019 年，河北、江苏、宁夏先后修订妇女权益保障有关地方性法规，对约谈制度作出规定。2019 年，人力资源和社会保障部、教育部等九部门发布《关于进一步规范招聘行为促进妇女就业的通知》，提出建立联合约谈机制，对涉嫌就业性别歧视的用人单位开展联合约谈，采取谈话、对话、函询等方式，开展调查和调解，督促限期纠正就业性别歧视行为，及时化解劳动者和用人单位间矛盾纠纷。被约谈单位拒不接受约谈或约谈后拒不改正的，依法进行查处，并通过媒体向社会曝光。2021 年，国务院印发《“十四五”就业促进规划》，提出努力消除就业歧视，建立投诉处理机制和联合约谈机制，及时纠正含有歧视内容和不合理限制的招聘行为。2021 年，国务院发布《中国妇女发展纲要（2021—2030 年）》，提出加大消除就业性别歧视工作力度，对招聘、录用环节涉嫌性别歧视的用人单位进行联合约谈，依法惩处；支持妇联组织健全联合约谈、联席会议、信息通报、调研督查、发布案例等工作制度。

实践中，各地积极探索开展联合约谈工作，取得了良好效果。在草案修订过程中，有的全国人大常委会组成人员、单位和地方建议，增加有关联合约谈的规定，将实践中行之有效的做法上升为法律规定。

二、联合约谈的主体

需要强调的是，此次修改明确将人力资源和社会保障部门作为联合约谈的主导部门。在全国人大社会建设委员会提请审议的修订草案中规定，人力资源和社会保障部门、工会、妇女联合会可以单独或者联合约谈用人单位。目前，在我国现行法律中有关约谈的规定，从性质上看，都属于行政约谈，属于行政措施的范畴，都是由政府或者有关行政主管部门启动并实施。修订草案初次审议后，一些意见认为，由妇女联合会、工会单独约谈或者牵头组织约谈，缺乏足够的法律支撑，与其群团组织的性质和定位也不吻合，现有法律规定的约谈均为行政约谈，对其他性质的约谈未作规定；再者，允许妇女联合会、工会单独约谈，可能导致实践中出现多头约谈、反复约谈的情况，增加用人单位负担。此外，虽然河北、江苏、宁夏等地也规定了约谈制度，但在约谈主体方面规定差异较大。因此，有必要在法律中明确联合约谈的主体。人力资源和社会保障部门作为就业主管部门，由其作为单独约谈的主体，或者以其为主导启动联合约谈更为合理。因此，本条规定由人力资源和社会保障部门主导启动联合约谈，根据实际情况邀请妇女联合会或者工会参加约谈。

三、联合约谈的适用情形

本法第五章对妇女劳动和社会保障权益作了规定。例如，用人单位不得实施就业歧视行为，应当签订劳动（聘用）合同，劳动（聘用）合同应当具备女职工特别保护条款，实行男女同工同酬，给予妇女特殊劳动保护等。此外，劳动法、工会法、就业促进法、社会保险法、女职工特别保护规定等法律法规都对妇女劳动和社会保障权益作了规定。用人单位违反上述法律法规，侵害妇女劳动和社会保障权益的，人力资源和社会保障部门都可以联合工会、妇女联合会进行联合约谈。

四、依法进行监督并要求限期改正

根据劳动法、劳动合同法的相关规定，县级以上各级人民政府人力资源和社会保障部门依法对用人单位遵守劳动法律法规、实施劳动合同制度的情况进行监督检查，对违反劳动法律、法规的行为有权制止，并责令改正。各级工会依法维护劳动者的合法权益，对用人单位遵守劳动法律法规、履行劳动合同和集体合同的情况进行监督。人力资源和社会保障部门、工会对用人单位进行监督，既是法律赋予的权力，也是应当履行的义务。

本条规定的约谈属于行政约谈，其作用主要体现在：一是可以向社会传递一种约谈对象没有积极履行法律义务和责任的信息，引起媒体和社会公众的持续关注和监督。二是要求约谈对象说明情况、分析原因、提出整改措施，有助于督促其履行保护妇女劳动和社会保障权益的义务。三是通过面对面的沟通交流，人力资源和社会保障部门、妇女联合会及工会等可以了解被约谈对象的实际情况，采取更有效的措施，指导监督被约谈对象限期整改。

被约谈对象应当按照约谈部门的要求采取措施，停止侵害妇女劳动和社会保障权益的行为，并限期进行整改。被约谈对象拒不接受约谈或者不落实整改要求的，有关主管部门可以采取进一步的监管和追责措施。例如，本法第八十三条规定，对于拒不改正或者情节严重的，处一万元以上五万元以下罚款。

第七十五条　妇女在农村集体经济组织成员身份确认等方面权益受到侵害的，可以申请乡镇人民政府等进行协调，或者向人民法院起诉。

乡镇人民政府应当对村民自治章程、村规民约，村民会议、村民代表会议的决定以及其他涉及村民利益事

项的决定进行指导，对其中违反法律、法规和国家政策规定，侵害妇女合法权益的内容责令改正；受侵害妇女向农村土地承包仲裁机构申请仲裁或者向人民法院起诉的，农村土地承包仲裁机构或者人民法院应当依法受理。

◆ **释义**

本条是修订条文，对妇女在农村集体经济组织中权益受到侵害时的救济途径作了规定。

一、农村集体经济组织成员身份确认等方面权益受到侵害的救济措施

修改前的《中华人民共和国妇女权益保障法》第五十五条规定，以妇女未婚、结婚、离婚、丧偶等为由，侵害妇女在农村集体经济组织中的各项权益的，或者因结婚男方到女方住所落户，侵害男方和子女享有与所在地农村集体经济组织成员平等权益的，由乡镇人民政府依法调解；受害人也可以依法向农村土地承包仲裁机构申请仲裁，或者向人民法院起诉，人民法院应当依法受理。虽然本条对诉讼救济途径作了规定，但实践中，一些基层法院认为，第五十五条中“侵害妇女在农村集体经济组织中的各项权益”的表述，暗含条文中的“妇女”是指具备集体经济组织成员身份的妇女，至于妇女是否属于集体经济组织成员引发的纠纷，法律没有明确规定，故不属于法院受理范围。目前对农村集体经济组织成员身份的行政确认缺乏明确的法律规定，这使得此类纠纷法院受理、行政机关不确权。为此，在原法基础上，本次修改增加了“农村集体经济组织成员身份确认”的内容，保障妇女在权益受到侵害时获得法律救济的权利。

（一）适用情形

根据本法第五十五条的规定，妇女在农村集体经济组织成员身份确认、土地承包经营、集体经济组织收益分配、土地征收补偿安置或者征用补偿以及宅基地使用等方面权益受到侵害的，都适用本条规定的救济措施。

（二）救济途径

救济途径包括：一是申请乡镇人民政府等进行协调，二是向人民法院起诉。《中华人民共和国土地管理法》第十四条规定，土地所有权和使用权争议，由当事人协商解决；协商不成的，由人民政府处理。单位之间的争议，由县级以上人民政府处理；个人之间、个人与单位之间的争议，由乡级人民政府或者县级以上人民政府处理。当事人对有关人民政府的处理决定不服的，可以自接到处理决定通知之日起三十日内，向人民法院起诉。《中华人民共和国农村土地承包法》第十二条第二款、第三款规定，县级以上地方人民政府农业农村、林业和草原等主管部门分别依照各自职责，负责本行政区域内农村土地承包经营及承包经营合同管理。乡（镇）人民政府负责本行政区域内农村土地承包经营及承包经营合同管理。第五十五条规定，因土地承包经营发生纠纷的，双方当事人可以通过协商解决，也可以请求村民委员会、乡（镇）人民政府等调解解决。当事人不愿协商、调解或者协商、调解不成的，可以向农村土地承包仲裁机构申请仲裁，也可以直接向人民法院起诉。因此，妇女在农村集体经济组织中的权益受到侵害的，可以申请乡镇人民政府、县级人民政府农业农村、林业和草原主管部门等协调处理，也可以直接向人民法院提起诉讼。需要指出的是，请求协调处理与提起诉讼是两个并列程序，妇女可以自由选择。法律作这样的规定，主要目的是给予妇女在维权道路上以较大的自主权，以充分保障她们的合法权益；同时，在另一方面，国家也可以有效地利用多种解决纠纷的资源，最大限度地保障妇女行使诉权，高效率地解决纠纷，维护妇女的权利和法律关系的稳定。

二、乡镇人民政府对村民自治章程、村规民约及相关决定等的指导和监督

本法第五十六条规定，村民自治章程、村规民约，村民会议、村民代表会议的决定以及其他涉及村民利益事项的决定，不得以妇女未婚、结婚、离婚、丧偶、户无男性等为由，侵害妇女在农村集体经济组织中的各项权益。因结婚男方到女方住所落户的，男方和子女享有与所在地农村集体经济组织成员平等的权益。实践中，一些地方在集体经济组织利益分配问题上，依据村规民约中的不平等规定或者通过村民会议一事一议，以“多数决”的方式损害妇女合法权益，用形式合法替代实质公平。因此，需要进一步完善法律规定，加强乡镇人民政府对村民自治章程、村规民约及村委会作出相关决定等的指导和监督，避免以“多数决”的方式作出侵害妇女合法权益的决定后，造成事实上无法纠正的后果，从而更有效地维护妇女在农村集体经济组织中的合法权益。

乡镇人民政府的职责主要包括：一是对村民自治章程、村规民约，村民会议、村民代表会议的决定以及其他涉及村民利益事项的决定进行指导。根据《中华人民共和国村民委员会组织法》的规定，乡、民族乡、镇的人民政府对村民委员会的工作给予指导、支持和帮助。村民会议可以制定和修改村民自治章程、村规民约，并报乡、民族乡、镇的人民政府备案。乡镇人民政府可以通过加强对村民委员会日常工作的指导、进行法律法规的宣传等方式，指导其依法行使自治权利。二是对其中违反法律、法规和国家政策规定，侵害妇女合法权益的内容责令改正。《中华人民共和国村民委员会组织法》第二十七条第二款规定，村民自治章程、村规民约以及村民会议或者村民代表会议的决定不得与宪法、法律、法规和国家的政策相抵触，不得有侵犯村民的人身权利、民主权利和合法财产权利的内容。第三款规定，村民自治章程、村规民约以及村民会议或者村民代表会议的决定违反前款规定的，由乡、民族乡、镇的人民政府责令改正。第三十六条第一款规定，村民委员会或者村民委员会成员作出的决定侵害村民合法权益的，受侵害的村民可以申请人民法院予以撤销，责任人依法承担法律责任。第二款规定，村民委员会不依照法律、法规的规定履行法定义务的，由乡、民族乡、镇的人民政府责令改正。

三、农村土地承包仲裁机构或者人民法院应当依法受理受侵害妇女的申诉

《中华人民共和国农村土地承包法》第五十五条规定，因土地承包经营发生纠纷的，双方当事人可以通过协商解决，也可以请求村民委员会、乡（镇）人民政府等调解解决。当事人不愿协商、调解或者协商、调解不成的，可以向农村土地承包仲裁机构申请仲裁，也可以直接向人民法院起诉。《农业部关于贯彻党的十八届四中全会精神深入推进农业法治建设的意见》（农政发〔2015〕1号）明确提出，加快健全农村土地承包仲裁机构，实现涉农县（市、区）全覆盖，依法及时调解和仲裁农村土地承包经营纠纷，最大限度将纠纷化解在基层。《中华人民共和国农村土地承包经营纠纷调解仲裁法》第二条第二款对农村土地承包经营纠纷的范围作了规定，包括：“（一）因订立、履行、变更、解除和终止农村土地承包合同发生的纠纷；（二）因农村土地承包经营权转包、出租、互换、转让、入股等流转发生的纠纷；（三）因收回、调整承包地发生的纠纷；（四）因确认农村土地承包经营权发生的纠纷；（五）因侵害农村土地承包经营权发生的纠纷；（六）法律、法规规定的其他农村土地承包经营纠纷。”

需要说明的是，农村土地承包仲裁机构有特定的受理范围，主要针对土地承包经营纠纷。对于在农村集体经济组织成员身份确认、集体经济组织收益分配、土地征收补偿安置或者征用补偿以及宅基地使用等方面权益受到侵害的，受害妇女可以依法向人民法院提起诉讼。这里特别强调了对于此类案件，农村土地承包仲裁机构或者人民法院必须受理，主要是考虑到目前司法实践中，一些地方的农村土地承包仲裁机构或者人民法院拒绝受理此类案件，使一些在农村集体经济组织中侵害妇女财产权益的案件得不到及时有效的处理。明确规定对于此类案件农村土地承包仲裁机构或者人民法院应当受理，可以更好地保障农村妇女的合法权益。

第七十六条 县级以上人民政府应当开通全国统一的妇女权益保护服务热线，及时受理、移送有关侵害妇女合法权益的投诉、举报；有关部门或者单位接到投诉、举报后，应当及时予以处置。

鼓励和支持群团组织、企业事业单位、社会组织和个人参与建设妇女权益保护服务热线，提供妇女权益保护方面的咨询、帮助。

◆ **释义**

本条是新增条文，对妇女维权服务热线建设作了规定。

一、开通全国统一的妇女权益保护服务热线

近年来，妇女身陷困境、遭受侵害的事件时有发生。不少妇女在遭遇困难和侵害后，不敢、不愿甚至不知道如何寻求帮助、向谁寻求帮助，导致侵害发生后得不到及时发现和救助，产生严重的后果。开通妇女权益保护服务热线，能够为身陷困境或者遭受侵害的妇女提供便捷有效的求助途径，形成源头预防、及时发现、高效应对的保护机制。2010 年 10 月，全国妇联与中国移动、中国联通、中国电信集团公司联合下发了《关于加强 12338 妇女维权公益服务热线建设的通知》，要求各级妇联与电信运营商建立沟通协调机制，在全国县（区）以上妇联全部开通。2021 年，国务院《中国妇女发展纲要（2021—2030 年）》明确要求，加强"12338"妇女维权热线建设，畅通妇女有序表达诉求的渠道。目前，妇联组织在全国 2800 多个县（区）开通"12338"妇女维权服务热线，倾听妇女儿童心声，为广大妇女群众提供婚姻家庭、劳动保障、财产权益等方面的法律、政策、心理咨询服务，接受侵权投诉，化解矛盾纠纷，为妇女儿童排忧解难，在维护妇女合法权益方面发挥了积极作用。

通过立法将实践证明行之有效的做法上升为法律规定，强化刚性约束，能够为服务热线建设提供坚实的法治保障：一是，开通妇女权益保护服务热线是县级以上人民政府的法定职责。为更好保护妇女合法权益，许多地方政府都探索开通了本地区的妇女权益保护热线，但各地开通的热线号码不一、常有变化，提供服务的内容不尽相同，相关配套机制也难以全面跟上，不利于这项工作的全国统筹和全面推进。因此，法律规定由县级以上人民政府负责，更有利于工作全面开展。县级以上人民政府不仅要负责开通全国统一的妇女群体保护服务热线，还要进一步建立健全热线受理、运营团队管理、应急处置、经费支持等相应制度标准，为热线服务顺利开展提供保障。二是，要及时受理、移送投诉、举报。接到投诉、举报后，热线服务人员应当及时受理并做好记录，能够当时解决的，要及时提供咨询答复；属于其他职能部门职责，需要进一步研究处理的，要第一时间移送相关部门予以处理。三是，相关部门要及时予以处置。妇女权益遭受侵害的情形多样，可能涉及不同的主管部门，例如侵害妇女劳动就业权益的，主要由人力资源和社会保障部门处理，对妇女实施性骚扰的，由公安机关处理等。同时，妇女拨打热线求助，通常具有现实性、紧迫性等特点，相关主管部门要进一步完善办理机制，第一时间查处侵害妇女合法权益的行为，并及时反馈处理结果，维护妇女的合法权益。

实践中，妇女权益保护服务热线要依托各级妇联维权协调机制，形成个案维权的转介平台。一旦有侵害妇女权益的重要案件发生，可以迅速协调公安、司法、法院、民政、人力资源和社会保障等相关成员单位，将案件转介到各职能部门，并通过协调督促，使案件得到及时有效的解决。在日常工作中，各成员单位人员可作为志愿者定期承担热线接听工作，为来电者提供更权威的咨询服务，并通过联合法律援助服务、开展主题调研活动等，建立部门间的长效联系。例如，湖北省妇女权益保护服务热线，通过一线分多线的形式，提供包括个案投诉、妇女问题咨询、妇联工作动态查询的全面的公共服务平台；逐步推进与本地“110”、“120”、市长热线等的联合，通过转介或转拨的形式建立联动机制，提高热线工作效率，扩大热线的影响力、覆盖面和应用率。

二、鼓励社会力量参与热线建设并提供服务

本法总则部分第四条第一款规定，保障妇女的合法权益是全社会的共同责任。国家机关、社会团体、企业事业单位、基层群众性自治组织以及其他组织和个人，应当依法保障妇女的权益。2021 年，国务院《中国妇女发展纲要（2021—2030 年）》明确要求，鼓励企事业单位、社会组织、慈善机构和公益人士参与保障妇女合法权益、促进妇女发展等工作。保护妇女合法权益离不开社会各界的参与和支持，其中，群团组织、企业事业单位、社会组织及热心公益人士在妇女权益保障工作中发挥着重要作用。

因此，法律规定鼓励社会力量参与保障妇女合法权益、促进妇女发展等工作。实践中，不少地方依托群团组织、企业事业单位、社会组织、慈善机构和公益人士建立了热线平台、App 等，为广大妇女提供法律咨询指导、心理情绪疏导、婚姻家庭关系调适、邻里纠纷调解等服务，有效维护了妇女的合法权益，取得了良好的社会效果。有条件的地方，还可以利用微信公众号、网络论坛等新媒体，延展热线服务，满足妇女多元化需求，定期组织、邀请法律、社会、心理等方面的专家学者以不同内容为主题，开展不同形式的专家热线咨询或面询。此外，还可以建立妇女维权服务网站，利用网络资源，宣传国内外有关妇女的法律、法规、政策及各国妇女运动动态，畅通妇女投诉渠道，提供心理、法律、政策咨询和帮助信息，对侵犯妇女权益的案件及时发布、讨论并提供社会援助和救助等。

在县级以上人民政府开通全国统一的妇女权益保护服务热线的同时，鼓励和支持社会力量参与共建保障妇女权益服务热线，将进一步丰富妇女权益保护的形式，完善妇女权益保障机制，形成合力，共同营造全社会关爱保护妇女的良好氛围。

第七十七条 侵害妇女合法权益，导致社会公共利益受损的，检察机关可以发出检察建议；有下列情形之一的，检察机关可以依法提起公益诉讼：

（一）确认农村妇女集体经济组织成员身份时侵害妇女权益或者侵害妇女享有的农村土地承包和集体收益、土地征收征用补偿分配权益和宅基地使用权益；

（二）侵害妇女平等就业权益；

（三）相关单位未采取合理措施预防和制止性骚扰；

（四）通过大众传播媒介或者其他方式贬低损害妇女人格；

（五）其他严重侵害妇女权益的情形。

◆ **释义**

本条是新增条文，对检察建议和公益诉讼作了规定。

一、检察机关发出检察建议

检察建议是人民检察院依法履行法律监督职责，参与社会治理，维护司法公正，促进依法行政，预防和减少违法犯罪，保护国家利益和社会公共利益，维护个人和组织合法权益，保障法律统一正确实施的重要方式。人民检察院可以直接向本院所办理案件的涉案单位、本级有关主管机关以及其他有关单位提出检察建议。2019年《人民检察院检察建议工作规定》第五条规定："检察建议主要包括以下类型：（一）再审检察建议；（二）纠正违法检察建议；（三）公益诉讼检察建议；（四）社会治理检察建议；（五）其他检察建议。"第九条规定："人民检察院在履行对诉讼活动的法律监督职责中发现有关执法、司法机关具有下列情形之一的，可以向有关执法、司法机关提出纠正违法检察建议：（一）人民法院审判人员在民事、行政审判活动中存在违法行为的；（二）人民法院在执行生效民事、行政判决、裁定、决定或者调解书、支付令、仲裁裁决书、公证债权文书等法律文书过程中存在违法执行、不执行、怠于执行等行为，或者有其他重大隐患的；（三）人民检察院办理行政诉讼监督案件或者执行监督案件，发现行政机关有违反法律规定、可能影响人民法院公正审理和执行的行为的；（四）公安机关、人民法院、监狱、社区矫正机构、强制医疗执行机构等在刑事诉讼活动中或者执行人民法院生效刑事判决、裁定、决定等法律文书过程中存在普遍性、倾向性违法问题，或者有其他重大隐患，需要引起重视予以解决的；（五）诉讼活动中其他需要以检察建议形式纠正违法的情形。”第十条规定：“人民检察院在履行职责中发现生态环境和资源保护、食品药品安全、国有财产保护、国有土地使用权出让等领域负有监督管理职责的行政机关违法行使职权或者不作为，致使国家利益或者社会公共利益受到侵害，符合法律规定的公益诉讼条件的，应当按照公益诉讼案件办理程序向行政机关提出督促依法履职的检察建议。”第十一条规定：“人民检察院在办理案件中发现社会治理工作存在下列情形之一的，可以向有关单位和部门提出改进工作、完善治理的检察建议：（一）涉案单位在预防违法犯罪方面制度不健全、不落实，管理不完善，存在违法犯罪隐患，需要及时消除的；（二）一定时期某类违法犯罪案件多发、频发，或者已发生的案件暴露出明显的管理监督漏洞，需要督促行业主管部门加强和改进管理监督工作的；（三）涉及一定群体的民间纠纷问题突出，可能导致发生群体性事件或者恶性案件，需要督促相关部门完善风险预警防范措施，加强调解疏导工作的；（四）相关单位或者部门不依法及时履行职责，致使个人或者组织合法权益受到损害或者存在损害危险，需要及时整改消除的；（五）需要给予有关涉案人员、责任人员或者组织行政处罚、政务处分、行业惩戒，或者需要追究有关责任人员的司法责任的；（六）其他需要提出检察建议的情形。”

现实中，侵害妇女权益导致公共利益受损的情形是多样的，既可能是由于一些企业的主动侵害，也有可能是某些行政主管机关的不作为。人民检察院可以根据实际情况，依据相关规定，向有关单位发出检察建议，督促其限期整改。

二、检察机关提起公益诉讼

检察机关是保护社会公共利益的重要力量。建立检察机关提起公益诉讼制度，是党中央推进全面依法治国的一项重大改革举措，是完善行政监督体系、加强司法监督的重要制度设计，是检察机关行使法律监督权的制度保障。

2019 年 12 月，最高人民检察院、全国妇联《关于建立共同推动保护妇女儿童权益工作合作机制的通知》指出，针对国家机关、事业单位招聘工作中涉嫌就业性别歧视，相关组织、个人通过大众传播媒介或者其他方式贬低损害妇女人格等问题，检察机关可以发出检察建议，或者提起公益诉讼。2021 年 6 月印发的《中共中央关于加强新时代检察机关法律监督工作的意见》要求，探索办理妇女权益保护等领域公益损害案件，总结实践经验，完善相关立法。2021 年，国务院《中国妇女发展纲要（2021—2030年）》明确要求，促进开展妇女权益保障领域的公益诉讼。近段时间以来，检察机关在妇女权益保障领域尤其是保障农村妇女平等享有土地承包经营权、反就业歧视等领域开展了有益探索。贯彻中央文件精神，总结实践经验，本条根据实践中容易出现损害妇女群体利益的情形，作出了扩充规定，为检察机关针对侵害妇女权益的行为提起公益诉讼提供了明确的法律依据和有力的法治保障。

（一）确认农村妇女集体经济组织成员身份时侵害妇女权益或者侵害妇女享有的农村土地承包和集体收益、土地征收征用补偿分配权益和宅基地使用权益

本法第五十五条第一款明确规定，妇女在农村集体经济组织成员身份确认、土地承包经营、集体经济组织收益分配、土地征收补偿安置或者征用补偿以及宅基地使用等方面，享有与男子平等的权利。现实中，一些地方在土地承包中不同程度地存在歧视

妇女、侵害妇女权益的问题。有的以村民代表会议或村民大会决议、村委会决定或村规民约的形式，剥夺妇女的土地承包权和集体经济组织收益分配权；有的以“测婚测嫁”等理由，对未婚女性不分土地或少分土地；有的地方出嫁妇女特别是离婚丧偶妇女户口被强行迁出，承包的土地被强行收回，其他与土地承包相关的经济利益也受到损害。这些问题得不到解决，可能会导致矛盾激化，引发群众上访甚至大规模的群体性事件，严重损害社会公共利益，影响农村社会发展和稳定。明确检察机关可以就此类案件提起公益诉讼，可以有效维护广大农村妇女群体的合法权益，维护社会的和谐稳定。

（二）侵害妇女平等就业权益

本法对保障妇女平等就业权利、不得实施就业性别歧视作出了明确规定。当前，我国妇女就业依然面临一些难题，尤其是招聘中就业性别歧视现象屡禁不止，对妇女就业带来不利影响。检察机关通过开展侵害妇女平等就业权益的公益诉讼，有利于加大反就业性别歧视、保障妇女平等就业权利法律法规贯彻实施，引导全社会尊重爱护妇女，引导用人单位知法守法依法招用妇女从事各类工作，引导妇女合法理性保障自身权益，有利于营造有利于妇女就业的社会环境，帮助妇女自立自强，充分发挥自身优势特长，在各行各业展示聪明才智，体现自身价值，提升社会生产力和经济活力。

（三）相关单位未采取合理措施预防和制止性骚扰

本法第二十三条、第二十四条、第二十五条分别对有关机关、学校、用人单位预防和制止性骚扰的义务作了规定。2021 年，国务院《中国妇女发展纲要（2021—2030 年）》明确要求，指导用人单位建立预防和制止性骚扰工作机制，完善相关执法措施。建立健全预防和制止性骚扰工作机制，加强联防联控，发挥典型案例示范指引作用。预防和制止公共场所和工作、学习等场所发生的性骚扰，在机关、企业、学校等单位建立相关工作机制，预防和制止利用职权、从属关系等实施性骚扰。

相关单位违反法律规定，未采取合理措施预防和制止性骚扰，造成妇女权益受到损害的，检察机关可以依法提起公益诉讼。这里的相关单位，包括负有监督管理职责的行政机关、学校及用人单位。这样规定有助于督促相关单位落实法律规定，切实承担法定职责，采取积极措施预防和制止性骚扰行为，有效预防广大妇女群体遭受性骚扰的侵害。

（四）通过大众传播媒介或者其他方式贬低损害妇女人格

本法第二十八条明确规定，妇女的姓名权、肖像权、名誉权、荣誉权、隐私权和个人信息等人格权益受法律保护。媒体报道涉及妇女事件应当客观、适度，不得通过夸大事实、过度渲染等方式侵害妇女的人格权益。禁止通过大众传播媒介或者其他方式贬低损害妇女人格。2021 年，国务院《中国妇女发展纲要（2021—2030 年）》也明确要求，加强网络信息内容生态治理，加强对网络淫秽色情信息的监管和查处，依法打击网络信息服务平台、生产者和使用者对妇女实施猥亵、侮辱、诽谤、性骚扰、散布谣言、侵犯隐私等违法犯罪行为。加强对网络平台的规范管理，保护妇女个人信息安全。依法惩治利用网络非法收集、使用、加工、传输、买卖、提供或者公开妇女个人信息的违法犯罪行为。

通过大众传播媒介或者其他方式贬低损害妇女人格，既包括任何广告、商标、展览橱窗、报纸、期刊、图书、音像制品、电子出版物、网络等大众传播媒介所设各项栏目或者所刊登的各类作品中含有贬低损害妇女人格的内容，也包括在商业活动或者演出活动中，贬低损害妇女的人格。实践中，通过网络损害妇女名誉的事件时有发生，一些商业广告中也包含侵害妇女人格的内容。

此类案件往往传播面广，影响恶劣，妇女依靠自身能力维权较为困难。因此，法律规定检察机关可以就此提起公益诉讼，可以有效解决妇女群体维权难的问题，同时也对不法侵害人形成震慑，从而减少此类案件的发生。

（五）其他严重侵害妇女权益的情形

此项是兜底条款。主要考虑：一是，贯彻落实中央有关文件精神，为检察机关探索办理妇女权益保护领域公益诉讼案件留出空间。2021 年 6 月，《中共中央关于加强新时代检察机关法律监督工作的意见》要求，探索办理妇女权益保护等领域公益损害案件，总结实践经验，完善相关立法。二是，通过列举的方式不可能穷尽所有侵害妇女权益的行为，随着经济社会的发展，还可能出现其他需要检察机关提起公益诉讼的情形。因此，本项规定了其他严重侵害妇女权益的情形，为检察机关保护妇女的合法权益提供法律依据。

第七十八条 国家机关、社会团体、企业事业单位对侵害妇女权益的行为，可以支持受侵害的妇女向人民法院起诉。

◆ **释义**

本条是新增条文，对支持起诉制度作了规定。

《中华人民共和国民事诉讼法》第十五条规定，机关、社会团体、企业事业单位对损害国家、集体或者个人民事权益的行为，可以支持受损害的单位或者个人向人民法院起诉。根据民事诉讼法确立的基本原则，本条规定了支持起诉制度，主要是指，对于侵害妇女权益的行为，在受侵害妇女能力不足的情况下，有关国家机关如人民检察院、社会团体如妇联，企业事业单位可以为受侵害妇女向人民法院起诉提供帮助和支持。尽管本法第七十七条规定了检察机关提起公益诉讼制度，然而，在众多权益和社会公共利益之外，仍有大量妇女权益在受到侵害时需要得到有效保护；在公益诉讼之外，仍有支持起诉的现实需求。

本法第七十二条第二款、第三款规定，妇女的合法权益受到侵害的，有权要求有关部门依法处理，或者依法申请调解、仲裁，或者向人民法院起诉；对符合条件的妇女，当地法律援助机构或者司法机关应当给予帮助，依法为其提供法律援助或者司法救助。因此，在一般情况下，受侵害的妇女可以自行向人民法院起诉或者向有关部门申请法律援助，并不需要国家机关、社会团体或者企事业单位的干预。但是，由于生理特征原因，女性在生养、抚育子女方面需要承担更多的义务，又由于受传统观念导致的家庭分工影响，在家庭中女性通常也承担更多的家务劳动，加之天然的体能差异，女性在职场往往处于弱势地位，面临更多的就业歧视。基于此，妇女可能遭受的侵害具有隐蔽性、私密性，难以举证或者羞于诉讼，在维权上处于弱势地位。针对妇女在自然意义、社会意义乃至维权上的弱势地位，我国妇女权益保障立法以实现平等、消除歧视和保护妇女依法应享有的特殊权益为目标，建立了支持起诉制度。通过支持起诉制度，既可以帮助妇女群体实现诉权平等，充分保护妇女的合法权益，也可以积极弥补社会治理中的缺漏，促进社会和谐稳定，对于不敢、不能、不会通过诉讼维权的，应通过支持起诉，以保障妇女诉权实质平等。同时，考虑到妇女对自己的民事权利和诉讼权利有权在法律允许的范围内自由处分，如果妇女不想提起诉讼，国家机关、社会团体、企业事业单位可以替代她们起诉，那么将如何进行诉讼活动，如何承担法律后果都会产生问题，所以，本条规定国家机关、社会团体、企业事业单位只能支持受侵害的妇女起诉，不能以自己的名义替代她们直接起诉。

国家机关、社会团体、企业事业单位可以通过多种方式支持受侵害的妇女向人民法院起诉。例如，向她们宣传法律知识、提供法律咨询服务，使她们熟悉法律所规定的权利义务，提高法治观念，加强法治意识，敢于和善于利用法律武器维护自身的合法权益；也可以经她们同意，接受她们的委托或者推荐律师当她们的诉讼代理人，帮助她们维护合法权益；可以帮助她们收集证据，派员出庭；也可以向她们提供物质帮助，如代交诉讼费、律师费等。法律通过后，实践中还可以进一步探索完善支持诉讼的具体操作模式。

第九章　法律责任

第七十九条　违反本法第二十二条第二款规定，未履行报告义务的，依法对直接负责的主管人员和其他直接责任人员给予处分。

◆ 释义

本条是关于政府及其有关部门、基层群众自治组织未依法履行报告义务法律责任的规定。

一、未履行报告义务

本法第二十二条第二款中规定，各级人民政府和公安、民政、人力资源和社会保障、卫生健康等部门及村民委员会、居民委员会按照各自的职责及时发现报告，并采取措施解救被拐卖、绑架的妇女，做好被解救妇女的安置、救助和关爱等工作。此条规定给政府及其有关部门、村（居）委会设定了强制报告的义务，在日常工作中未按照法律规定履行报告义务的，应当承担相应的法律责任。与本法第八十四条第二款规定的法律责任不同，未履行报告义务，不以造成严重后果为必要条件，只要未履行强制报告的义务，无论是否造成严重后果，都应当承担法律责任。

二、责任主体

根据本法第二十二条第二款的规定，不履行报告义务的主体包括：一是各级人民政府和公安、民政、人力资源和社会保障、卫生健康等部门；二是村民委员会、居民委员会等基层群众自治性组织。政府部门及村民委员会、居民委员会不履行强制报告义务，应当承担相应的责任。由于单位的行为是通过有实际行为能力、执行能力的具体人员来实施的，对有关人员应当追究法律责任。因此，本条规定对直接负责的主管人员和其他直接责任人员依法给予处分。这里规定的直接负责的主管人员，是指单位违法行为中负有直接领导责任的人员；其他直接责任人员，是指直接违反强制报告义务的工作人员。

三、法律责任

根据公务员法、监察法的有关规定，处分分为：警告、记过、记大过、降级、撤职、开除。对同一违纪违法行为，监察机关已经作出政务处分决定的，公务员所在机关不再给予处分。

第八十条 违反本法规定，对妇女实施性骚扰的，由公安机关给予批评教育或者出具告诫书，并由所在单位依法给予处分。

学校、用人单位违反本法规定，未采取必要措施预防和制止性骚扰，造成妇女权益受到侵害或者社会影响恶劣的，由上级机关或者主管部门责令改正；拒不改正或者情节严重的，依法对直接负责的主管人员和其他直接责任人员给予处分。

◆ **释义**

本条是关于实施性骚扰及未履行预防和制止性骚扰义务法律责任的规定。

一、实施性骚扰的法律责任

（一）关于性骚扰的认定

本法第二十三条第一款规定，禁止违背妇女意愿，以言语、文字、图像、肢体行为等方式对其实施性骚扰。所有上述行为，都属于违反本法规定对妇女实施性骚扰的行为，都应当承担法律责任。

（二）由公安机关予以处罚

根据修改前的《中华人民共和国妇女权益保障法》第五十八条的规定，对妇女实施性骚扰行为，只有构成违反治安管理行为的，受害人才可以提请公安机关对违法行为人依法给予行政处罚。而根据《中华人民共和国治安管理处罚法》第四十二条的规定，多次发送淫秽、侮辱、恐吓或者其他信息，干扰他人正常生活或者偷窥、偷拍、窃听、散布他人隐私的，处五日以下拘留或者五百元以下罚款；情节较重的，处五日以上十日以下拘留，可以并处五百元以下罚款。因此，治安处罚的适用，往往要求性骚扰行为达到比较严重的程度。实践中大量存在的性骚扰行为因为达不到行政处罚的标准而处于公权力无法干预的状态，相当多的加害人因此而有恃无恐，这在一定程度上助长了性骚扰行为的发生。

本法通过告诫制度将还没有达到行政处罚程度及行政处罚法未作规定的轻度性骚扰行为纳入告诫范围，为公安机关依法处理提供了法律依据。这一规定有利于打击日益多发的性骚扰行为，保护妇女的合法权益，同时也向社会传递出一种信号，即轻微的性骚扰行为也是违法行为，法律禁止一切形式、各种程度的性骚扰行为，有利于营造对性骚扰“零容忍”的社会氛围。公安机关可以根据本条规定，对实施轻度性骚扰行为的加害人给予批评教育，并酌情作出告诫书。

告诫属于行政指导性质。行政指导是行政主体在其所管辖的权限内，为适应复杂多变的经济和社会需要，依据国家法律或者行政法规，适时灵活地采取引导、劝告、建议、协商、示范、制定导向性政策、发布有关信息等非强制性的手段，实现一定的行政目的的行为。告诫的作用是书面批评教育，既能有效震慑加害人，防止其再次实施性骚扰行为，也能作为法院审理性骚扰案件的证据。

（三）由所在单位予以处分

为了加大对实施性骚扰行为人的处罚力度，也是对潜在风险人的震慑，本法规定除了由公安机关予以处罚外，还应当由加害人所在单位予以处分。由于加害人工作单位性质不确定，可能是国家机关、事业单位、国有企业，也可能是私营企业、社会组织等，根据单位性质的不同，单位应当依据公务员法或者本单位规章制度的规定，给予加害人相应的处分。

二、未履行预防和制止性骚扰义务法律责任

（一）未履行预防和制止性骚扰义务

本法第二十四条、第二十五条分别对学校、用人单位预防和制止性骚扰的义务作了规定。例如，学校应当在教育、管理、设施等方面采取措施，建立有效预防和科学处置性侵害、性骚扰的工作制度；用人单位应当制定禁止性骚扰的规章制度、开展预防和制止性骚扰的教育培训活动、采取必要的安全保卫措施、建立和完善调查处置程序等预防和制止性骚扰措施。未履行这些义务属于不作为，需要依据本规定进行处理的前提是造成妇女权益受到侵害或者社会影响恶劣的。如果由于学校或者用人单位没有履行法定的预防和制止义务，导致性骚扰行为的发生，造成妇女权益受到了侵害或者恶劣的社会影响，就应当承担相应法律责任。

（二）由上级机关或者主管部门责令改正

对于未采取必要措施预防和制止性骚扰，造成妇女权益受到侵害或者社会影响恶劣的，实施处罚的主体是上级机关或者主管部门。这是因为，对于学校而言，其主管部门是教育行政部门。对于用人单位而言，有的有上级机关，没有主管部门，例如政府部门；有的没有上级机关，只有行业主管部门，例如私营企业。对于没有上级机关的，则处罚权限赋予主管部门。关于法律责任的形式，主要是责令改正。责令改正，是指行政主体责令违法行为人停止和纠正违法行为，以恢复原状，维持法定的秩序或者状态。例如，责令学校或者用人单位按照法律要求，建立完善预防和制止性骚扰规章制度，积极加强安全保卫措施等。

（三）给予处分

对于拒不改正或者情节严重的，依法对直接负责的主管人员和其他直接责任人员给予处分。这里的处分主要是指上级机关或者主管部门基于管理需要对相关人员进行的处分。直接负责的主管人员，是指单位违法行为中负有直接领导责任的人员；其他直接责任人员，是指直接未履行预防和制止性骚扰义务的工作人员。

第八十一条 违反本法第二十六条规定，未履行报告等义务的，依法给予警告、责令停业整顿或者吊销营业执照、吊销相关许可证，并处一万元以上五万元以下罚款。

◆ **释义**

本条是关于住宿经营者未履行报告等义务的法律责任。

一、有关违法情形

本法第二十六条对住宿经营者的义务作了规定。主要包括：

一是，住宿经营者应当及时准确登记住宿人员信息，健全住宿服务规章制度，加强安全保障措施；二是，发现可能侵害妇女权益的违法犯罪行为，应当及时向公安机关报告。本条对于住宿经营者违反上述规定的行为，规定了相应的法律责任。

二、法律责任

本条对于违反本法第二十六条规定的行为，规定了如下法律责任：

一是警告。警告是指行政机关对住宿经营者违反法律的行为给予严肃告诫的一种行政处罚，是行政机关对违法者提出的谴责、警告，防止其继续违法的措施，主要适用于情节比较轻微，尚未造成严重社会危害的违法行为。

二是停业整顿。停业整顿是指行政机关对违反法律规定的住宿经营者所采取的限制其经营资格的处罚措施。责令停业整顿的目的是纠正错误，改进工作。被处罚的住宿经营者应当在停业期间进行整顿，纠正违法行为，行政机关认为其达到恢复运营条件的，才可以重新开展相关业务。

三是吊销营业执照、吊销相关许可证。营业执照和许可证是行政机关依申请而核发的，允许公民、法人或者其他组织从事某种活动，享有某种资格的证明文件。吊销营业执照、吊销相关许可证，是行政机关通过对住宿经营者依法吊销核发的营业执照或相关许可证，从而剥夺其从事住宿经营服务的资格和权利的一种较为严重的处罚措施。

四是罚款。罚款，是指行政机关依法强制违反法律法规的行为人在一定期限内缴纳一定数量货币的行政处罚。本条规定，行政机关除依法给予警告、责令停业整顿或者吊销营业执照、吊销相关许可证外，可以并处一定幅度的罚款。实践中，行政机关可以综合考虑住宿经营者违法行为的目的、主观过错的性质、危害结果的程度等因素，在本条规定的罚款幅度范围内确定。需要注意的是，对于违反报告义务等的住宿经营者，罚款应当和上述其他种类的处罚合并实施，不能单独适用。

第八十二条 违反本法规定，通过大众传播媒介或者其他方式贬低损害妇女人格的，由公安、网信、文化旅游、广播电视、新闻出版或者其他有关部门依据各自的职权责令改正，并依法给予行政处罚。

◆ **释义**

本条是关于通过大众传播媒介或者其他方式贬低损害妇女人格的违法行为的法律责任的规定。

一、本条规定的违法行为

本法第二十八条中规定："妇女的姓名权、肖像权、名誉权、荣誉权、隐私权和个人信息等人格权益受法律保护。媒体报道涉及妇女事件应当客观、适度，不得通过夸大事实、过度渲染等方式侵害妇女的人格权益。禁止通过大众传播媒介或者其他方式贬低损害妇女人格。"违反该条规定，通过大众传播媒介或者其他方式贬低损害妇女人格的，应当承担相应的法律责任。

通过大众传播媒介或者其他方式贬低损害妇女人格，主要是指通过广告、商标、展览橱窗、报纸、期刊、图书、音像制品、电子出版物、网络等大众传播媒介或者其他方式，侵害妇女的姓名权、肖像权、名誉权、荣誉权、隐私权和个人信息等人格权益，贬低损害妇女人格尊严的行为。例如，制作的电视广告，其广告画面和广告解说词中包含损害妇女人格尊严的内容；通过微博、微信等途径散布损害贬低妇女人格尊严的信息。

二、法律责任

一是，由公安、网信、文化旅游、广播电视、新闻出版或者其他有关部门责令改正。责令改正的目的是纠正违法行为，使其恢复合法状态。责令改正不具有惩戒性，不属于行政处罚，而是实施行政处罚过程中的一个重要环节。《中华人民共和国行政处罚法》第二十八条第一款明确规定："行政机关实施行政处罚时，应当责令当事人改正或者限期改正违法行为。"对于通过大众传播媒介或者其他方式贬低损害妇女人格的违法行为，公安、网信、文化旅游、广播电视、新闻出版或者其他有关部门依据各自的职权，对其实施批评教育，责令有关当事人改正违法行为。

二是，依法给予行政处罚。这里的"依法给予行政处罚"中的"依法"是一个广义的概念，既包括法律，也包括行政法规、地方性法规及规章等，都可以作为执法部门处罚的依据。公安、网信、文化旅游、广播电视、新闻出版或者其他有关部门依据各自的职权，按照有关法律、法规和规章的规定，对通过大众传播媒介或者其他方式贬低损害妇女人格的违法行为，给予行政处罚。例如，根据《互联网上网服务营业场所管理条例》的规定，互联网上网服务营业场所经营单位利用营业场所制作、下载、复制、查阅、发布、传播或者以其他方式使用含有侮辱或者诽谤妇女，侵害妇女合法权益内容的信息，尚不够刑事处罚的，由公安机关给予警告，没收违法所得；违法经营额 1 万元以上的，并处违法经营额 2 倍以上 5 倍以下的罚款；违法经营额不足 1 万元的，并处 1 万元以上 2 万元以下的罚款；情节严重的，责令停业整顿，直至由文化行政部门吊销《网络文化经营许可证》。上网消费者有上述违法行为，尚不够刑事处罚的，由公安机关依照治安管理处罚法的规定给予处罚。

第八十三条 用人单位违反本法第四十三条和第四十八条规定的，由人力资源和社会保障部门责令改正；拒不改正或者情节严重的，处一万元以上五万元以下罚款。

◆ **释义**

本条是关于用人单位实施性别歧视行为法律责任的规定。

一、违法情形

本法第四十三条规定了用人单位在招录（聘）过程的禁止性行为，包括："（一）限定为男性或者规定男性优先；（二）除个人基本信息外，进一步询问或者调查女性求职者的婚育情况；（三）将妊娠测试作为入职体检项目；（四）将限制结婚、生育或者婚姻、生育状况作为录（聘）用条件；（五）其他以性别为由拒绝录（聘）用妇女或者差别化地提高对妇女录（聘）用标准的行为"。

本法第四十八条规定，用人单位不得因结婚、怀孕、产假、哺乳等情形，降低女职工的工资和福利待遇，限制女职工晋职、晋级、评聘专业技术职称和职务，辞退女职工，单方解除劳动（聘用）合同或者服务协议。女职工在怀孕以及依法享受产假期间，劳动（聘用）合同或者服务协议期满的，劳动（聘用）合同或者服务协议期限自动延续至产假结束。用人单位在执行国家退休制度时，不得以性别为由歧视妇女。用人单位违反上述规定的，应当承担本条设定的法律责任。

二、法律责任

根据劳动法的相关规定，人力资源和社会保障部门主管劳动工作。因此本条规定，由人力资源和社会保障部门作为处罚主体。具体法律责任包括：

一是责令改正。责令改正，是指行政主体责令违法行为人停止和纠正违法行为，以恢复原状，维持法定的秩序或者状态。例如，责令用人单位改正招聘过程中的歧视行为，恢复女职工正常的工资和福利待遇等。

二是罚款。关于罚款的适用，本条设置了两种情形：在人力资源和社会保障部门责令改正后拒不改正的；违法行为情节严重的。这里规定的“情节严重”既包括对女职工造成的严重侵害后果，也包括对社会造成的严重恶劣影响。罚款的幅度为一万元以上五万元以下，人力资源和社会保障部门可以综合考虑用人单位违法行为的目的、主观过错的性质、危害结果的程度等因素，在规定的罚款幅度范围内确定。

第八十四条 违反本法规定，对侵害妇女权益的申诉、控告、检举，推诿、拖延、压制不予查处，或者对提出申诉、控告、检举的人进行打击报复的，依法责令改正，并对直接负责的主管人员和其他直接责任人员给予处分。

国家机关及其工作人员未依法履行职责，对侵害妇女权益的行为未及时制止或者未给予受害妇女必要帮助，造成严重后果的，依法对直接负责的主管人员和其他直接责任人员给予处分。

违反本法规定，侵害妇女人身和人格权益、文化教育权益、劳动和社会保障权益、财产权益以及婚姻家庭权益的，依法责令改正，直接负责的主管人员和其他直接责任人员属于国家工作人员的，依法给予处分。

◆ **释义**

本条是关于对实施违法行为的国家机关工作人员依法给予处分的规定。

一、本条规定的违法行为

一是，对侵害妇女权益的申诉、控告、检举，推诿、拖延、压制不予查处，或者对提出申诉、控告、检举的人进行打击报复的。本法第十七条中规定，对于有关侵害妇女权益的申诉、控告和检举，有关部门应当查清事实，负责处理，任何组织和个人不得压制或者打击报复。对侵害妇女权益的申诉、控告、检举，有关机关、组织、企事业单位要认真对待，积极履职，依法予以查处，绝不能推诿、拖延、压制不予查处，更不能对提出申诉、检举的人进行打击报复，否则就构成本条第一款规定的违法行为。

二是，国家机关及其工作人员未依法履行职责，对侵害妇女权益的行为未及时制止或者未给予受害妇女必要帮助，且造成严重后果的。根据《中华人民共和国刑法》第九十三条的规定，国家工作人员，是指国家机关中从事公务的人员。国有公司、企业、事业单位、人民团体中从事公务的人员和国家机关、国有公司、企业、事业单位委派到非国有公司、企业、事业单位、社会团体从事公务的人员，以及其他依照法律从事公务的人员，以国家工作人员论。依法承担维护妇女权益职责的国家机关及其工作人员，对侵害妇女权益的行为应当及时制止，并且对受害妇女给予必要的帮助。如果国家机关及其工作人员未依法履行职责，造成严重后果的，就构成本条第二款规定的违法行为。

三是，违反本法规定，侵害妇女人身和人格权益、文化教育权益、劳动和社会保障权益、财产权益以及婚姻家庭权益的。本法第三章至第七章对妇女人身和人格权益、文化教育权益、劳动和社会保障权益、财产权益以及婚姻家庭权益保障作了具体规定，对侵害妇女相关权益的行为，首先应当依法责令改正；如果违法行为直接负责的主管人员和其他直接责任人员属于国家工作人员的，还要依法给予处分。例如，父母或者其他监护人应当履行保障适龄女性未成年人接受并完成义务教育的义务。如果父母或者其他监护人不送适龄女性未成年人入学且无正当理由，甚至阻碍适龄女性未成年人接受义务教育的，就构成侵害妇女文化教育权益的行为，应当由当地乡镇人民政府或者县级人民政府教育行政部门给予批评教育，依法责令其限期改正。如果父母或者其他监护人属于国家机关工作人员的，还要依法给予处分。

二、依法给予处分

本条规定的处分，既包括国家机关工作人员的任免机关、单位依照公务员法作出的处分，也包括监察机关依照监察法、公职人员政务处分法作出的政务处分。对同一违纪违法行为，监察机关和公职人员任免机关、单位不得重复给予政务处分和处分；监察机关已经作出政务处分决定的，公务员所在机关不再给予处分。公职人员有违法行为，有关机关依照规定给予组织处理的，监察机关可以同时给予政务处分。处分和政务处分的种类包括：警告、记过、记大过、降级、撤职、开除。警告的期间为六个月，记过的期间为十二个月，记大过的期间为十八个月，降级、撤职的期间为二十四个月。

违反本条规定的违法行为，情节严重，构成犯罪的，如构成报复陷害罪和渎职罪的，还要依法追究当事人的刑事责任。

第八十五条 违反本法规定，侵害妇女的合法权益，其他法律、法规规定行政处罚的，从其规定；造成财产损失或者人身损害的，依法承担民事责任；构成犯罪的，依法追究刑事责任。

◆ **释义**

本条是关于本法规定的违法行为所应承担的法律责任的衔接性规定。

作为保障妇女各方面合法权益的一部综合性法律，妇女权益保障法不可避免地存在与其他相关法律的交叉问题，如义务教育法、劳动法、民法典、人口与计划生育法、治安管理处罚法等，如何处理本法与这些法律的关系是立法过程中需要解决的一个重要问题。一方面，为保证本法权益保障体系的完整性，在具体权益保障方面存在一些重复性的规定是必要的，也是不可避免的；另一方面，通过衔接性条款，尽量避免不必要的重复和具体适用上的困扰。例如，在法律责任一章中规定了本条这样的衔接性法律责任条款，对于违反本法规定，侵害妇女合法权益的违法行为，其他法律、法规已经规定的，依照其他法律、法规规定进行处理。

本条对行政处罚、民事责任和刑事责任三种法律责任都作了衔接性规定。

一、行政处罚

行政处罚是指行政机关依法对违反行政管理秩序的公民、法人或者其他组织，以减损权益或者增加义务的方式予以惩戒的行为。《中华人民共和国行政处罚法》第九条规定："行政处罚的种类：（一）警告、通报批评；（二）罚款、没收违法所得、没收非法财物；（三）暂扣许可证件、降低资质等级、吊销许可证件；

（四）限制开展生产经营活动、责令停产停业、责令关闭、限制从业；（五）行政拘留；（六）法律、行政法规规定的其他行政处罚。”

违反本法规定，侵害妇女的合法权益，其他法律、法规规定行政处罚的，依照其规定给予行政处罚。例如，《中华人民共和国治安管理处罚法》第四十三条规定：“殴打他人的，或者故意伤害他人身体的，处五日以上十日以下拘留，并处二百元以上五百元以下罚款；情节较轻的，处五日以下拘留或者五百元以下罚款。有下列情形之一的，处十日以上十五日以下拘留，并处五百元以上一千元以下罚款：（一）结伙殴打、伤害他人的；（二）殴打、伤害残疾人、孕妇、不满十四周岁的人或者六十周岁以上的人的；（三）多次殴打、伤害他人或者一次殴打、伤害多人的。”因此，对于殴打妇女，或者故意伤害妇女身体，尚不够刑事处罚的，依照上述规定处以拘留和罚款。

二、民事责任

本条规定的民事责任，主要是违反本法规定，侵害妇女的合法权益，造成财产损失或者人身损害，应当承担的侵权责任。《中华人民共和国民法典》第一百二十条规定，民事权益受到侵害的，被侵权人有权请求侵权人承担侵权责任。

《中华人民共和国民法典》第一百七十九条第一款规定：“承担民事责任的方式主要有：（一）停止侵害；（二）排除妨碍；（三）消除危险；（四）返还财产；（五）恢复原状；（六）修理、重作、更换；（七）继续履行；（八）赔偿损失；（九）支付违约金；（十）消除影响、恢复名誉；（十一）赔礼道歉。”这些承担民事责任的方式，可以单独适用，也可以合并适用。妇女合法权益受到侵害的，可以直接请求侵权人承担侵权责任，也可以请求法院保护自己的合法权益。

三、刑事责任

刑事责任，又称刑罚，是依据国家刑事法律规定，对实施犯罪行为的行为人所给予的处罚。所谓犯罪，是指一切危害国家主权、领土完整和安全，分裂国家、颠覆人民民主专政的政权和推翻社会主义制度，破坏社会秩序和经济秩序，侵犯国有财产或者劳动群众集体所有的财产，侵犯公民私人所有的财产，侵犯公民的人身权利、民主权利和其他权利，以及其他危害社会的行为，依照法律应当受刑罚处罚的行为。依照我国刑法的规定，刑罚包括主刑和附加刑两种。主刑包括：管制、拘役、有期徒刑、无期徒刑、死刑。附加刑包括：罚金、剥夺政治权利、没收财产。附加刑也可以独立适用。对于犯罪的外国人，可以独立适用或者附加适用驱逐出境。

违反本法规定，侵害妇女合法权益的行为，可能构成的罪名包括：拐卖妇女、儿童罪，侮辱罪，诽谤罪，侵犯公民个人信息罪，虐待罪，遗弃罪等。构成犯罪的，应当依照刑法等有关规定追究刑事责任。

需要注意的是，行政处罚、民事责任和刑事责任，是三种不同性质的法律责任，有不同的构成要件和追责要求，既可能单独存在，也可能同时进行。某一违法行为，如果该违法行为对他人造成损害，应当依法承担民事责任；如果这一行为还违反行政管理秩序的，要由行政机关依法给予行政处罚；如果违法行为涉嫌犯罪的，行政机关应当及时将案件移送司法机关，依法追究刑事责任，不得以行政处罚代替刑事处罚；对依法不需要追究刑事责任或者免予刑事处罚，但应当给予行政处罚的，司法机关应当及时将案件移送有关行政机关。违法行为构成犯罪，人民法院判处拘役或者有期徒刑时，行政机关已经给予当事人行政拘留的，应当依法折抵相应刑期。违法行为构成犯罪，人民法院判处罚金时，行政机关已经给予当事人罚款的，应当折抵相应罚金；行政机关尚未给予当事人罚款的，不再给予罚款。承担民事赔偿责任的犯罪分子，同时被判处罚金，其财产不足以全部支付的，或者被判处没收财产的，应当先承担对被害人的民事赔偿责任。例如，互联网上网服务营业场所经营单位利用营业场所制作、下载、复制、查阅、发布、传播或者以其他方式使用含有侮辱或者诽谤妇女、侵害妇女合法权益内容的信息的，被侵害权益的妇女，可以依法要求违法行为人承担民事责任，如赔偿损失、消除影响、恢复名誉、赔礼道歉等；触犯刑律的，依法追究刑事责任；尚不够刑事处罚的，由公安机关给予警告，没收违法所得；违法经营额一万元以上的，并处违法经营额二倍以上五倍以下的罚款；违法经营额不足一万元的，并处一万元以上二万元以下的罚款；情节严重的，责令停业整顿，直至由文化行政部门吊销《网络文化经营许可证》。

第十章 附 则

第八十六条 本法自2023年1月1日起施行。

◆ 释义

本条是关于法律施行日期的规定。

一、法律施行日期

法律效力包括时间效力、空间效力和对人的效力三个方面。其中，法律的时间效力，是指法律效力的起始和终止的时限以及对法律实施以前的事件和行为是否具有溯及力的问题。法律施行日期，即法律的生效时间，是指法律开始实施并产生法律效力的时间。法律施行日期是法律开始生效的标志，意味着法律开始具有约束力。《中华人民共和国立法法》第五十七条明确规定，法律应当明确规定施行日期。

我国法律中关于施行日期的规定，一般都单作一条，放在法律最后一章即附则中的最后一条，本法就属于这种情况。没有附则一章的法律，有关施行日期的规定一般放在该法的最后一条。法律的施行日期是由该法律的性质和实际需要所决定的，通常采用以下三种方式：一是由该法律明确规定具体的施行日期。这是目前法律规定施行日期采用比较普遍的一种方式，本法也是采用了这种方式。二是法律自公布之日起施行。如《中华人民共和国全国人民代表大会常务委员会议事规则》第五十二条规定："本规则自公布之日起施行。”采用这种方式，一般是因为形势急需，或者法律公布后不立即施行将会产生有碍施行等不良影响。三是在法律中规定该法的生效日期取决于另一部法律的生效日期。如1986年12月2日六届全国人大常委会第十八次会议通过的《中华人民共和国企业破产法（试行）》（已失效）第四十三条中规定，“本法自全民所有制工业企业法实施满三个月之日起试行”。当时，全民所有制工业企业法尚未制定，所以企业破产法（试行）最终的生效日期为全民所有制工业企业法1988年8月1日生效后三个月，即1988年11月1日。但这种情况目前已经很少见。

修改后法律的生效时间由修改法律的形式决定。目前，我国立法实践中修改法律的形式主要有以下两种：一是以修订的方式对法律条文进行全面修改，重新公布法律文本以替代原法律文本，本法就是采用这种方式。二是以修正的方式对法律的部分条文予以修改，并以修改决定的形式公布，具体形式是修改决定之后附修正本，将原法律根据这一决定作相应的修改以重新公布。采用修订形式修改的法律，由于修改的内容较多，涉及法律原则、制度的修改，一般是重新规定法律施行日期；以修正形式修改的法律，由于只涉及部分条文的修改，一般不改变法律的施行日期，只规定修改决定的施行日期，该施行日期仅对修改的部分适用，未修改的部分仍然适用原法规定的生效日期。例如，立法法的施行日期是2000年7月1日。2015年3月15日第十二届全国人民代表大会第三次会议通过《全国人民代表大会关于修改〈中华人民共和国立法法〉的决定》，该决定自公布之日起施行。《中华人民共和国立法法》根据该决定作相应修改，重新公布。

修订后的妇女权益保障法于2022年10月30日表决通过，2023年1月1日起施行，公布日期和施行日期之间预留了一段时间，主要是为本法顺利实施做好衔接准备工作，也方便社会各界学习和了解这部法律。这次妇女权益保障法修改，由原法的九章、六十一条，增至十章、八十六条，修改涉及条款多、增加的规定多，结构上也作出了调整。有关方面要认真学习，广泛开展普法宣传，还要根据修法精神做好配套法规政策、司法解释的制定和清理工作，采取有力措施落实好法律规定，改善妇女发展环境，解决发展中的突出问题，依法维护妇女权益。

二、法律溯及力问题

关于修订后的妇女权益保障法施行后，对于以前的行为是否具有约束力的问题，这就涉及法律的溯及力问题。法律溯及力，又称法律的溯及既往的效力，是指新法对其生效前发生的行为和事件是否适用的问题。如果不适用，就没有溯及力；如果适用，就有溯及力。“法不溯及既往”是法治的一般原则，在世界大多数国家，法律一般都是不溯及既往的。在我国法律不溯及既往是一般原则，本法原则上也没有溯及既往的效力。同时也有例外，即从轻例外，即新的法律规定减轻行为人的责任或者增加公民的权利时，作为法律不溯及既往原则的一种例外，新法可以溯及既往，以便能够更好地保护公民、法人和其他组织的权利。《中华人民共和国行政处罚法》第三十七条规定：“实施行政处罚，适用违法行为发生时的法律、法规、规章的规定。但是，作出行政处罚决定时，法律、法规、规章已被修改或者废止，且新的规定处罚较轻或者不认为是违法的，适用新的规定。”这一规定就是“从旧兼从轻”的适用规则，是本法不溯及既往原则的例外和补充。

附 录

中华人民共和国主席令

第一二二号

《中华人民共和国妇女权益保障法》已由中华人民共和国第十三届全国人民代表大会常务委员会第三十七次会议于 2022 年 10 月 30 日修订通过，现予公布，自 2023 年 1 月 1 日起施行。

中华人民共和国主席 习近平

2022 年 10 月 30 日

中华人民共和国妇女权益保障法

（1992 年 4 月 3 日第七届全国人民代表大会第五次会议通过　根据 2005 年 8 月 28 日第十届全国人民代表大会常务委员会第十七次会议《关于修改〈中华人民共和国妇女权益保障法〉的决定》第一次修正　根据 2018 年 10 月 26 日第十三届全国人民代表大会常务委员会第六次会议《关于修改〈中华人民共和国野生动物保护法〉等十五部法律的决定》第二次修正　2022 年 10 月 30 日第十三届全国人民代表大会常务委员会第三十七次会议修订）

目　　录

第一章 总 则

第一条 为了保障妇女的合法权益，促进男女平等和妇女全面发展，充分发挥妇女在全面建设社会主义现代化国家中的作用，弘扬社会主义核心价值观，根据宪法，制定本法。

第二条 男女平等是国家的基本国策。妇女在政治的、经济的、文化的、社会的和家庭的生活等各方面享有同男子平等的权利。

国家采取必要措施，促进男女平等，消除对妇女一切形式的歧视，禁止排斥、限制妇女依法享有和行使各项权益。

国家保护妇女依法享有的特殊权益。

第三条 坚持中国共产党对妇女权益保障工作的领导，建立政府主导、各方协同、社会参与的保障妇女权益工作机制。

各级人民政府应当重视和加强妇女权益的保障工作。

县级以上人民政府负责妇女儿童工作的机构，负责组织、协调、指导、督促有关部门做好妇女权益的保障工作。

县级以上人民政府有关部门在各自的职责范围内做好妇女权益的保障工作。

第四条 保障妇女的合法权益是全社会的共同责任。国家机关、社会团体、企业事业单位、基层群众性自治组织以及其他组织和个人，应当依法保障妇女的权益。

国家采取有效措施，为妇女依法行使权利提供必要的条件。

第五条 国务院制定和组织实施中国妇女发展纲要，将其纳入国民经济和社会发展规划，保障和促进妇女在各领域的全面发展。

县级以上地方各级人民政府根据中国妇女发展纲要，制定和组织实施本行政区域的妇女发展规划，将其纳入国民经济和社会发展规划。

县级以上人民政府应当将妇女权益保障所需经费列入本级预算。

第六条 中华全国妇女联合会和地方各级妇女联合会依照法律和中华全国妇女联合会章程，代表和维护各族各界妇女的利益，做好维护妇女权益、促进男女平等和妇女全面发展的工作。

工会、共产主义青年团、残疾人联合会等群团组织应当在各自的工作范围内，做好维护妇女权益的工作。

第七条 国家鼓励妇女自尊、自信、自立、自强，运用法律维护自身合法权益。

妇女应当遵守国家法律，尊重社会公德、职业道德和家庭美德，履行法律所规定的义务。

第八条 有关机关制定或者修改涉及妇女权益的法律、法规、规章和其他规范性文件，应当听取妇女联合会的意见，充分考虑妇女的特殊权益，必要时开展男女平等评估。

第九条 国家建立健全妇女发展状况统计调查制度，完善性别统计监测指标体系，定期开展妇女发展状况和权益保障统计调查和分析，发布有关信息。

第十条 国家将男女平等基本国策纳入国民教育体系，开展宣传教育，增强全社会的男女平等意识，培育尊重和关爱妇女的社会风尚。

第十一条 国家对保障妇女合法权益成绩显著的组织和个人，按照有关规定给予表彰和奖励。

第二章 政治权利

第十二条 国家保障妇女享有与男子平等的政治权利。

第十三条 妇女有权通过各种途径和形式，依法参与管理国家事务、管理经济和文化事业、管理社会事务。

妇女和妇女组织有权向各级国家机关提出妇女权益保障方面的意见和建议。

第十四条 妇女享有与男子平等的选举权和被选举权。

全国人民代表大会和地方各级人民代表大会的代表中，应当保证有适当数量的妇女代表。国家采取措施，逐步提高全国人民代表大会和地方各级人民代表大会的妇女代表的比例。

居民委员会、村民委员会成员中，应当保证有适当数量的妇女成员。

第十五条 国家积极培养和选拔女干部，重视培养和选拔少数民族女干部。

国家机关、群团组织、企业事业单位培养、选拔和任用干部，应当坚持男女平等的原则，并有适当数量的妇女担任领导成员。

妇女联合会及其团体会员，可以向国家机关、群团组织、企业事业单位推荐女干部。

国家采取措施支持女性人才成长。

第十六条 妇女联合会代表妇女积极参与国家和社会事务的民主协商、民主决策、民主管理和民主监督。

第十七条 对于有关妇女权益保障工作的批评或者合理可行的建议，有关部门应当听取和采纳；对于有关侵害妇女权益的申诉、控告和检举，有关部门应当查清事实，负责处理，任何组织和个人不得压制或者打击报复。

第三章 人身和人格权益

第十八条 国家保障妇女享有与男子平等的人身和人格权益。

第十九条 妇女的人身自由不受侵犯。禁止非法拘禁和以其他非法手段剥夺或者限制妇女的人身自由；禁止非法搜查妇女的身体。

第二十条 妇女的人格尊严不受侵犯。禁止用侮辱、诽谤等方式损害妇女的人格尊严。

第二十一条 妇女的生命权、身体权、健康权不受侵犯。禁止虐待、遗弃、残害、买卖以及其他侵害女性生命健康权益的行为。

禁止进行非医学需要的胎儿性别鉴定和选择性别的人工终止妊娠。

医疗机构施行生育手术、特殊检查或者特殊治疗时，应当征得妇女本人同意；在妇女与其家属或者关系人意见不一致时，应当尊重妇女本人意愿。

第二十二条 禁止拐卖、绑架妇女；禁止收买被拐卖、绑架的妇女；禁止阻碍解救被拐卖、绑架的妇女。

各级人民政府和公安、民政、人力资源和社会保障、卫生健康等部门及村民委员会、居民委员会按照各自的职责及时发现报告，并采取措施解救被拐卖、绑架的妇女，做好被解救妇女的安置、救助和关爱等工作。妇女联合会协助和配合做好有关工作。任何组织和个人不得歧视被拐卖、绑架的妇女。

第二十三条 禁止违背妇女意愿，以言语、文字、图像、肢体行为等方式对其实施性骚扰。

受害妇女可以向有关单位和国家机关投诉。接到投诉的有关单位和国家机关应当及时处理，并书面告知处理结果。

受害妇女可以向公安机关报案，也可以向人民法院提起民事诉讼，依法请求行为人承担民事责任。

第二十四条 学校应当根据女学生的年龄阶段，进行生理卫生、心理健康和自我保护教育，在教育、管理、设施等方面采取措施，提高其防范性侵害、性骚扰的自我保护意识和能力，保障女学生的人身安全和身心健康发展。

学校应当建立有效预防和科学处置性侵害、性骚扰的工作制度。对性侵害、性骚扰女学生的违法犯罪行为，学校不得隐瞒，应当及时通知受害未成年女学生的父母或者其他监护人，向公安机关、教育行政部门报告，并配合相关部门依法处理。

对遭受性侵害、性骚扰的女学生，学校、公安机关、教育行政部门等相关单位和人员应当保护其隐私和个人信息，并提供必要的保护措施。

第二十五条　用人单位应当采取下列措施预防和制止对妇女的性骚扰：

（一）制定禁止性骚扰的规章制度；

（二）明确负责机构或者人员；

（三）开展预防和制止性骚扰的教育培训活动；

（四）采取必要的安全保卫措施；

（五）设置投诉电话、信箱等，畅通投诉渠道；

（六）建立和完善调查处置程序，及时处置纠纷并保护当事人隐私和个人信息；

（七）支持、协助受害妇女依法维权，必要时为受害妇女提供心理疏导；

（八）其他合理的预防和制止性骚扰措施。

第二十六条　住宿经营者应当及时准确登记住宿人员信息，健全住宿服务规章制度，加强安全保障措施；发现可能侵害妇女权益的违法犯罪行为，应当及时向公安机关报告。

第二十七条　禁止卖淫、嫖娼；禁止组织、强迫、引诱、容留、介绍妇女卖淫或者对妇女进行猥亵活动；禁止组织、强迫、引诱、容留、介绍妇女在任何场所或者利用网络进行淫秽表演活动。

第二十八条　妇女的姓名权、肖像权、名誉权、荣誉权、隐私权和个人信息等人格权益受法律保护。

媒体报道涉及妇女事件应当客观、适度，不得通过夸大事实、过度渲染等方式侵害妇女的人格权益。

禁止通过大众传播媒介或者其他方式贬低损害妇女人格。未经本人同意，不得通过广告、商标、展览橱窗、报纸、期刊、图书、音像制品、电子出版物、网络等形式使用妇女肖像，但法律另有规定的除外。

第二十九条 禁止以恋爱、交友为由或者在终止恋爱关系、离婚之后，纠缠、骚扰妇女，泄露、传播妇女隐私和个人信息。

妇女遭受上述侵害或者面临上述侵害现实危险的，可以向人民法院申请人身安全保护令。

第三十条 国家建立健全妇女健康服务体系，保障妇女享有基本医疗卫生服务，开展妇女常见病、多发病的预防、筛查和诊疗，提高妇女健康水平。

国家采取必要措施，开展经期、孕期、产期、哺乳期和更年期的健康知识普及、卫生保健和疾病防治，保障妇女特殊生理时期的健康需求，为有需要的妇女提供心理健康服务支持。

第三十一条 县级以上地方人民政府应当设立妇幼保健机构，为妇女提供保健以及常见病防治服务。

国家鼓励和支持社会力量通过依法捐赠、资助或者提供志愿服务等方式，参与妇女卫生健康事业，提供安全的生理健康用品或者服务，满足妇女多样化、差异化的健康需求。

用人单位应当定期为女职工安排妇科疾病、乳腺疾病检查以及妇女特殊需要的其他健康检查。

第三十二条 妇女依法享有生育子女的权利，也有不生育子女的自由。

第三十三条 国家实行婚前、孕前、孕产期和产后保健制度，逐步建立妇女全生育周期系统保健制度。医疗保健机构应当提供安全、有效的医疗保健服务，保障妇女生育安全和健康。

有关部门应当提供安全、有效的避孕药具和技术，保障妇女的健康和安全。

第三十四条　各级人民政府在规划、建设基础设施时，应当考虑妇女的特殊需求，配备满足妇女需要的公共厕所和母婴室等公共设施。

第四章　文化教育权益

第三十五条　国家保障妇女享有与男子平等的文化教育权利。

第三十六条　父母或者其他监护人应当履行保障适龄女性未成年人接受并完成义务教育的义务。

对无正当理由不送适龄女性未成年人入学的父母或者其他监护人，由当地乡镇人民政府或者县级人民政府教育行政部门给予批评教育，依法责令其限期改正。居民委员会、村民委员会应当协助政府做好相关工作。

政府、学校应当采取有效措施，解决适龄女性未成年人就学存在的实际困难，并创造条件，保证适龄女性未成年人完成义务教育。

第三十七条　学校和有关部门应当执行国家有关规定，保障妇女在入学、升学、授予学位、派出留学、就业指导和服务等方面享有与男子平等的权利。

学校在录取学生时，除国家规定的特殊专业外，不得以性别为由拒绝录取女性或者提高对女性的录取标准。

各级人民政府应当采取措施，保障女性平等享有接受中高等教育的权利和机会。

第三十八条　各级人民政府应当依照规定把扫除妇女中的文盲、半文盲工作，纳入扫盲和扫盲后继续教育规划，采取符合妇女特点的组织形式和工作方法，组织、监督有关部门具体实施。

第三十九条 国家健全全民终身学习体系，为妇女终身学习创造条件。

各级人民政府和有关部门应当采取措施，根据城镇和农村妇女的需要，组织妇女接受职业教育和实用技术培训。

第四十条 国家机关、社会团体和企业事业单位应当执行国家有关规定，保障妇女从事科学、技术、文学、艺术和其他文化活动，享有与男子平等的权利。

第五章 劳动和社会保障权益

第四十一条 国家保障妇女享有与男子平等的劳动权利和社会保障权利。

第四十二条 各级人民政府和有关部门应当完善就业保障政策措施，防止和纠正就业性别歧视，为妇女创造公平的就业创业环境，为就业困难的妇女提供必要的扶持和援助。

第四十三条 用人单位在招录（聘）过程中，除国家另有规定外，不得实施下列行为：

（一）限定为男性或者规定男性优先；

（二）除个人基本信息外，进一步询问或者调查女性求职者的婚育情况；

（三）将妊娠测试作为入职体检项目；

（四）将限制结婚、生育或者婚姻、生育状况作为录（聘）用条件；

（五）其他以性别为由拒绝录（聘）用妇女或者差别化地提高对妇女录（聘）用标准的行为。

第四十四条 用人单位在录（聘）用女职工时，应当依法与其签订劳动（聘用）合同或者服务协议，劳动（聘用）合同或者服务协议中应当具备女职工特殊保护条款，并不得规定限制女职工结婚、生育等内容。

职工一方与用人单位订立的集体合同中应当包含男女平等和女职工权益保护相关内容，也可以就相关内容制定专章、附件或者单独订立女职工权益保护专项集体合同。

第四十五条 实行男女同工同酬。妇女在享受福利待遇方面享有与男子平等的权利。

第四十六条 在晋职、晋级、评聘专业技术职称和职务、培训等方面，应当坚持男女平等的原则，不得歧视妇女。

第四十七条 用人单位应当根据妇女的特点，依法保护妇女在工作和劳动时的安全、健康以及休息的权利。

妇女在经期、孕期、产期、哺乳期受特殊保护。

第四十八条 用人单位不得因结婚、怀孕、产假、哺乳等情形，降低女职工的工资和福利待遇，限制女职工晋职、晋级、评聘专业技术职称和职务，辞退女职工，单方解除劳动（聘用）合同或者服务协议。

女职工在怀孕以及依法享受产假期间，劳动（聘用）合同或者服务协议期满的，劳动（聘用）合同或者服务协议期限自动延续至产假结束。但是，用人单位依法解除、终止劳动（聘用）合同、服务协议，或者女职工依法要求解除、终止劳动（聘用）合同、服务协议的除外。

用人单位在执行国家退休制度时，不得以性别为由歧视妇女。

第四十九条 人力资源和社会保障部门应当将招聘、录取、晋职、晋级、评聘专业技术职称和职务、培训、辞退等过程中的性别歧视行为纳入劳动保障监察范围。

第五十条 国家发展社会保障事业，保障妇女享有社会保险、社会救助和社会福利等权益。

国家提倡和鼓励为帮助妇女而开展的社会公益活动。

第五十一条 国家实行生育保险制度，建立健全婴幼儿托育服务等与生育相关的其他保障制度。

国家建立健全职工生育休假制度，保障孕产期女职工依法享有休息休假权益。

地方各级人民政府和有关部门应当按照国家有关规定，为符合条件的困难妇女提供必要的生育救助。

第五十二条 各级人民政府和有关部门应当采取必要措施，加强贫困妇女、老龄妇女、残疾妇女等困难妇女的权益保障，按照有关规定为其提供生活帮扶、就业创业支持等关爱服务。

第六章 财 产 权 益

第五十三条 国家保障妇女享有与男子平等的财产权利。

第五十四条 在夫妻共同财产、家庭共有财产关系中，不得侵害妇女依法享有的权益。

第五十五条 妇女在农村集体经济组织成员身份确认、土地承包经营、集体经济组织收益分配、土地征收补偿安置或者征用补偿以及宅基地使用等方面，享有与男子平等的权利。

申请农村土地承包经营权、宅基地使用权等不动产登记，应当在不动产登记簿和权属证书上将享有权利的妇女等家庭成员全部列明。征收补偿安置或者征用补偿协议应当将享有相关权益的妇女列入，并记载权益内容。

第五十六条 村民自治章程、村规民约，村民会议、村民代表会议的决定以及其他涉及村民利益事项的决定，不得以妇女未婚、结婚、离婚、丧偶、户无男性等为由，侵害妇女在农村集体经济组织中的各项权益。

因结婚男方到女方住所落户的，男方和子女享有与所在地农村集体经济组织成员平等的权益。

第五十七条 国家保护妇女在城镇集体所有财产关系中的权益。妇女依照法律、法规的规定享有相关权益。

第五十八条 妇女享有与男子平等的继承权。妇女依法行使继承权，不受歧视。

丧偶妇女有权依法处分继承的财产，任何组织和个人不得干涉。

第五十九条 丧偶儿媳对公婆尽了主要赡养义务的，作为第一顺序继承人，其继承权不受子女代位继承的影响。

第七章 婚姻家庭权益

第六十条 国家保障妇女享有与男子平等的婚姻家庭权利。

第六十一条 国家保护妇女的婚姻自主权。禁止干涉妇女的结婚、离婚自由。

第六十二条 国家鼓励男女双方在结婚登记前，共同进行医学检查或者相关健康体检。

第六十三条 婚姻登记机关应当提供婚姻家庭辅导服务，引导当事人建立平等、和睦、文明的婚姻家庭关系。

第六十四条 女方在怀孕期间、分娩后一年内或者终止妊娠后六个月内，男方不得提出离婚；但是，女方提出离婚或者人民法院认为确有必要受理男方离婚请求的除外。

第六十五条 禁止对妇女实施家庭暴力。

县级以上人民政府有关部门、司法机关、社会团体、企业事业单位、基层群众性自治组织以及其他组织，应当在各自的职责范围内预防和制止家庭暴力，依法为受害妇女提供救助。

第六十六条 妇女对夫妻共同财产享有与其配偶平等的占有、使用、收益和处分的权利，不受双方收入状况等情形的影响。

对夫妻共同所有的不动产以及可以联名登记的动产，女方有权要求在权属证书上记载其姓名；认为记载的权利人、标的物、权利比例等事项有错误的，有权依法申请更正登记或者异议登记，有关机构应当按照其申请依法办理相应登记手续。

第六十七条 离婚诉讼期间，夫妻一方申请查询登记在对方名下财产状况且确因客观原因不能自行收集的，人民法院应当进行调查取证，有关部门和单位应当予以协助。

离婚诉讼期间，夫妻双方均有向人民法院申报全部夫妻共同财产的义务。一方隐藏、转移、变卖、损毁、挥霍夫妻共同财产，或者伪造夫妻共同债务企图侵占另一方财产的，在离婚分割夫妻共同财产时，对该方可以少分或者不分财产。

第六十八条 夫妻双方应当共同负担家庭义务，共同照顾家庭生活。

女方因抚育子女、照料老人、协助男方工作等负担较多义务的，有权在离婚时要求男方予以补偿。补偿办法由双方协议确定；协议不成的，可以向人民法院提起诉讼。

第六十九条 离婚时，分割夫妻共有的房屋或者处理夫妻共同租住的房屋，由双方协议解决；协议不成的，可以向人民法院提起诉讼。

第七十条 父母双方对未成年子女享有平等的监护权。

父亲死亡、无监护能力或者有其他情形不能担任未成年子女的监护人的，母亲的监护权任何组织和个人不得干涉。

第七十一条 女方丧失生育能力的，在离婚处理子女抚养问题时，应当在最有利于未成年子女的条件下，优先考虑女方的抚养要求。

第八章 救济措施

第七十二条 对侵害妇女合法权益的行为，任何组织和个人都有权予以劝阻、制止或者向有关部门提出控告或者检举。有关部门接到控告或者检举后，应当依法及时处理，并为控告人、检举人保密。

妇女的合法权益受到侵害的，有权要求有关部门依法处理，或者依法申请调解、仲裁，或者向人民法院起诉。

对符合条件的妇女，当地法律援助机构或者司法机关应当给予帮助，依法为其提供法律援助或者司法救助。

第七十三条 妇女的合法权益受到侵害的，可以向妇女联合会等妇女组织求助。妇女联合会等妇女组织应当维护被侵害妇女的合法权益，有权要求并协助有关部门或者单位查处。有关部门或者单位应当依法查处，并予以答复；不予处理或者处理不当的，县级以上人民政府负责妇女儿童工作的机构、妇女联合会可以向其提出督促处理意见，必要时可以提请同级人民政府开展督查。

受害妇女进行诉讼需要帮助的，妇女联合会应当给予支持和帮助。

第七十四条 用人单位侵害妇女劳动和社会保障权益的，人力资源和社会保障部门可以联合工会、妇女联合会约谈用人单位，依法进行监督并要求其限期纠正。

第七十五条 妇女在农村集体经济组织成员身份确认等方面权益受到侵害的，可以申请乡镇人民政府等进行协调，或者向人民法院起诉。

乡镇人民政府应当对村民自治章程、村规民约，村民会议、村民代表会议的决定以及其他涉及村民利益事项的决定进行指导，对其中违反法律、法规和国家政策规定，侵害妇女合法权益的内容责令改正；受侵害妇女向农村土地承包仲裁机构申请仲裁或者向人民法院起诉的，农村土地承包仲裁机构或者人民法院应当依法受理。

第七十六条 县级以上人民政府应当开通全国统一的妇女权益保护服务热线，及时受理、移送有关侵害妇女合法权益的投诉、举报；有关部门或者单位接到投诉、举报后，应当及时予以处置。

鼓励和支持群团组织、企业事业单位、社会组织和个人参与建设妇女权益保护服务热线，提供妇女权益保护方面的咨询、帮助。

第七十七条 侵害妇女合法权益，导致社会公共利益受损的，检察机关可以发出检察建议；有下列情形之一的，检察机关可以依法提起公益诉讼：

（一）确认农村妇女集体经济组织成员身份时侵害妇女权益或者侵害妇女享有的农村土地承包和集体收益、土地征收征用补偿分配权益和宅基地使用权益；

（二）侵害妇女平等就业权益；

（三）相关单位未采取合理措施预防和制止性骚扰；

（四）通过大众传播媒介或者其他方式贬低损害妇女人格；

（五）其他严重侵害妇女权益的情形。

第七十八条 国家机关、社会团体、企业事业单位对侵害妇女权益的行为，可以支持受侵害的妇女向人民法院起诉。

第九章 法律责任

第七十九条 违反本法第二十二条第二款规定，未履行报告义务的，依法对直接负责的主管人员和其他直接责任人员给予处分。

第八十条 违反本法规定，对妇女实施性骚扰的，由公安机关给予批评教育或者出具告诫书，并由所在单位依法给予处分。

学校、用人单位违反本法规定，未采取必要措施预防和制止性骚扰，造成妇女权益受到侵害或者社会影响恶劣的，由上级机关或者主管部门责令改正；拒不改正或者情节严重的，依法对直接负责的主管人员和其他直接责任人员给予处分。

第八十一条 违反本法第二十六条规定，未履行报告等义务的，依法给予警告、责令停业整顿或者吊销营业执照、吊销相关许可证，并处一万元以上五万元以下罚款。

第八十二条 违反本法规定，通过大众传播媒介或者其他方式贬低损害妇女人格的，由公安、网信、文化旅游、广播电视、新闻出版或者其他有关部门依据各自的职权责令改正，并依法给予行政处罚。

第八十三条 用人单位违反本法第四十三条和第四十八条规定的，由人力资源和社会保障部门责令改正；拒不改正或者情节严重的，处一万元以上五万元以下罚款。

第八十四条 违反本法规定，对侵害妇女权益的申诉、控告、检举，推诿、拖延、压制不予查处，或者对提出申诉、控告、检举的人进行打击报复的，依法责令改正，并对直接负责的主管人员和其他直接责任人员给予处分。

国家机关及其工作人员未依法履行职责，对侵害妇女权益的行为未及时制止或者未给予受害妇女必要帮助，造成严重后果的，依法对直接负责的主管人员和其他直接责任人员给予处分。

违反本法规定，侵害妇女人身和人格权益、文化教育权益、劳动和社会保障权益、财产权益以及婚姻家庭权益的，依法责令改正，直接负责的主管人员和其他直接责任人员属于国家工作人员的，依法给予处分。

第八十五条 违反本法规定，侵害妇女的合法权益，其他法律、法规规定行政处罚的，从其规定；造成财产损失或者人身损害的，依法承担民事责任；构成犯罪的，依法追究刑事责任。

第十章 附 则

第八十六条 本法自2023年1月1日起施行。

关于《中华人民共和国妇女权益保障法（修订草案）》的说明

——2021 年 12 月 20 日在第十三届全国人民代表大会常务委员会第三十二次会议上

全国人大社会建设委员会主任委员　何毅亭

全国人民代表大会常务委员会：

我受全国人大社会建设委员会委托，作关于《中华人民共和国妇女权益保障法（修订草案）》的说明。

一、妇女权益保障法修改的必要性

妇女是人类文明的开创者、社会进步的推动者，妇女的地位体现了一个国家的文明与进步。党和国家高度重视、积极推进妇女工作，促进男女平等和妇女全面发展。党的十八大以来，以习近平同志为核心的党中央从党和国家事业发展全局出发，就维护妇女权益、促进妇女全面发展，提出新的更高要求，作出一系列重要部署。习近平总书记多次强调，“妇女权益是基本人权”“要把保障妇女权益系统纳入法律法规，上升为国家意志，内化为社会行为规范”。习近平总书记的重要论述和党中央的决策部署，为做好妇女权益保障工作指明了方向。

现行的妇女权益保障法是 1992 年由七届全国人大五次会议通过的，此后经过了 2005 年的修正和 2018 年的个别调整。该法实施近 30 年来，有力促进了妇女在各方面权益保障水平的提高，推动了男女平等基本国策深入人心。同时不可否认，妇女权益保障领域存在的一些老问题尚未得到根本解决，如妇女被拐卖、性侵、家庭暴力、性骚扰，农村妇女、残疾妇女、单亲母亲等群体仍面临特殊困难等；随着经济社会发展又出现了一些新情况、新问题。如生育政策调整后生育与就业矛盾加剧，就业领域的性别歧视有所凸显；农村产权形式和分配方式发生变化后保护农村妇女财产权益面临新挑战；家庭稳定性持续下降，离婚率上升，婚姻家庭关系引发的矛盾纠纷日益复杂等等。面对这些情况，现行妇女权益保障法亟待进一步拓展和强化。近年来，全国人大代表多次就修改妇女权益保障法提出议案，仅十三届全国人大一次会议以来，就先后有350名全国人大代表提出11件关于修改妇女权益保障法的议案。社会各界也呼吁通过修法，进一步优化促进男女平等的基础性制度设计，完善保障内容，提升保障水平，为妇女全面发展营造环境、扫清障碍、创造条件。

全国人大常委会认真贯彻落实党中央关于保障妇女权益的决策部署，积极回应社会关切，将修改妇女权益保障法列入常委会2021年度立法工作计划。2021年以来，社会建设委员会在全国妇联提交的建议稿基础上，通过向地方人大书面征求意见、召开专家座谈会、开展实地调研和委托地方调研等方式，充分研究论证，不断完善草案文本，在广泛听取、积极吸纳各方面意见建议的基础上，形成了《中华人民共和国妇女权益保障法（修订草案）》（以下简称《修订草案》）。

二、妇女权益保障法修改的指导思想和总体思路

（一）指导思想

以习近平新时代中国特色社会主义思想为指导，全面贯彻习近平总书记关于加强妇女工作、维护妇女合法权益重要讲话精神和党中央决策部署，坚持以人民为中心的发展思想，贯彻落实男女平等基本国策，着力完善相关制度机制和保障性法律措施，为促进男女平等和妇女全面发展提供坚实的法治保障。

（二）总体思路

一是立足国情实际，逐步健全与我国发展阶段相适应的妇女权益保障制度。近年来党和国家陆续出台了多个旨在加强妇女权益保障的规范性文件，各地在妇女权益保障工作中进行了积极探索，积累了丰富的实践经验。《修订草案》将适应妇女权益保障现实需要、实践证明行之有效、各方面认识比较一致的措施及时转化为法律规范，确保妇女平等分享发展成果。同时坚持尽力而为、量力而行原则，不盲目效仿西方国家的做法，对于争议较大或目前修改时机和条件尚不成熟的内容，不做出修订。

二是坚持问题导向，力争在解决妇女权益保障领域存在的突出问题上有所突破。妇女权益保障领域长期存在一些痛点、难点问题，直接关系妇女的切身利益和亿万家庭的幸福美满，影响社会和谐稳定。《修订草案》针对这些突出问题，致力于优化妇女发展环境，加强制度机制构建，在权利确认、预防性保障、侵害处置、救济措施、责任追究等方面进一步完善相关规定，消除不利于妇女发展的障碍，促进男女平等和妇女全面发展。

三是坚持系统观念，处理好与相关法律、法规和政策的衔接配合。妇女权益保障涉及宪法和民法典、刑法以及劳动、教育、社会保障、土地承包、基层政权建设、人口与计划生育、母婴保健、反家庭暴力等方面的法律法规。《修订草案》坚持本法作为妇女权益保障领域专门法的定位，注意处理好与其他法律法规的关系。对其他法律没有规定或者规定不够完善的，尽可能在本法中作出明确具体的规定；其他法律已有明确规定的，本法只做原则性、衔接性的规定；对于适宜通过制定行政法规或政策细化和解决的问题，在本法中只做原则性规定，避免挂一漏万。

四是尊重地区差异，为地方立法留下空间。在妇女权益保障领域，各地存在的突出问题不尽相同，经济社会发展水平能够支撑的保障程度也不尽相同，一些问题不宜在本法中做“一刀切”的规定。《修订草案》着眼于发挥地方立法灵活性大、针对性和集合性强的优势，对妇女权益保障中的某些问题，如高额彩礼等婚姻陋习，在本法中未做规定，留待地方立法予以规范。

三、妇女权益保障法修改的主要内容

现行妇女权益保障法共九章六十一条，《修订草案》修改四十八条、保留十二条、删除一条，新增二十四条，修改后共计九章八十六条。主要修改内容如下。

（一）关于总则部分

健全完善促进男女平等和妇女全面发展的制度机制，是保障妇女权益的基础性工作。《修订草案》增加了“歧视妇女”的含义、维护妇女权益的工作机制、司法机关的责任、法律政策性别平等评估机制、性别统计调查和发布制度、男女平等基本国策教育等新规定，并对其他条款作了调整和补充完善。

（二）关于妇女权益的保障

《修订草案》从六个方面进一步完善和加强了对妇女权益的保障。

1. 在政治权利保障方面。增加了基层群众性自治组织和用人单位应当组织妇女参与相关协商议事活动、职工代表大会中女职工代表的比例应当与女职工所占比例相适应等新规定，强化了妇女联合会的新职能，进一步拓宽妇女参与国家和社会事务管理的途径。

2. 在文化教育权益保障方面。补充完善了保障适龄女性未成年人接受并完成义务教育的相关规定，明确政府采取措施，保障女性平等享有接受中高等教育的权利和机会。

3. 在劳动和社会保障权益方面。重点明确就业性别歧视的主要情形，完善消除就业性别歧视的机制，推广女职工特殊权益专项集体合同，建立企业性别平等报告制度，针对平台用工等新的就业形态明确规定应当参照适用本法的相关规定，增强新形势下对妇女就业的全方位保护。

4. 在财产权益保障方面。主要增加了对农村妇女土地及相关权益的保护措施，明确了基层人民政府对村民自治章程、村规民约以及涉及村民利益事项的决定中侵害妇女权益的内容予以纠正的责任，对城镇集体经济中的妇女权益保护做出了新规定。

5. 在人格权益保障方面。首先是将原第六章的章名“人身权利”修改为“人格权益”；其次是细化了对妇女生命健康权的保护措施，列举了性骚扰的常见情形并规定了学校和用人单位应当采取的预防和制止措施，扩大了人身安全保护令的适用范围，增加了建立妇女健康服务体系、提供妇女特殊生理期健康服务、建设满足妇女基本需要的设施、保护被性侵妇女的权益等新内容。

6. 在婚姻家庭权益保障方面。增加了鼓励婚前体检、建立婚姻家庭辅导服务制度等新规定；对民法典有关夫妻共同财产的规定进行了细化，增加了有关财产权属登记、离婚诉讼期间共同财产查询、离婚时家务劳动经济补偿等规定，加强对女方合法权益的保护。

（三）关于法律救济与法律责任

《修订草案》增加了各级妇儿工委可以发出督促处理意见书、加强全国统一的妇女维权服务热线建设、建立妇女权益保障检察公益诉讼制度、支持起诉制度等新救济途径，完善了妇女在农村集体经济权益受侵害时的救济途径，增加了实施就业性别歧视、未采取性骚扰预防制止措施的法律责任等，进一步细化、强化了法律救济和法律责任，增强了法律的刚性。

此外，《修订草案》还对部分条文做了文字修改。

《中华人民共和国妇女权益保障法（修订草案）》和以上说明是否妥当，请审议。

全国人民代表大会宪法和法律委员会关于《中华人民共和国妇女权益保障法（修订草案）》修改情况的汇报

——2022 年 4 月 18 日在第十三届全国人民代表大会
常务委员会第三十四次会议上

全国人大宪法和法律委员会副主任委员　丛　斌

全国人民代表大会常务委员会：

常委会第三十二次会议对妇女权益保障法修订草案进行了初次审议。会后，法制工作委员会将修订草案印发有关部门、地方和单位征求意见；在中国人大网公布修订草案全文，征求社会公众意见；委托上海虹桥街道基层立法联系点开展调研，并通过网络视频会议形式听取有关方面意见。梳理研究十三届全国人大五次会议期间全国人大代表提出的相关议案和建议。宪法和法律委员会于 3 月 23 日召开会议，根据常委会组成人员审议意见和各方面的意见，对修订草案进行了逐条审议。社会建设委员会、全国妇联有关负责同志列席了会议。4 月 12 日，宪法和法律委员会召开会议，再次进行了审议。现将妇女权益保障法修订草案主要问题的修改情况汇报如下：

一、有的常委委员提出，应当进一步突出对妇女人身权、人格权的保护，并建议对修订草案结构作适当调整完善。宪法和法律委员会经研究，建议将修订草案第六章前移作为第三章，将章名修改为“人身和人格权益”，并增加妇女的人格尊严不受侵犯等规定；将修订草案第八章“法律救济与法律责任”拆分为“救济措施”和“法律责任”两章。

二、修订草案第二条第四款规定，国家可以为实现男女平等而采取暂时性的特别措施。有的常委委员、单位提出，我国在保障妇女权益方面有较全面的制度和措施，“暂时性的特别措施”内容不明确，必要性不足，建议不作规定。宪法和法律委员会经研究，建议采纳这一意见。

三、修订草案第十七条第三款规定，妇女联合会及其团体会员向国家机关等方面推荐女干部，有关部门和单位应当重视其推荐意见。有的常委会组成人员、地方和社会公众提出，该规定与现行组织人事管理制度不一致，实践中也难以操作。宪法和法律委员会经研究，建议删除“有关部门和单位应当重视其推荐意见”。

四、有的常委会组成人员提出，最近有的地方揭露出的拐卖妇女等严重侵害妇女权益的恶性案件，暴露出基层治理存在一定短板，有必要建立报告与排查制度，及时发现和处理侵害妇女权益的违法犯罪行为。宪法和法律委员会经研究，建议增加规定：“婚姻登记机关、乡镇人民政府、街道办事处、居民委员会、村民委员会及其工作人员在工作中发现妇女疑似被拐卖、绑架的，应当及时向公安机关报告，公安机关应当依法及时调查处理。”“妇女联合会应当发挥其基层组织作用，会同公安等部门加强对拐卖、绑架等侵害妇女权益行为的排查，有关部门应当予以配合。发现妇女疑似被拐卖、绑架的，应当及时向公安机关报告，并协助有关部门做好解救工作。”“住宿经营者应当及时准确登记住宿人员信息，健全住宿服务规章制度，加强安全保障措施；发现可能侵害妇女权益的违法犯罪行为，应当及时向公安机关报告。”同时，增加规定未履行报告义务的法律责任。

五、有的常委会组成人员、单位和地方提出，为有效预防学校发生对未成年女性的性骚扰、性侵害，应当规定入职查询制度。宪法和法律委员会经研究，建议增加规定："学校聘用教职员工或者引入志愿者、社会工作者等校外人员时，应当查询上述人员是否具有性侵害、性骚扰等违法犯罪记录；发现其具有上述记录的，不得录用或者引入。"

六、修订草案第五十四条规定，妇女因遭受性侵害因故不适合终止妊娠而生育子女的，可以不担任监护人，有权单方决定送养子女；无人收养的，由民政部门担任监护人。有的单位和地方提出，该规定与民法典关于监护、送养的规定不一致，对保护未成年人合法权益容易造成不利影响，建议不作规定。宪法和法律委员会经研究，建议采纳这一意见。

七、有的常委委员和单位提出，应当进一步完善相关制度，促进国家生育政策的落实。宪法和法律委员会经研究，建议增加规定，国家建立健全职工生育休假制度，保障孕产期女职工依法享有休息休假权益。用人单位不得因结婚、怀孕、产假、哺乳等情形，限制女职工晋职、晋级、评聘专业技术职称和职务。

此外，还对修订草案作了一些文字修改。

修订草案二次审议稿已按上述意见作了修改，宪法和法律委员会建议提请本次常委会会议继续审议。

修订草案二次审议稿和以上汇报是否妥当，请审议。

全国人民代表大会宪法和法律委员会关于《中华人民共和国妇女权益保障法（修订草案）》审议结果的报告

——2022年10月27日在第十三届全国人民代表大会常务委员会第三十七次会议上

全国人大宪法和法律委员会副主任委员 丛 斌

全国人民代表大会常务委员会：

常委会第三十四次会议对妇女权益保障法修订草案进行了二次审议。会后，法制工作委员会在中国人大网公布修订草案二次审议稿全文，征求社会公众意见；通过三十一个基层立法联系点征求基层群众意见；听取全国妇联等有关方面的意见。宪法和法律委员会、法制工作委员会先后到青海、宁夏和黑龙江调研，听取地方有关部门、妇联、全国人大代表等的意见。宪法和法律委员会于9月14日召开会议，根据委员长会议精神、常委会组成人员审议意见和各方面的意见，对修订草案进行了逐条审议。社会建设委员会、公安部、民政部、人力资源和社会保障部、全国妇联有关负责同志列席了会议。10月14日，宪法和法律委员会召开会议，再次进行了审议。宪法和法律委员会认为，修订草案经过两次审议修改，已经比较成熟。同时，提出以下主要修改意见：

一、有的常委委员和单位建议，在修订草案二次审议稿第二条第二款中增加促进男女平等的规定。宪法和法律委员会经研究，建议将该款修改为："国家采取必要措施，促进男女平等，消除对妇女一切形式的歧视，禁止排斥、限制妇女依法享有和行使各项权益。"

二、有的常委委员和单位提出，修订草案删除了现行法第六条第一款关于各级人民政府应当重视和加强妇女权益的保障工作的规定，不利于压实政府责任，建议予以恢复。宪法和法律委员会经研究，建议采纳这一意见。

三、有的常委会组成人员和单位提出，修订草案二次审议稿中有的内容属于妇女工作和妇联工作的具体事项；有的内容其他法律已作明确规定；有的内容应当考虑到社会生活比较复杂、实际情况千差万别，法律不宜作过细规定，可在司法实践中具体把握，建议进一步简化有关规定，突出解决一般性、普遍性问题。宪法和法律委员会经研究，建议采纳这一意见，对有关规定进行修改精简。

四、有的常委委员提出，一些媒体在进行报道时违反法律法规公开当事人隐私和个人信息，甚至进行与事实不符的宣传报道，侵害妇女的隐私权、名誉权等人格权益，对此应当加强规范。宪法和法律委员会经研究，建议增加规定："媒体报道涉及妇女事件应当客观、适度，不得通过夸大事实、过度渲染等方式侵害妇女的人格权益。"

五、修订草案二次审议稿第五十五条对保障困难妇女权益作了规定。宪法和法律委员会经研究，建议全面贯彻落实习近平总书记关于保障贫困妇女、老龄妇女、残疾妇女等困难群体的重要讲话精神，将该条修改为："各级人民政府和有关部门应当采取必要措施，加强贫困妇女、老龄妇女、残疾妇女等困难妇女的权益保障，按照有关规定为其提供生活帮扶、就业创业支持等关爱服务。"

六、修订草案二次审议稿第七十八条规定："用人单位侵害女职工劳动和社会保障权益的，工会、妇女联合会有权依法进行监督并要求其限期纠正。"有的常委会组成人员、单位和地方建议，根据实际做法，明确人力资源和社会保障部门可以联合工会、妇女联合会约谈用人单位。宪法和法律委员会经研究，建议修改为："用人单位侵害妇女劳动和社会保障权益的，人力资源和社会保障部门可以联合工会、妇女联合会约谈用人单位，依法进行监督并要求其限期纠正。"

此外，还对修订草案二次审议稿作了一些文字修改。

9月28日，法制工作委员会召开会议，邀请部分全国人大代表、专家学者和地方有关单位、妇联、学校以及企业等方面的代表，就修订草案中主要制度规范的可行性、出台时机、实施的社会效果和可能出现的问题等进行评估。与会人员普遍认为，修订草案贯彻落实党中央有关精神，对妇女权益保障相关制度作出系统规定，修订草案经过两次审议修改，充分吸收了各方面意见，主要制度设计符合实际，已经比较成熟，现在出台是必要的、可行的。同时，还对修订草案提出了一些具体修改意见，宪法和法律委员会对有的意见予以采纳。

修订草案三次审议稿已按上述意见作了修改，宪法和法律委员会建议提请本次常委会会议审议通过。

修订草案三次审议稿和以上报告是否妥当，请审议。

全国人民代表大会宪法和法律委员会关于《中华人民共和国妇女权益保障法（修订草案三次审议稿）》修改意见的报告

——2022年10月29日在第十三届全国人民代表大会常务委员会第三十七次会议上

全国人民代表大会常务委员会：

本次常委会会议于10月27日下午对妇女权益保障法修订草案三次审议稿进行了分组审议。普遍认为，修订草案已经比较成熟，建议进一步修改后，提请本次常委会会议表决通过。同时，有些常委会组成人员和列席人员还提出了一些修改意见。宪法和法律委员会于10月28日下午召开会议，逐条研究了常委会组成人员的审议意见，对修订草案进行了审议。社会建设委员会、全国妇联有关负责同志列席了会议。宪法和法律委员会认为，修订草案是可行的，同时，提出以下修改意见：

一、有的常委委员提出，各级妇联组织是广大妇女的“娘家人”，对于防止拐卖、绑架妇女和解救被拐卖、绑架的妇女，应当发挥应有作用，现行妇女权益保障法相关规定有这方面的要求，建议本次修订法律时予以保留。宪法和法律委员会经研究，建议在三次审议稿第二十二条第二款中增加“妇女联合会协助和配合做好有关工作”一句。

二、三次审议稿第二十四条第二款规定，对性侵害、性骚扰女学生的违法犯罪行为，学校不得隐瞒，应当及时通知受害女学生的父母或者其他监护人。有的常委委员提出，遭受性侵害、性骚扰的女学生也有成年人，只有未成年女学生才需要通知其父母或者其他监护人。宪法和法律委员会经研究，建议采纳这一意见，对相关规定作出修改。

三、三次审议稿第三十一条第三款对用人单位定期为女职工安排疾病健康检查作了规定。有的常委委员提出，为了更好保护女职工身体健康，建议适当扩大健康检查范围。宪法和法律委员会经研究，建议将该款规定修改为："用人单位应当定期为女职工安排妇科疾病、乳腺疾病检查以及妇女特殊需要的其他健康检查。"

常委会组成人员还提出了一些修改意见。宪法和法律委员会研究认为，有的宜在实践中具体把握，有的在修改过程中已经反复研究，有的在有关法律和国家有关文件中已经作出规定，修订草案以不再作进一步修改为宜。

经与有关方面研究，建议将修订后的妇女权益保障法的施行时间确定为2023年1月1日。

此外，根据常委会组成人员的审议意见，还对修订草案三次审议稿作了一些文字修改。

修订草案修改稿已按上述意见作了修改，宪法和法律委员会建议本次常委会会议审议通过。

修订草案修改稿和以上报告是否妥当，请审议。

图书在版编目（CIP）数据

中华人民共和国妇女权益保障法释义 / 郭林茂主编
.—北京：中国法制出版社，2023.2
ISBN 978-7-5216-3010-7

Ⅰ.①中… Ⅱ.①郭… Ⅲ.①妇女权益保障法-法律解释-中国 Ⅳ.①D923.85

中国版本图书馆 CIP 数据核字（2022）第 196149 号

责任编辑：卜范杰　　封面设计：蒋　怡

中华人民共和国妇女权益保障法释义
ZHONGHUA RENMIN GONGHEGUO FUNÜ QUANYI BAOZHANGFA SHIYI

主编/郭林茂
经销/新华书店
印刷/三河市紫恒印装有限公司
开本/880 毫米×1230 毫米　32 开　　印张/ 11.5　字数/ 257 千
版次/2023 年 2 月第 1 版　　2023 年 2 月第 1 次印刷

中国法制出版社出版
书号 ISBN 978-7-5216-3010-7　　定价：58.00 元

北京市西城区西便门西里甲 16 号西便门办公区
邮政编码：100053　　传真：010-63141600
网址：http：//www.zgfzs.com　　编辑部电话：010-63141673
市场营销部电话：010-63141612　　印务部电话：010-63141606

（如有印装质量问题，请与本社印务部联系。）